"十四五"职业教育国家规划教材

产教融合·职业创新能力新形态教材

创业基础与实践
（微课版）

主　编　何　辉　许祥鹏
副主编　杨　琴　朱　雯

电子工业出版社
Publishing House of Electronics Industry
北京·BEIJING

内容简介

本教材结合"大众创业，万众创新"的时代背景，遵循现代职业教育和人才培养的规律，以创新创业知识技能为载体，力图全方位、全过程、多环节引导学生树立正确的世界观、价值观、人生观，将知识技能传授与价值引领相结合，将提升学生的创新创业能力与思想政治素养并重，着力弘扬中国传统文化，讲好中国故事。

本教材按照学生创业实践的一般规律，构建了以"六种双创能力"培养为目标，按照为什么创业（Why）、拿什么创业（What）、由谁来创业（Who）、在哪里创业（Where）、没钱怎么办（How much）、公司怎么管（How）六个项目，划分23个学习任务进行教学内容重构，可供教师和学生对内容进行自主选择和组合，满足弹性教学、分层教学等的需要。

本教材既可作为普通高等职业院校"创新创业"课程的教材，也可作为"创新创业"的培训用书，还可作为创业者自学参考书。

未经许可，不得以任何方式复制或抄袭本书之部分或全部内容。
版权所有，侵权必究。

图书在版编目（CIP）数据

创业基础与实践：微课版 / 何辉，许祥鹏主编 . —北京：电子工业出版社，2021.12
ISBN 978-7-121-37402-9

Ⅰ.①创… Ⅱ.①何… ②许… Ⅲ.①大学生－创业－高等学校－教材 Ⅳ.① G647.38

中国版本图书馆 CIP 数据核字（2021）第 271005 号

责任编辑：朱千支
印　　刷：北京捷迅佳彩印刷有限公司
装　　订：北京捷迅佳彩印刷有限公司
出版发行：电子工业出版社
　　　　　北京市海淀区万寿路 173 信箱　邮编　100036
开　　本：787×1 092　1/16　印张：16.25　字数：416 千字
版　　次：2021 年 12 月第 1 版
印　　次：2025 年 9 月第 6 次印刷
定　　价：58.00 元

凡所购买电子工业出版社图书有缺损问题，请向购买书店调换。若书店售缺，请与本社发行部联系，联系及邮购电话：（010）88254888，88258888。
质量投诉请发邮件至 zlts@phei.com.cn，盗版侵权举报请发邮件至 dbqq@phei.com.cn。
本书咨询联系方式：（010）88254573，zgz@phei.com.cn。

前　言

　　2018年9月，国务院颁布的《国务院关于推动创新创业高质量发展打造"双创"升级版的意见》（国发〔2018〕32号）明确指出，"推进大众创业万众创新是深入实施创新驱动发展战略的重要支撑、深入推进供给侧结构性改革的重要途径""把创新创业教育和实践课程纳入高校必修课体系，允许大学生用创业成果申请学位论文答辩"。2020年7月，国务院办公厅发布的《国务院办公厅关于提升大众创业万众创新示范基地带动作用进一步促改革稳就业强动能的实施意见》（国办发〔2020〕26号）明确指出，"支持高校示范基地打造并在线开放一批创新创业教育优质课程，加强创业实践和动手能力培养，依托高校示范基地开展双创园建设，促进科技成果转化与创新创业实践紧密结合"。为贯彻落实文件精神，我们组织多所高职院校从事创新创业教育的教师、企业专家及税务局、人力资源和社会保障局及市场监督管理局的专家组成编委会，经过多次深入研讨和不断优化完善，编写了这本教材。

　　本教材分为6个项目23个学习任务。每个学习任务包含"思维导图""创业文化""学习指南""任务引入""任务实施"五大板块，具体说明如下：

　　"思维导图"将任务的知识点以导图的形式体现，便于学生系统地了解将要学习的知识。

　　"创业文化"包括"创业哲理"和"中国故事"两个栏目。"创业哲理"主要讲述中国古代经典文献中记载的创业哲理；"中国故事"通过讲述古代中国和现代中国创业经典故事，以润物细无声的方式将正确的价值追求有效地传递给学生。

　　"学习指南"包括"任务清单"和"知识树"两个栏目。"任务清单"将任务描述、学习目标等进行归纳总结，便于学生厘清学习思路；"知识树"将相关理论知识分类呈现，便于学生厘清学习内容。

　　"任务引入"包括"成语故事"和"任务背景"两个栏目。"成语故事"主要讲述与学习任务相关的成语故事，增强学生学习的趣味性；"任务背景"主要引入故事主人公欧同学的创业历程，增强学生学习的代入感。

　　"任务实施"包括"知识必备""在线测验""创业感悟""创业评价"和"游戏拓展"五个栏目。"知识必备"主要通过微课、动画、案例等多种资源呈现相关理论知识；"在线测验"通过扫描二维码的方式在线检验相关理论知识的掌握程度；"创业感悟"通过思考总结和记录笔记的方式强化学习内容；"创业评价"通过完成给定的评价内容，参考评价标准检验学习效果；"游戏拓展"是寓教于乐的环节，使学生在轻松的氛围或激烈的竞争中，不知不觉地强化前面所学的知识技能或掌握必备的课外知识。

　　作为一本指导大学生创新创业实践的教材，本身应有示范指导作用，在教材体例结构、教学理念、教学策略、教学资源应用等方面应不断创新。本教材的创新与特色如下：

一、讲好故事，将社会主义核心价值观作为课程思政主线

　　本教材以创新创业知识技能为载体，力图全方位、全过程、多环节引导学生树立正确的世界观、价值观、人生观，将创新创业知识技能传授与价值引领相结合，将提升学生的双创能力与思想政治素养并重。在国家层面，弘扬民主、文明等社会主义核心价值观；在社会层面，宣传诚信、公正等社会主义核心价值观；在公民个人层面，灌输爱国、敬业等社会主义核心

价值观，形成坚定的中国特色社会主义信仰。着力弘扬中国传统文化，讲好中国故事。通过"创业哲理"和"成语故事"来弘扬中国传统文化，挖掘中国古代经典文献和成语故事中记载的创业元素。通过选取中国历史上和改革开放四十年来与创业相关的经典案例，培养学生正确的价值追求和理想信念，将社会主义核心价值观以润物无声的方式有效地传递给学生。

二、产教融合，通过"三结合"帮助学生体验真实创业环境

本教材由学校教师、企业专家及税务局、人力资源和社会保障局和市场监督管理局的专家组成编委会共同研究编制：一是结合"4W2H 分析法"，按照为什么创业（Why）、拿什么创业（What）、由谁来创业（Who）、在哪里创业（Where）、没钱怎么办（How much）、公司怎么管（How）六个项目，进行教学内容重构，逻辑清晰，符合学生认知规律。二是结合时尚元素，以具体工作任务为载体设计学习情境，融入串烧音乐、说文解字、情景剧场、趣味解读等时尚元素，激发学生的学习兴趣。三是结合真实案例，如讲授创业优惠政策时，采用学校、人力资源和社会保障局有关部门负责人"现身说法"；在网上办理企业年报时，采用"录屏实操＋重点讲解"；讲授依法纳税时，采用税务部门"现场实拍＋工作人员讲解"；讲授办理营业执照时，采用市场监督管理部门"现场实拍＋工作人员讲解＋录屏操作"，帮助学生体验真实创业环境。

三、形式新颖，拓展学习时空和学习受众

本教材在编写过程中，注重创新教学内容的组织形式，改革教学内容的学习方式，将部分教学内容保存在本课程的教学资源网站中，学生通过扫描二维码的方式即可进行在线测评、视频学习等。学生可实现不受时空限制的自主学习，教师也可根据教学实际开展线上线下混合式教学。为拓展学习受众，本教材在微课制作中插入了手语和中英文字幕，方便特殊人群的学习。

本教材由何辉和许祥鹏任主编，负责教材编写大纲和教材体例的规划、微课视频的脚本撰写和字幕的英文翻译；由杨琴和朱雯任副主编，负责微课视频的脚本撰写、微课视频的拍摄、字幕的英文翻译及教材的插图绘制；企业专家参与了教材的编写。具体编写分工如下：项目一由何辉编写，项目二由许祥鹏编写，项目三由朱雯编写，项目四由何辉、朱雯共同编写；项目五、项目六由杨琴、许祥鹏共同编写。全书由何辉统稿，许祥鹏审稿。湖南汽车工程职业学院、湖南铁道职业技术学院、株洲市石峰区税务局、株洲市高新区（天元区）政务服务中心和株洲市人力资源和社会保障局对本书的编写给予了大力支持，在此表示衷心的感谢！

本教材提供了丰富的教学资源包，包括微视频、教学课件和在线测验等，需要者可以通过扫描书中二维码或登录华信教育资源网（www.hxedu.com.cn）免费下载。

本教材在编写过程中，借鉴、参考了部分国内外创业教育方面的文献资料，吸收了一些专家学者的理论和观点，在此一并表示感谢！

由于时间和编者水平有限，教材中难免有一些疏漏和不妥之处，敬请广大读者提出宝贵建议和意见，以便更好地修订和完善。

编 者

2021 年 9 月

目 录

项目一　为什么创业 ········· 1

任务一　你知道就业和创业哪个是你的菜吗 ········· 1
- 思维导图 ········· 1
- 创业文化 ········· 2
- 学习指南 ········· 3
- 任务引入 ········· 4
- 任务实施 ········· 4
  - 一、你想就业还是创业 ········· 4
  - 二、你觉得自己适合创业吗 ········· 5
  - 三、你知道大学生创业者需要具备哪些条件吗 ········· 8
  - 四、你知道大学生创业有哪些政策支持吗 ········· 9

任务二　你知道别人是怎么创业的吗 ········· 12
- 思维导图 ········· 12
- 创业文化 ········· 12
- 学习指南 ········· 14
- 任务引入 ········· 14
- 任务实施 ········· 15
  - 一、大学生创业的优势与劣势 ········· 15
  - 二、大学生创业故事 ········· 16
  - 三、大学生创业方向 ········· 21

任务三　你知道如何防范创业风险吗 ········· 24
- 思维导图 ········· 24
- 创业文化 ········· 24
- 学习指南 ········· 25
- 任务引入 ········· 26
- 任务实施 ········· 26
  - 一、大学生创业风险分析 ········· 26
  - 二、大学生防范创业风险的措施 ········· 28

项目二　拿什么创业 ········· 32

任务一　你知道如何发现好的创业项目吗 ········· 32
- 思维导图 ········· 32
- 创业文化 ········· 33
- 学习指南 ········· 34
- 任务引入 ········· 34
- 任务实施 ········· 35
  - 一、什么才算是好的创业项目 ········· 35
  - 二、如何通过市场调查发现好的创业项目 ········· 36
  - 三、市场调查内容包含哪些 ········· 43

任务二　你知道如何从简单的创意开始创业吗 ········· 46
- 思维导图 ········· 46
- 创业文化 ········· 46
- 学习指南 ········· 48
- 任务引入 ········· 48
- 任务实施 ········· 49
  - 一、从简单的创意开始创业 ········· 49
  - 二、组织货源 ········· 51
  - 三、启动资金预测与产品定价 ········· 52

任务三　你知道如何向你的竞争对手学习吗 ········· 59
- 思维导图 ········· 59
- 创业文化 ········· 59
- 学习指南 ········· 60
- 任务引入 ········· 61
- 任务实施 ········· 61

一、目标顾客定位 …………… 61
二、竞争对手分析 …………… 63
三、制定 4P 营销策略 ……… 66
四、进行产品试销 …………… 76

项目三　由谁来创业 …………… 82

任务一　你知道如何在独自创业和合伙创业中进行选择吗 … 82
思维导图 ……………………… 82
创业文化 ……………………… 83
学习指南 ……………………… 84
任务引入 ……………………… 84
任务实施 ……………………… 85
　一、独自创业的优缺点 …… 85
　二、合伙创业的优缺点 …… 86
　三、选择独自创业与合伙创业的建议 ………………… 86

任务二　你知道如何组建优秀的创业团队吗 ……………… 89
思维导图 ……………………… 89
创业文化 ……………………… 90
学习指南 ……………………… 91
任务引入 ……………………… 92
任务实施 ……………………… 92
　一、组建创业团队应考虑的要素 ……………………… 92
　二、创业团队管理的技巧 … 93
　三、学学《西游记》里的创业经 ………………… 94

任务三　你知道如何设计合理的股权结构吗 ……………… 97
思维导图 ……………………… 97
创业文化 ……………………… 98
学习指南 ……………………… 99
任务引入 ……………………… 100
任务实施 ……………………… 100
　一、股权设计的核心 ……… 100
　二、股权分配原则 ………… 101
　三、股权控制方式 ………… 103

　四、股权退出机制 ………… 104

项目四　在哪里创业 …………… 108

任务一　你知道哪种创业形式更适合你吗 ………………… 108
思维导图 ……………………… 108
创业文化 ……………………… 109
学习指南 ……………………… 110
任务引入 ……………………… 111
任务实施 ……………………… 111
　一、摊贩型创业 …………… 111
　二、居家型创业 …………… 112
　三、网络开店型创业 ……… 112
　四、加盟代理型创业 ……… 112

任务二　你知道选择哪种企业法律形态更合适吗 ………… 115
思维导图 ……………………… 115
创业文化 ……………………… 115
学习指南 ……………………… 116
任务引入 ……………………… 117
任务实施 ……………………… 117
　一、什么是企业法律形态 … 117
　二、初创企业常见法律形态的特点 ……………………… 118
　三、选择合适的企业法律形态 ………………………… 119

任务三　你知道如何为你的企业选址吗 …………………… 125
思维导图 ……………………… 125
创业文化 ……………………… 126
学习指南 ……………………… 127
任务引入 ……………………… 127
任务实施 ……………………… 128
　一、企业选址 ……………… 128
　二、签订租赁合同的注意事项 ……………………… 129

任务四　你知道如何给企业取一个好名字吗 ……………… 134

目录

思维导图	134
创业文化	134
学习指南	136
任务引入	137
任务实施	137
一、企业名称的组成	137
二、企业名称设计需要注意的事项	139
三、网上企业名称自主申报	140
任务五　你知道如何进行企业登记注册吗	147
思维导图	147
创业文化	147
学习指南	148
任务引入	149
任务实施	149
一、公司注册流程	149
二、公司注册需要准备的资料	150
三、网上办理企业登记	152

项目五　没钱怎么办……160

任务一　你知道有哪些渠道和方式可以融资吗	160
思维导图	160
创业文化	161
学习指南	162
任务引入	163
任务实施	163
一、融资渠道	163
二、一般企业的融资方式	164
三、大学生创业的融资方式	165
任务二　你知道如何写创业计划书吗	169
思维导图	169
创业文化	169
学习指南	170
任务引入	171
任务实施	171
一、创业计划书的作用	171
二、优秀创业计划书的特征	171
三、创业计划书的内容格式	172
任务三　你知道参加创业比赛可以赢大奖吗	177
思维导图	177
创业文化	177
学习指南	178
任务引入	179
任务实施	179
一、参加创业大赛的好处	179
二、适合大学生参加的创业大赛	180
三、制作创业大赛PPT	182
四、创业大赛怎么比	184
任务四　你知道如何跟天使投资人"谈恋爱"吗	187
思维导图	187
创业文化	188
学习指南	189
任务引入	189
任务实施	190
一、什么是天使投资	190
二、常见的天使投资形式有哪些	190
三、什么是项目路演	191
四、如何准备好一场项目路演	192

项目六　公司怎么管……196

任务一　你知道如何管理手下的员工吗	196
思维导图	196
创业文化	197
学习指南	197
任务引入	198
任务实施	198
一、你想让员工做什么	198
二、总感觉事太多人太少	

怎么办 …………………… 199
　　三、员工做事没经验怎么办 … 200
　　四、如何让你的员工用心
　　　　做事 …………………… 201
任务二　你知道如何把钱用在
　　　　刀刃上吗 ……………… 204
思维导图 …………………………… 204
创业文化 …………………………… 204
学习指南 …………………………… 205
任务引入 …………………………… 206
任务实施 …………………………… 206
　　一、财务管理的特征和内容 … 206
　　二、编制财务报表 …………… 208
　　三、日常资金管理 …………… 211
任务三　你知道如何向政府申请
　　　　补贴吗 ………………… 213
思维导图 …………………………… 213
创业文化 …………………………… 214
学习指南 …………………………… 214
任务引入 …………………………… 215
任务实施 …………………………… 215
　　一、高校毕业生自主创业可以
　　　　享受的优惠政策 ………… 215
　　二、申请一次性创业补贴 …… 217
　　三、申请初创企业经营场所
　　　　租金补贴 ………………… 218
　　四、申报创新创业带动就业
　　　　项目 ……………………… 219

任务四　你知道如何给公司报
　　　　年报吗 ………………… 226
思维导图 …………………………… 226
创业文化 …………………………… 227
学习指南 …………………………… 228
任务引入 …………………………… 228
任务实施 …………………………… 229
　　一、企业年报基础知识 ……… 229
　　二、企业年报的内容 ………… 230
　　三、网上办理企业年报 ……… 231
任务五　你知道如何依法纳税吗 … 243
思维导图 …………………………… 243
创业文化 …………………………… 243
学习指南 …………………………… 244
任务引入 …………………………… 245
任务实施 …………………………… 245
　　一、依法纳税的重要性 ……… 245
　　二、与企业和企业主相关的
　　　　税种 ……………………… 246
　　三、大学生创业税收优惠
　　　　政策 ……………………… 247
　　四、创业开公司的税务
　　　　小常识 …………………… 248

参考文献 …………………………… **252**

项目一

为什么创业

大学生作为我国年轻的知识群体，具有较强的知识储备能力和创造力。但因为大学生这个群体在创业过程中，普遍存在社会实践经验不足、创业资金短缺等短板，导致许多大学生创业在初期就夭折了。因此，要提升创业的成功率，关键要先判断自己是否适合创业？还存在哪些问题？一旦遇到风险如何解决？本项目包括你知道就业和创业哪个是你的菜吗、你知道别人是怎么创业的吗、你知道如何防范创业风险吗三个学习任务。完成学习任务后，学习者能够判断自己选择创业存在哪些问题，以及如何增强自主创业意识和进行创业风险的识别与防范。

任务一 你知道就业和创业哪个是你的菜吗

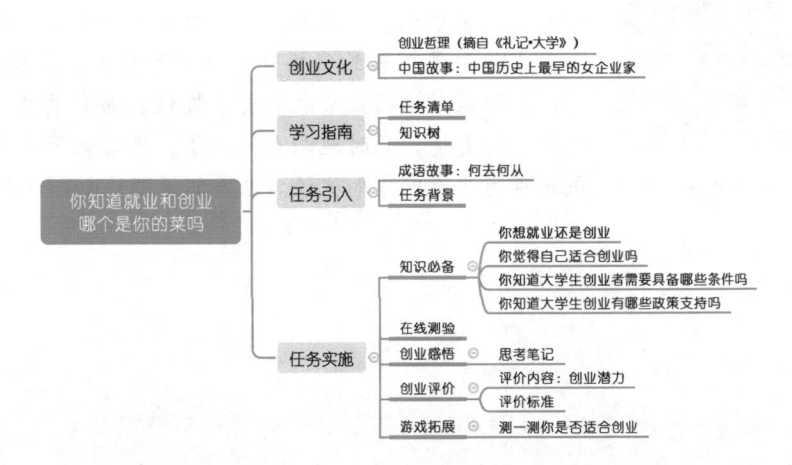

思维导图

你知道就业和创业哪个是你的菜吗
- 创业文化
  - 创业哲理（摘自《礼记·大学》）
  - 中国故事：中国历史上最早的女企业家
- 学习指南
  - 任务清单
  - 知识树
- 任务引入
  - 成语故事：何去何从
  - 任务背景
- 任务实施
  - 知识必备
    - 你想就业还是创业
    - 你觉得自己适合创业吗
    - 你知道大学生创业者需要具备哪些条件吗
    - 你知道大学生创业有哪些政策支持吗
  - 在线测验
  - 创业感悟
    - 思考笔记
  - 创业评价
    - 评价内容：创业潜力
    - 评价标准
  - 游戏拓展
    - 测一测你是否适合创业

创业文化

创业哲理

苟日新，日日新，又日新。

——《礼记·大学》

【释义】如果能够一天新，就应保持天天新，新了还要更新。比喻从勤于省身和动态的角度来强调及时反省和不断革新。

中国故事

中国历史上最早的女企业家

巴清，本名清，巴是巴郡之意，别名巴寡妇清。《史记·货殖列传》中记载："而巴寡妇清，其先得丹穴，而擅其利数世，家亦不訾。清，寡妇也，能守其业，用财自卫，不见侵犯。秦皇帝以为贞妇而客之，为筑女怀清台。清穷乡寡妇，礼抗万乘，名显天下，岂非以富邪？"意思是巴郡寡妇清的先祖自得到朱砂矿，独揽其利达好几代人，家产多得不计其数。清是个寡妇，能守住先人的家业，用钱财来保护自己，不被别人侵犯。秦始皇以上宾之礼待她，为她修筑了女怀清台。巴寡妇清一介穷乡寡妇，能够名扬天下，以万乘之尊相待，这难道不是因为他们富有吗？

司马迁所著《史记·货殖列传》，是中国最早的经济史著作。巴寡妇清是其中唯一的女企业家，也是秦汉女性工商业主成功者最典型的范例。其家族从事的是丹穴业，也就是采炼丹砂，因掌握了独特的开采和冶炼技术，所以传及数代而不坠，垄断丹砂开采的生意，积聚了数不清的资财。其家财之多约合白银八亿万两，又赤金五百八十万两，到她掌管经营家业后，更至僮仆千人，依附者上万，私家保镖两千余人，凭借雄厚的财力而保一方平安。其事迹在《史记》《一统志》《括地志》《地舆志》《舆地纪胜》《州府志》等书籍中有记载。

丹砂女王。丹砂在当时是一种重要的矿物，其用途非常广泛。既可用来制作朱色颜料，又可用作镇静剂，外科还可用来治疗疥癣等皮肤病。加之，朱砂既有毒又防腐，因此古人认为用朱砂炼成金丹可以使人长生不老，常以朱砂作为炼丹的主要材料。秦始皇求长生不老，丹砂显得尤为重要。巴寡妇清充分运用先祖积累下来的采掘制作丹砂的技术，经营起丹砂帝国，得益于她敏锐的商业头脑和善于捉住机遇的果敢，又得到最高统治者的支持，天时地利人和之下，巴寡妇清的丹砂帝国在激烈的市场竞争中势如破竹。巴寡妇清雕像如图1-1所示。

图 1-1 巴寡妇清雕像

项目一 为什么创业

学习指南

任务清单

工作任务	判断自己是否适合创业	教学模式	任务教学法
建议学时	1学时	教学地点	多媒体教室
任务描述	本任务要求学生了解创业的相关知识后，能够对照自己的实际情况，从创业者的角度分析自己，指出自己在哪些方面存在不足		
学习目标	知识目标	1. 了解创业的好处与烦恼； 2. 理解大学生创业的各种支持政策； 3. 掌握分析自己是否具备创业者潜力的方法	
	能力目标	1. 具备利用多种信息化平台独立自主学习的能力； 2. 具备制订工作计划、独立决策和实施的能力； 3. 具备运用多方资源解决实际问题的能力； 4. 具备准确的自我评价能力和接受他人评价的能力； 5. 具备自主学习与独立思维能力	
	素质目标	1. 具备创业意识、进取意识、效率意识、规范意识； 2. 具有团队协作能力； 3. 具有维护组织目标实现的大局意识； 4. 具有爱岗敬业的职业道德和严谨、务实、勤快的工作作风； 5. 具有自我管理、自我修正的能力	
	思政目标	通过对创业哲理、中国故事和成语故事的解读与讲解，培养学生的自由、平等、爱国、敬业的意识和观念。	
关键词	就业，创业，何去何从		

知识树

你知道就业和创业哪个是你的菜吗
- 你想就业还是创业
  - 创业和就业的区别
  - 创业的好处与烦恼
- 你觉得自己适合创业吗
  - 成功的创业者具备的品质
  - 失败创业者的特征
- 你知道大学生创业者需要具备哪些条件吗
  - 有领导与决策能力
  - 有优势互补的创业团队
  - 有好学的精神
  - 有吃苦耐劳的品质
  - 有洞察商机的敏锐嗅觉
  - 有拓展资源的能力
  - 有家人的理解和支持
- 你知道大学生创业有哪些政策支持吗
  - 可以获得高校相关政策支持
  - 可以获得小额担保贷款和贴息支持
  - 免收有关行政事业性费用
  - 可以获得培训补贴

任务引入

成语故事

"何去何从"出自《楚辞·卜居》:"宁与骐骥亢轭乎,将随驽马之迹乎?宁与黄鹄比翼乎,将与鸡鹜争食乎?此孰吉孰凶?何去何从?"意思是宁愿和良马一起呢,还是跟随驽马的足迹呢?是宁愿与黄鹄比翼齐飞呢,还是跟鸡鸭一起争食呢?这些选择哪是吉哪是凶?应该何去何从?多指在重大问题上选择什么方向。

任务背景

"风起的日子笑看落花,雪舞的时节举杯向月……",这首名为《选择》的歌曲很多人听了都会莫名感动。欧思琴马上就要大学毕业了,也面临着选择,到底是就业还是创业?欧思琴不喜欢朝九晚五的工作,她喜欢做有挑战性的事情,但许多人告诉她创业很艰辛,她一时也拿不定主意。于是,她决定先了解自己到底适不适合创业,然后再做决定。

任务实施

知识必备

一、你想就业还是创业

(一)创业和就业的区别

创业是创业者对自己拥有的资源,或者通过努力对能够拥有的资源进行优化整合,从而创造出更大经济或社会价值的过程。创业是一种劳动方式,是一种需要创业者运营、组织,以及运用服务、技术、器物作业的思考、推理和判断的行为。

就业是指在法定年龄内的有劳动能力和劳动意愿的人们所从事的为获取报酬或经营收入进行的活动。它的含义较为广泛,只要是有劳动能力并且以劳动的方式获得报酬的活动就可以归类为就业。因此,创业也包含在就业内。

(二)创业的好处与烦恼

1. 创业的好处

创业的好处如图 1-2 所示。

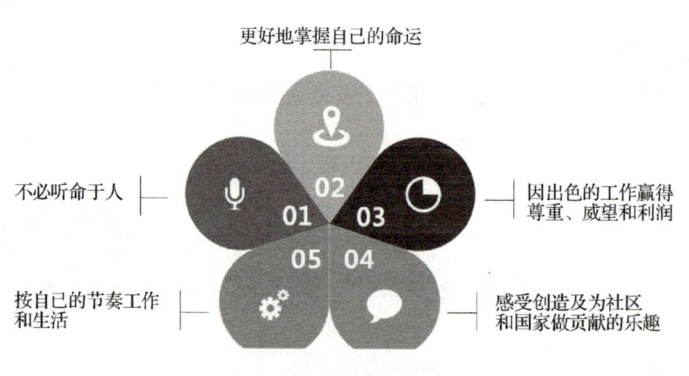

图 1-2 创业的好处

2. 创业的烦恼
创业的烦恼如图 1-3 所示。

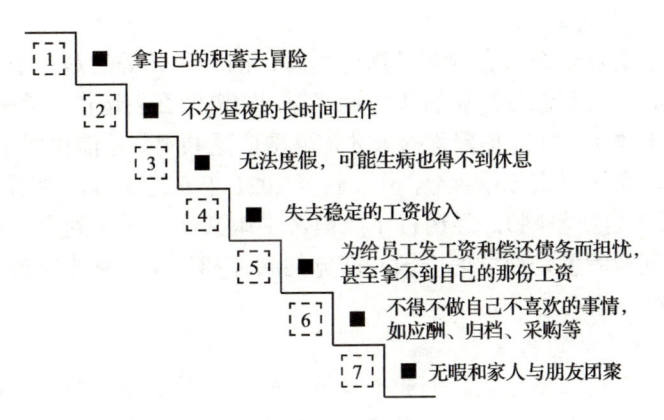

1. 拿自己的积蓄去冒险
2. 不分昼夜的长时间工作
3. 无法度假，可能生病也得不到休息
4. 失去稳定的工资收入
5. 为给员工发工资和偿还债务而担忧，甚至拿不到自己的那份工资
6. 不得不做自己不喜欢的事情，如应酬、归档、采购等
7. 无暇和家人与朋友团聚

图 1-3　创业的烦恼

微视频 1-1：你想创业还是就业

二、你觉得自己适合创业吗

（一）成功的创业者具备的品质

1. 激情——充满昂扬勃发的激情

成功的创业者浑身散发着昂扬勃发的激情，洋溢着无往不前、成功在我的乐观精神。创业者在创业途中会遇到各种各样的变数，如果没有持续的激情和乐观的精神，就很容易变得焦虑、自乱阵脚，甚至半途而废。激情是支持创业的内在驱动力，也是让创业者愿意不断付出的基础动力。另外，创业者随时随地散发出来的激情、乐观精神，有利于吸引优秀人才，获得更多的坚定同行者。没有哪个人会愿意和整天愁眉苦脸的老板或同事一起工作。一个充满激情、乐观精神的人总是能感染身边的人，具有人格魅力的人大多数也充满激情并具有乐观精神。

2. 认识——较为深刻的行业认知

许多创业者在创业之前有过较长时期的职业生涯，积累了较为丰富的从业经验和人生阅历，对所在行业的市场规模、运作规律、技术高度、管理流程都非常熟悉，对行业的认知有深度的思考，有些人甚至能系统地勾画出未来的行业走势。这样的创业者成功的概率更大。例如，优客工场的创始人之前一直在房地产行业工作，房地产行业从黄金周期走向白银时代，有大量的存量市场需要消化，该创始人顺势而为，融合共享经济，走房地产轻资产运营之路，创办了共享办公企业——优客工场，两年时间就成长为独角兽。这一奇迹并不是凭空而来，而是来自该创始人对房地产行业的发展方向有一个精准的判断,把握了时代经济的脉搏,因而能够站在更高点上不断前行。

3. 传播——传经布道的能力

创业者对拟涉足的行业必须有独到精深的理解,因为你开辟的是一个新事业,刚开始很多人是持怀疑态度的。只有你对行业的认知足够深,知道怎么去运作,了解行业前景有多大,形成一套自己的理论体系,才能集聚优秀人才,赢得广泛共鸣,才能说服更多的人跟着你干。中国共产党成立时,全国只有50多名党员,截至2021年6月5日,中国共产党党员总数为9 514.8万名(数据来自新华网),经历百年风雨,中国共产党由小到大,由弱到强,这其中的艰难可想而知。创业者就是要学习中国共产党的胸怀和见识,有传经布道的能力,将自己的创业理念植根在同行者心中。

4. 勇气——舍我其谁的勇气

有识还需有胆,方可成就伟业。创业本身就是一项冒险活动。要有胆量,敢于下注,想赢也敢输。搏赢者能够站在更高的人生巅峰,风光无限;失败者则有可能多年的努力尽付东流,需要从头再来。因而创业最能锻炼心志,考验心理承受能力。创业需有超乎常人的胆略,敢于尝试别人不敢踏上的道路,能够在未知的天地中搏击、冒险。工作中碰到过很多优秀的职业经理人,懂市场、懂战略、懂管理,也有创业想法,但就是犹豫不决,不敢迈出关键的一步。大连万达在创业过程中流行"什么清华北大都不如胆子大"这样一句话。如果没有一股子冒险精神,总是走在四平八稳的道路上,跟在别人的身后亦步亦趋,希望别人为你遮风挡雨,你收获的永远只是别人抛弃废置的。可以说,冒险精神本身就是创业精神的一个重要组成部分,不可或缺,也难能可贵。

5. 学习力——超强的学习力

在创业过程中,一个创业者应当具备战略把控能力、综合业务能力、商业运作能力、宏观管理能力,这些不可能与生俱来,除在实际工作中不断积累外,更需要平时善于学习。拥有超强的学习力,需要有一颗好奇的心,永远会去问别人想不到的问题,会去找比自己有经验的人交流,或者通过阅读来提升各方面的能力。

6. 执行力——执行力强

一流的点子加上三流的执行力,与三流的点子加上一流的执行力,哪一个更重要?后者远比前者重要。被灌输过各种鸡汤的创业者,对成功的战略目标抱有强烈的期待和信任。战略目标指明了公司前进的大方向。然而,战略只能保证"做正确的事情"。特别是创业公司,大部分只是有个思路、有个方向,商业模式还没有得到验证,你的竞争对手、资金链等随时可能把你毁灭。所以,一旦方向确定,就要用专注的力量去执行。目标的最终实现,靠的是团队的执行力,保证"把事情做正确、做好"。

7. 分享力——分享精神

作为创业人,一定要懂得与他人分享。一个不懂得与他人分享的人,不可能将事业做大。分享不仅仅限于企业或团队内部,对外部的分享有时也同样重要。分享说起来很简单,但是人性有自私的一面,所以,不管是老板还是普通人,在面对利益时大部分人是很难过这个坎的。但凡做得好的企业都具有高度的分享精神。懂得分享其实既是一种精神的升华,也是对员工创造价值的高度认可。懂得分享的企业和老板,收获的比分享的要更多。

此外,创业者需要有一个强健的体魄和旺盛的精力;需要极强的目标性,不轻易被别的事情所左右;需要当断则断的决策,一旦决策了就全力以赴;能够平衡家庭和事业的关系;甚至还要有一份上天眷顾的运气;等等。这些都是创业者需要的素质。有些素质是天生的,但大多数是通过后天的努力形成的。所以说，创业是属于精英的游戏，但是不是精英，并不取决于你的出身背景，而取决于你的个人素质和能力水平。

微视频1-2：成功的创业者具备的素质

（二）失败创业者的特征

创业失败的原因各不相同，但具有如下八种特征的人是不适合创业的。

1. 没有目标、人云亦云

有些人，为什么想要创业？其实并不是自己内心有目标，而是纯属羡慕别人，不知道自己该做什么。这样的人，没有目标，没有计划，人云亦云，听到别人说什么行业赚钱，什么行业有前景，不加思考就迈足，很容易被市场淘汰，以失败告终。

2. 羞于和别人打交道、不懂把握人脉

创业，需要和形形色色的人打交道。不善于也羞于和别人打交道的人，把握不住人脉，容易错失机遇，创业失败的概率更大。

3. 生意贪大、超出自身能力去投资

有些人，觉得小生意赚钱不多，要做生意就做大生意，于是在不熟悉市场的情况下，在没有能力的情况下，借贷也要去做大生意创业，这种人成功的概率很小。

4. 思维受限制、只看眼前小利、不图未来

创业者要有创新思维和广阔的眼界，这样才能走得更远。如果只图眼前小利，不考虑长久发展，那么在创业的道路上，是很难有好的发展的，这种人不适合创业。

5. 吃不得一点苦、承受不住压力

很多人问，创业和打工有什么不同？其实，创业和打工有很大的不同，创业需要承担很大风险，一年四季或许没有休息日，当决定去创业的时候，会面对许多未知的风险和困难，如果承受不住压力和困难，是不适合创业的。

6. 缺乏执行力、做事拖拉

商场如战场，竞争激烈。今天你没有把握好机会，明天就可能被别人捷足先登，痛失良机。所以，创业者一定要具备超强的执行力，做事千万不可拖拉。

7. 人品不行、过河拆桥

有的人喜欢耍小聪明，见利忘义；有的人一生都被利益驱使，待人接物又厚又黑；有的人对有用的人尽力巴结，当别人没有利用价值的时候就一脚踢开。这类人是很难成就大事业的，就算今日小有所成，来日也会崩塌。俗话说得好："今日留一线，他日好相见。"创业不易，创业者一定要有良好的品行，要知道感恩，同时也要学会看人。

8. 不依法经营、想钻法律漏洞

不可否认，有些人钻了法律的漏洞，事业侥幸得到了发展。可是今时今日，法律健全且日益完善，如果急功近利，总是抱着侥幸的心理去创业，去涉足一些违法行业或做一些违法的事情，迟早会受到法律的制裁。

微视频 1-3：失败创业者的特征

三、你知道大学生创业者需要具备哪些条件吗

创业者必须具有优良的道德品质、坚韧不屈的精神、坚定不移的信念、丰富的经验、渊博的知识、充沛的体力和精力等优秀素质。对于大学生创业者来讲，具备良好的创业素质、能力或物质条件是事业成功的基本条件。

（一）有领导与决策能力

作为大学生创业者，除了具有优良的道德品质、坚韧不屈的精神等优秀素质，还必须具备相当的领导与决策能力，能把企业的人员与业务安排得井井有条，并能及时处理遇到的一切问题。创办一个企业，不仅需要处理大量的事务性问题，还要为企业建章立制，即使是只有一两个人的小店铺或家庭企业也不例外。

（二）有优势互补的创业团队

优势互补的创业团队是自主创业的基础。有了优势互补的创业团队，既能有效地进行技术创新与经济管理，又能保证创业团队形成最大的合力，从而在市场竞争中取胜，达到企业所追求的目标，推动企业向前发展，取得创业的成功。同时，也可制定一套工作章程，确定员工的权利与义务，将福利、升迁、分红、奖惩制度等说清楚，这样有助于降低员工的流动率、提升公司对客户的服务品质。

（三）有好学的精神

创业是一个复杂的过程，涉及生产服务、成本核算、市场营销、人员管理等许多在学校可能没有学过的知识。大学生要想把创业工作做好，就必须有好学的精神，要善于学习，需要学习经营管理、科学技术、社会学、心理学、经济学等相关学科的知识。知识经济时代，科学技术突飞猛进，企业环境复杂多变，创业者还要善于从自己及别人的成功和失败中吸取经验教训，这样才能跟上时代的步伐，以系统的思路、全新的理念去经营好企业。

（四）有吃苦耐劳的品质

对于大学生来说，创业并非坦途。要想获得成功就必须有坚韧不拔的意志品格。"吃得菜根，百事可做"，大学生创业者要学会吃苦，要培养自己的忍耐力、冒险精神和旺盛的斗志。笑对人生，正视失败，走出一条属于自己的成功之路。

（五）有洞察商机的敏锐嗅觉

创业者必须要有洞察商机的敏锐嗅觉，尤其是面对商业机会时能够快速反应。能够洞察企业提供的产品或服务的特性，了解它们是如何满足顾客需要的和如何使顾客认同产品的；能够根据行业发展状况、竞争对手的缺陷细分市场，找到自己的产品或服务的目标顾客群；能够根据企业的优势、劣势并结合外部环境的机会，正确地制定企业发展的战略目标，只有确定了正确的战略目标，企业才能走得更远。

（六）有拓展资源的能力

创业者的资源分为两种，一种是以创业者所占有的生产资料、知识技能等构成的内部资源；另一种是以创业者构建其人际网络或社会网络的能力为基础的外部资源，亦称"人脉"资源。创业者不仅要丰富自己的知识结构、提高自身素质，而且要善于与他人、外界沟通，善于捕捉各种信息，努力扩大资源占有的数量和质量。

（七）有家人的理解和支持

创办和经营企业将占用许多时间，因此获得家人的理解和支持尤为重要。如果你的家庭成员同意你创业，支持你的创业计划，你就有了坚强的后盾。

微视频1-4：大学生创业者需要具备的条件

四、你知道大学生创业有哪些政策支持吗

（一）可以获得高校相关政策支持

1. 弹性学制

高校对有自主创业意愿的大学生实施弹性学制，放宽学生修业年限，允许调整学业进程，允许保留学籍休学创新创业。

2. 相关经历可折算学分

学生参加创新创业、社会实践等活动，以及发表论文、获得专利授权等与专业学习、学业要求相关的经历、成果，可折算为学分，计入学业成绩。

3. 优先转专业

休学创业复学的学生，因自身情况需要转专业的，学校会优先考虑。

4. 创业示范基地

通过建设大学生创业示范基地，推动大学科技园、创业园、创业孵化基地和实习实践基地建设，提升大学生创业实践水平。

（二）可以获得小额担保贷款和贴息支持

对符合条件的高校毕业生自主创业的，可在创业地按规定申请创业担保贷款；对从事微利项目的，还可获得贴息支持；自愿到西部地区及县级以下的基层创业的高校毕业生，当自筹资金不足时，也可向当地经办银行申请小额担保贷款；对从事微利项目的，可获得50%的贴息支持。

（三）免收有关行政事业性费用

高校毕业生从事个体经营且在市场监督管理部门注册登记日期在其毕业后两年内的，自其在市场监督管理部门首次注册登记之日起三年内免收管理类、登记类和证照类行政事业性费用。

（四）可以获得培训补贴

登记失业的高校毕业生，参加人力资源和社会保障部门举办的创业培训和职业技能培训，可获得相应的培训补贴。

微视频 1-5：大学生创业的政策支持

在线测验

扫描二维码，测一测你对本任务知识的掌握程度。

创业感悟

许多人有将创业取得成功的困难过分夸大的嫌疑，这跟小马过河是一个道理，是深是浅一试便知。成功既不像你想象的那么难，天上也不会掉馅饼，重要的是你想不想做，用没用心做，是否全力以赴地去做。

请结合本任务所学知识，完成如表 1-1 所示的思考笔记。

表 1-1　思考笔记

	创业的好处	创业的烦恼
想不想创业		
	大学生创业者需要具备的条件	大学生创业的政策支持
适不适合创业		

创业评价

1. 评价内容

把你想创业的想法讲给家庭成员和你信赖的朋友听，请他们对你的创业想法进行评价，然后完成如表 1-2 所示的创业潜力评价表，看看你是否具备创业潜力。

表 1-2　创业潜力评价表

成功的创业者特征	自我评估		家庭成员或朋友评估	
	是	否	是	否
充满昂扬勃发的激情				
较为深刻的行业认知				
舍我其谁的勇气				
传经布道的能力				
超强的学习力				
执行力强				
分享精神				

大学生创业者需要具备的素质、能力或物质条件	自我评估		家庭成员或朋友评估	
	是	否	是	否
有领导与决策能力				
有优势互补的创业团队				
有好学的精神				
有吃苦耐劳的品质				
有洞察商机的敏锐嗅觉				
有拓展资源的能力				
有家人的理解和支持				
结论：具备创办企业的潜力	□是　　□否			

2. 评价标准

（1）自我评估与家庭成员或朋友评估吻合度越高越好；

（2）对于自我评估为"是"的选项，可以要求被评估人进行说明。如果分析有条理，有数据或事例佐证，则评估的准确性较高。

游戏拓展

测一测你是否适合创业

创业，一个既充满诱惑又充满危险的字眼，它既是迅速积累财富、出人头地的利好途径，也是瞬间全军覆灭、跌入深渊的完美伪装。创业不是纸上谈兵，也不是咖啡厅里的侃侃而谈，而是一场拼刀刃的战争。你是否适合创业？你究竟有多少创业潜力？来测试一下吧！请尝试回答下面的问题，每题有四个选项，分别为A. 经常；B. 有时；C. 很少；D. 从来不。

（1）在急需做出决策的时候，你是否在想，再让我考虑一下吧？

（2）你是否为自己的优柔寡断找借口——是得慎重考虑，怎能轻易下结论呢？

（3）你是否为避免冒犯某个或某几个有相当实力的客户而有意回避一些关键性的问题，甚至表现得曲意奉承呢？

（4）你是否无论遇到什么紧急任务，都先处理自己的日常琐碎事务呢？

（5）你非得在巨大的压力下才肯承担重任吗？

（6）你是否无力抵御或预防妨碍你完成重要任务的干扰和危机因素？

（7）你在决定重要的行动和计划时，常忽视其后果吗？

（8）当你需要做出很可能不得人心的决策时，是否找借口逃避而不敢面对？
（9）你是否总是在晚上才发现有要紧的事没办？
（10）你是否因不愿承担艰苦任务而寻求各种借口？
（11）你是否常来不及避免或预防困难情形的发生？
（12）你总是拐弯抹角地宣布可能得罪他人的决定？
（13）你喜欢让别人替你做你自己不愿做而又不得不做的事吗？

计分：选 A 得 4 分；选 B 得 3 分；选 C 得 2 分；选 D 得 1 分。

结果分析：

50 分以上，说明你的个人素质与创业者相去甚远；

40～49 分，说明你不算勤勉，应彻底改变拖沓、效率低的缺点，否则创业只是一句空话；

30～39 分，说明你在大多数情形下充满自信，但有时犹豫不决，不过没关系，有时候犹豫也是一种成熟、稳重和深思熟虑的表现；

15～29 分，说明你是一个高效率的决策者和管理者，更是一个成功的创业者。

任务二　你知道别人是怎么创业的吗

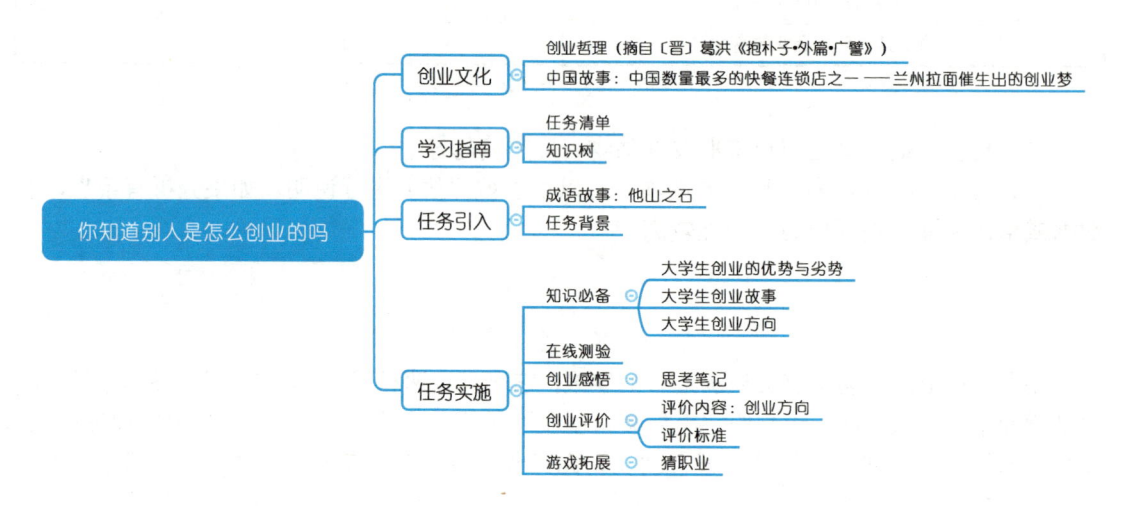

思维导图

你知道别人是怎么创业的吗
- 创业文化
  - 创业哲理（摘自〔晋〕葛洪《抱朴子·外篇·广譬》）
  - 中国故事：中国数量最多的快餐连锁店之一——兰州拉面催生出的创业梦
- 学习指南
  - 任务清单
  - 知识树
- 任务引入
  - 成语故事：他山之石
  - 任务背景
- 任务实施
  - 知识必备
    - 大学生创业的优势与劣势
    - 大学生创业故事
    - 大学生创业方向
  - 在线测验
  - 创业感悟
    - 思考笔记
  - 创业评价
    - 评价内容：创业方向
    - 评价标准
  - 游戏拓展
    - 猜职业

创业文化

创业哲理

坚志者，功名之主也；不惰者，众善之师也。登山以艰险而止，则必臻乎峻岭矣；积善不以穷否而怨，则必永其令问矣。

——〔晋〕葛洪《抱朴子·外篇·广譬》

【释义】意志坚定，是建功立业的主导；勤奋不息，是一切善行的老师。登山不因为艰难险阻而停止,就一定会到达顶峰;行善不因为自身穷困与否而埋怨,就一定会使自己的美誉长久。用登山作譬,指出意志坚定和勤奋不怠,是事业成功的重要保证。

中国故事

中国数量最多的快餐连锁店之一——兰州拉面催生出的创业梦

20世纪80年代,老马带着梦想来到兰州,成为较早的个体工商户。随着老马的五个女儿和一个儿子逐渐长大成人,老马对小儿子越发舐犊情深。1996年,不愿读书的小儿子想去北京打工,老两口放心不下,又不愿让儿子坐享他拼挣来的家业,老马夫妇只好陪着儿子去北京。到北京后,小儿子很快找到了一份给人开车的工作,而老马夫妇也不愿闲着,为了解决基本生活问题,他们就在颐和园北宫门附近租了一间小小的店铺,干起了卖羊杂碎和烧饼的小生意。生意虽小,却很红火,老马也甚觉满足。一日,老马与一位顾客闲聊,顾客得知老马是兰州人,顿时很兴奋地说:"听说兰州的拉面好吃,你怎么不开一个拉面馆呢?"一句话点醒梦中人,老马立刻意识到这是一个好商机。看上去敦厚朴实的老马,做起事来却是雷厉果断。1997年初,"兰州马富贵拉面"的牌子在北京农业大学旁边竖了起来。1998年初夏,在北京市海淀区西苑和北京大学东门口相继出现了"老马富贵拉面"二、三分店。俗话说,"一货畅流众货皆动,一店兴旺众客皆归"。从此,老马的生意一发不可收。不知是巧合还是一种商业内功的凝练,在别人看不出有任何商机之地,老马的店铺却能经营得很红火。在北京市昌平区阳坊,老马盘过来一家店,当地驻军的一个宁夏老乡劝他说:"此地风水不好,先前四家人都未能经营下去。"但老马接过后,店面却出奇地红火。老马道破了天机:"那里人流量大,消费水平高,若将风味做醇,服务搞好,价格公道,自会有顾客盈门,此为商业经营的'风水'。"

虽然老马并没有读过多少书,但是他注重的是经营本质,很多年轻的商人来他这里取经,老马就一句话:"老老实实做人,踏踏实实开店,心别黑。"这种纯真的经营信念让他更有人缘儿,久而久之,老马还与一些来他饭店用餐的人交上了朋友。兰州拉面的故事如图1-4所示。

图1-4 兰州拉面的故事

学习指南

任务清单

工作任务	了解大学生创业的优势和劣势	教学模式	任务教学法
建议学时	1 学时	教学地点	多媒体教室
任务描述	本任务要求根据自己的特点制订或改进创业计划，总结一个大学生创业成功或失败的案例，并选出自己的创业方向		
学习目标	知识目标	1. 了解大学生创业具备的优势和劣势； 2. 了解他人的创业经验教训； 3. 熟悉大学生的主要创业方向	
	能力目标	1. 具备针对自己的弱点提出改进计划的能力； 2. 具备根据别人的创业经历总结经验教训的能力； 3. 具备准确的自我评估能力； 4. 具备结合自身实际，选定创业方向的能力； 5. 具备自主学习与独立思考能力	
	素质目标	1. 具备进取意识、效率意识、规范意识； 2. 具备动手能力、市场开拓能力； 3. 具备维护组织目标实现的大局意识和团队能力； 4. 具有爱岗敬业的职业道德和严谨、务实、勤快的工作作风； 5. 具有自我管理和自我修正的能力	
	思政目标	通过对创业哲理、中国故事和成语故事的解读和讲解，培养学生的爱国、和谐、友善及法治的意识和观念	
关键词	大学生创业，优势，劣势		

知识树

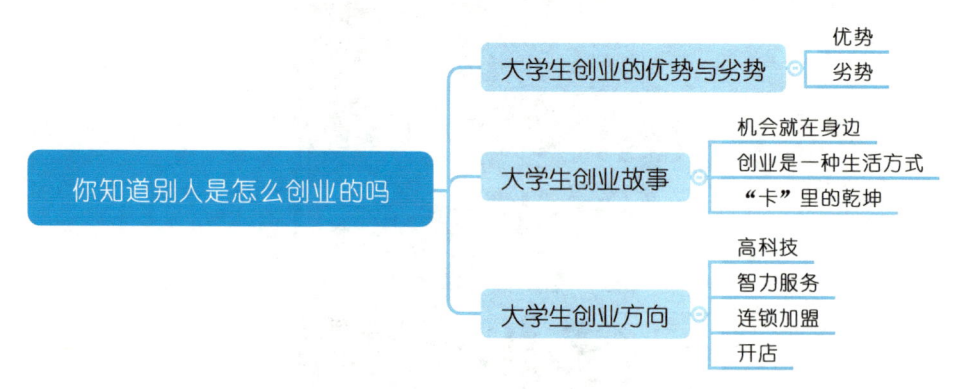

你知道别人是怎么创业的吗
- 大学生创业的优势与劣势
  - 优势
  - 劣势
- 大学生创业故事
  - 机会就在身边
  - 创业是一种生活方式
  - "卡"里的乾坤
- 大学生创业方向
  - 高科技
  - 智力服务
  - 连锁加盟
  - 开店

任务引入

成语故事

"他山之石"出自《诗经·小雅·鹤鸣》："他山之石，可以为错。"错，琢玉之具。意思是别的山上的石头，可以用来琢磨玉器。比喻能帮助自己改正缺点的人或意见。

任务背景

"我知道我的未来不是梦，我认真地过每一分钟……"，这首《我的未来不是梦》，是一首经典的励志歌曲。欧思琴觉得自己具备创业者的潜力，也想要实现自己的创业梦，但是由于自己没有创业经验，虽然激情四射，却感觉无从下手。这时，有人建议她做三件事：一是分析自己创业的优势与劣势，可以扬长避短；二是研究别人的创业故事，可以吸取经验；三是调查适合自己的创业方向，可以少走弯路。欧思琴觉得有道理。

任务实施

知识必备

一、大学生创业的优势与劣势

虽然大学生的创业热情比较高，但是也有很多弱点。例如，眼高手低，在创业过程中除能"纸上谈兵"外，对具体的市场开拓缺乏经验与相关知识，仅凭热情去创业，只能适得其反。因此，分析自己创业的优势与劣势是很有必要的。

（一）优势

大学生创业的优势如下：

（1）大学生往往对未来充满希望，他们有着年轻的血液，充满激情，具有"初生牛犊不怕虎"的精神，而这些都是一个创业者应该具备的素质。

（2）大学生在学校里学习了许多理论知识，有着一定的知识储备优势，尤其是对高新技术有一定的了解，而目前较有前途的创业项目是开办高科技企业。因此，技术的重要性是不言而喻的。大学生创业从一开始就走向具有高科技、高技术含量的领域，创业成功的概率会大大提高。"用智力换资本"是大学生创业的特色之路。一些风险投资家往往就是因为看中了大学生掌握的先进技术，而愿意对其创业计划进行资助。

（3）大学生有创新精神，有对传统观念和传统行业挑战的信心和欲望，而这种创新精神往往造就了大学生创业的动力源泉，成为成功创业的精神基础。

（4）大学生创业的最大好处在于能提高自己的能力，增长社会实战经验，将理论知识学以致用；最大的诱人之处是通过成功创业，可以实现自己的理想，证明自己的价值。

（二）劣势

大学生创业的劣势如下：

（1）大学生社会经验不足，常常盲目乐观，没有做好充足的心理准备。对于创业中的挫折和失败，许多创业者感到十分痛苦、茫然，甚至沮丧、消沉。创业者往往看到的都是成功的例子，心态自然都是理想主义的。其实，成功的背后还有更多的失败。既要看到成功，也要看到失败，这才是正确看待市场竞争的态度。也只有这样，才能使大学生创业者变得更加理智。

（2）急于求成、缺乏市场意识及商业管理经验，是影响大学生成功创业的重要因素。大学生虽然掌握了一定的理论知识，但终究缺乏必要的实践和经营管理经验。此外，由于大学生对市场营销等缺乏足够的认识，很难快速胜任企业经理人的角色。

（3）大学生初创团队多是由自己的同学、好友或志同道合的人组成的，这种良好的关系虽然能够使团队更加紧密，协助更加默契，但相对而言，大部分大学生初创团队都存在一个共性的问题，即股权结构极其不合理。很多人认为股权不好分配是因为关系太好，所以很多初创团队的股权都是松散而平均的，这样，当真正遇到问题时，不知道听谁的。同时，投资人也极其反感股权不明晰这样的问题，认为会有极大的风险。就算是亲兄弟，也要明算账，很多大学生创业者不明白这样的道理。

（4）大学生的市场观念较为淡薄。不少大学生乐于向投资人大谈自己的技术如何领先与独特，却很少涉及这些技术或产品究竟会有多大的市场空间。即使谈到市场的话题，他们也多半只会计划花钱做做广告而已，而对诸如目标市场定位与营销手段组合这些重要内容，则全然没有概念。其实，真正能引起投资人兴趣的并不一定是那些先进的产品或服务，相反，那些技术含量一般但却能切中市场需求的，常常会得到投资人的青睐。同时，创业者应该有非常明确的市场营销计划，能强有力地证明盈利的可能性。

微视频 1-6：大学生创业的优势与劣势

二、大学生创业故事

每一个创业者都怀揣着成功的梦想。然而，创业距离成功的路到底有多长，是一个无法预测的问题。创业者的成功，没有谁是一帆风顺的，或多或少都会面临一些困难。也许在创业的路上，永远都没有成功的感觉，或者收获的仅仅是一路相陪的挫折感和完成一个个任务后的成就感，这就是创业的特点。因此，创业考验的并不仅仅是一个人的事业心有多强，更考验一个人遇到挫折后的抗压能力。

（一）机会就在身边

1. 困境人生

1980 年，小钱出生于安徽省无为县赫店镇的一个贫穷的农民家庭。1999 年，父母做生意借来的 8 万元被人骗走，本来就拮据的家庭雪上加霜。之后，他们全家搬到天津大港，在一个偏僻的小巷子租住下来，靠着父亲做卤菜的手艺，省吃俭用，挣钱还债。2000 年，小钱如愿考上了长安大学，当录取通知书寄到家里时，父母既欣喜又发愁，生意的失败使他们债务缠身，已经没有能力支付儿子的学费了。最后，全家人东借西凑，好不容易才借到 2 000 多元，但仍不够交齐学费。开学时，小钱在报名的长队里一次又一次退到了后面。最后，他终于鼓起勇气找学院的辅导员，在学校对贫困学生政策的照顾与支持下，他得到了缓交学费的机会。此时，心绪已安定下来的小钱在心中也竖起了一个信念："越是日子困窘重重，越要咬紧牙关，明天一定会掌握在自己手中。"

2. "倒爷"甜头

开学第三天的下午，刚从自修室回来的小钱正独自在寝室里翻阅课本，突然一位师哥推门进来，向他推销随身听。尽管师兄介绍了许多产品的特点，可小钱却无动于衷。正在这时，几位室友回到宿舍。结果，这位师兄没费多少口舌，书包里的 4 台随身听被以每部 80 元的价格卖给室友。眼前的一幕深深地触动了小钱，他隐约觉得自己的身旁就有一个"发财"的良机。当晚，小钱就在谋划自己当"倒爷"的事，直至进入梦乡。第二天，小钱通过向本地学生和大三的老乡们打听，很快知道在西安东郊有两处小商品批发城。经过考察，小钱以每台 15 元的价格批发了 6 台那位师兄推销的随身听。结果，6 台随身听一倒手净赚了 300 元。这是他赚的第一桶金。之后，他便一发不可收。课余时间，他特别注意观察同学们在使用什么样的产品。学校的同学刚使用卡式电话时，他就打听并找到了 IC 卡经销商，把价格更低廉的电话卡介绍给同学，自己小赚一点辛苦费。后来，游泳课的游泳衣、考研的资料、英语磁带等，都成了他"倒卖"过的产品。

3. 快速拓展

2002 年，小钱受同学之邀去了重庆大学，在夜市摊位上，几位经营米线生意的研究生让小钱有了创业的想法。回到西安后，小钱找来另外两位同学一起讨论，当谈到对校园市场的开发设想时，三个人一拍即合，决定利用学校创业协会的人力资源成立信息服务中心，中心定名"三人行"，以学生需求为市场，开展介绍家教、校园活动策划、产品展示、市场调查及小网站建设等业务。同年 9 月，在迎接 2002 级新生的时候，小钱发现新生宿舍里的电话接线上都没有配备电话机。很多新生打电话都涌到电话亭和 IC 电话处，他立即召集"三人行"的成员商量给学生宿舍里装电话机。大家协商后，由小钱和学校相关部门联系，取得学校的允许和支持，在很短的时间内给大一所有宿舍都装上了电话机。在接下来的几天里，他们迅速把业务范围扩展到周围的几所大学。没几天的功夫，周围十几所大学的新生宿舍里全部装上了电话机，这一次他们净赚了 10 万余元。渐渐地，小钱开始不满足于校园里的小打小闹了，他坚信，到社会里去闯一闯一定能赚到大钱，前方有更大的事业在等着他。

4. 抓住机遇

一次偶然的机会，小钱看到电视新闻里某次会议上各国元首都穿着唐装。他就想，西安是盛唐故都，有着千年的文化积淀，今后这里一定会兴起唐装热。于是，小钱召集"三人行"的成员商议，大家一拍即合，说干就干。小钱开始带领他的团队走访西安大大小小的服装厂和服装批发点，以便得到更准确的市场信息。但是，经过调研后他们发现，唐装制作成本较高且工序复杂，丝绸是制作唐装的唯一材料，它的来源一定会因为唐装的流行出现"洛阳纸贵"的现象。考虑成熟后，小钱用手里的存款到无锡、常州购进了一批丝绸，没想到货还在路上时，订单就已经被抢完了，这一笔生意他稳赚了近十万元。小钱的"三人行"相继代理了移动校园卡、诺基亚手机等推广业务。学生消费的日益扩大化和时尚化的发展趋势，加上一些大型企业运营商的投资，为小钱"三人行"创业团队的迅速壮大注入了活力。2003 年 8 月，小钱等三人已经拥有了 50 余万元，小钱注册成立了自己的"大学生"公司，这是西安高新技术开发区管委会注册成立的第一家在校本科生全资创业公司。

2004 年春节，小钱揣着一年来丰厚的收入，回到安徽和家人共度节日。当小钱把孝敬父母的礼物呈到父母的面前时，父母热泪盈眶。临近开学，小钱把父母带到了西安，他兴奋地打开 2003 年定下的目标书，"还清家里的债务，接父母来西安居住，坐一次飞机"，他在这一年里要实现的三个基本愿望都已实现。

5. 海阔天空

小钱在日记中曾这样写到："没有鸟飞过的天空我飞。那些当初看来是困境的日子，只是一道小坎，没有迈过去时它很大很可怕，可一旦迈过这道坎，它便是一生的永恒财富。"

小钱说："现在，我有了自己的公司，我要把我的公司办成一个集团公司，争取具备开发能力和生产能力，创造一个响当当的品牌。"2005年5月，小钱在考察市场后，决定进入广告行业。随后便成立了西安三人行广告传媒有限公司。就在他的广告公司成立不久，恰逢一位领导人到访西安，因此，小钱的广告公司第一次做业务就接到了一个400多万元的单子。成功的喜悦再一次激发了小钱，2006年一年里，小钱的广告公司共做了约1 700万元的业务。在成功打开西安市场后，有着敏锐捕捉商机能力的小钱把眼光放到了全国市场。小钱在北京注册了北京橙色风暴校园传媒有限公司，"我要把全国的高校市场都做起来，让全国的高校都有我们的足迹，这是我下一步的目标"，小钱雄心勃勃地说。

小钱的西安三人行广告传媒有限公司成立以来，先后被共青团中央、共青团陕西省委授予"青年创业就业见习基地"称号。公司以西安为管理总部，北京为全国营销策划中心，在上海、天津、重庆、成都、广州、武汉、南京、合肥、石家庄、呼和浩特、兰州、银川、杭州、厦门等地成立了几十家分公司，形成了覆盖全国的广告资源网络。小钱带领着"三人行"，与全国900余所高校建立了战略合作关系，通过高校阅报栏广告牌、《新生手册》、《赢在校园》、DM杂志、高校BBS、运动场围栏、高校餐厅桌贴广告等多种媒介和丰富的线下营销活动，为客户打造了一个校园立体营销网，被赋予"校园资源整合专家"的美誉。

6. 实现梦想

2014年12月5日，小钱的公司改制更名为西安三人行传媒网络科技股份有限公司，并于2015年4月16日成功挂牌新三板（证券代码：832288），这是陕西广告业中第一家挂牌新三板的公司，号称"校园传媒第一股"，小钱出任董事长兼CEO。2016年7月9日，西安旅游发布公告，收购该公司100%股权，预估值为11.04亿元。小钱及妻子共同持有公司约72.92%股权。时年，小钱只有36岁。此外，他还是央视《赢在中国》第二季十强选手，曾荣获第六届"中国青年创业奖"、第二十届"陕西省十大杰出青年"、西安市青年创业形象大使、安徽省青年"五四"奖章等。他曾在国务院召开的全国就业创业工作表彰大会上，作为"全国创业就业先进个人"受到表彰，其创业经历被央视《新闻联播》、《焦点访谈》及《中国青年报》等多家媒体采访报道。"创业是非常辛苦的，没有回头路，创业最大的吸引力在于追求梦想和实现梦想。"2018年6月28日，由共青团中央等单位联合主办的"万名学子看西安——名人名家报告会"活动在长安大学举行，小钱回到母校分享了自己的创业故事，并勉励长安大学的学子抓住机遇，奋勇拼搏，努力实现自己的梦想。

微视频1-7：大学生创业故事之"机会就在身边"

（二）创业是一种生活方式

2010年，小艾组织同学成立了"火星"工作室，主要为了研究多语种信息在计算机中的处理。经过几年的酝酿，2013年正式成立了优件师软件科技有限公司。该公司主打的三款产品"优件师多语种手机浏览器""智慧餐厅""在线智能翻译"在国家级比赛和市场上均受到了客户的好评。

1. 走出校园

大学一年级下学期，在学校和学院的支持下，小艾成立了"火星"工作室，组建之初，工作室共有成员20人。2010年暑假，小艾利用所学的知识在一家培训机构任"全国计算机等级考试（二级）"老师。从此以后，他的社交圈慢慢开始扩大。假期结束后，小艾带着他的第一份工资（4 000元）回到学校继续上学。一个月后，当初培训机构的一位老师打电话让他给一个企业做一个管理系统，价格3 000元，小艾卖出了第一个软件。从此，他开始了自己的创业梦。大三的五月假期，小艾第一次用通过自己的实力赚来的钱坐飞机去上海。小艾站在"上海环球金融中心"的第100层楼对自己说："我要靠自己的力量站上世界最高的楼。"

2. 该出手时就出手

从上海回来后不久，小艾的合伙人跟他讲了自己的创业想法。经过反复商议，最终决定合伙开办软件公司，并确定了公司的市场定位和战略。优件师软件科技有限公司成立了，核心成员为"火星"工作室坚持到最后的5个伙伴，以及小艾和他的合伙人。从商谈创立公司到公司正式注册，他们只用了三个半月的时间。

3. 公司要做什么

公司创立了，但怎样去经营，靠什么维持，成为创业者们最先思考的问题。公司所有人一起探讨了公司的发展方向。最终，他们从IBM公司找到了灵感，选择"中小企业智能化管理"为发展方向。确定了"智慧新疆""智慧中亚""智慧世界"三大发展步骤，并且将其命名为"智慧阿凡提计划"。将软件运用到中小企业智能化管理中，是公司定位的核心概念。为实现目标，公司选择"智慧餐厅"作为第一个突破口。2013年，公司在新疆的第一家智慧餐厅成立，小艾和他的公司打造的第一款智能软件成为餐厅智能化管理的核心内容。

4. 抓住需求，解决需求

"智慧阿凡提计划"的实施需要解决几个基本问题。其中，在移动设备上显示维吾尔文是公司遇到的第一个难题。通过科研攻关，最终解决了这一难题并制作了新的软件产品。2012年，小艾和他的团队带着他们的产品参加了"中国移动MM百万青年创业计划大赛"，最终从171万名参赛者中脱颖而出，获得一等奖。

5. 时刻准备着接受挑战

作为公司的技术总监，小艾养成了每天阅读科技新闻及浏览技术性博客的习惯，时刻了解市场需求。他相信，自己看到的信息总有一天会有用。果然，有一天他接到了工商局的电话，他们需要一个维吾尔文版本的网上办事大厅，为不懂汉语的南疆地区的公司在企业年检上带来方便。但是，他们的要求并不简单，需要在不改动原本的数据库、业务层的前提下完成项目。恰巧小艾在之前的阅读中正好思考过这个问题，因此，凭借经验很快提出了通过插件式的机器翻译来解决这个问题的方案。他们的方案得到了认可，淘到了企业第一桶资金（15万元）。

6. 每天准备直面问题

创业的过程中会遇到许多不确定因素，这些因素往往不是创业者能预测和控制的。这些因素可能导致无法按时发工资、无法按时完成项目等问题。团队管理中也可能遇到许多问题，如职员不按时上班、不按时完成工作等。创业者要直面问题，要学会总结和积累，借鉴其他企业的先进管理制度、经验，并以此为基础进行改革和创新。

7. 挑战未来，战胜自己

在谈到创业时，小艾说到："创业是一个充满刺激的职业，创业者每天都像走在钢丝上的人，只有每一步走稳，才不会掉下去。"所以，创业者的个人时间除睡觉和吃饭以外，其他时间几乎都被占用了。创业者不仅仅要关心能否赚钱，更要为企业的未来、为员工的发展去谋福利。所以，创业者最关心的是价值，这种价值不仅仅是产品，更是能否为顾客、为社会带来价值。创业者每天走在路上，挑战未来，战胜自己，这就是他们的生活。

（三）"卡"里的乾坤

我们每个人可能都办理过各种各样的卡——信用卡、消费卡、会员卡等，但这些卡和创业有什么联系呢？如果让消费者手持一张"消费通"卡，就可以在山东青岛不同的商店享受会员待遇，这就是小聂的梦想。为了实现这个看似不可能的梦想，小聂大学三年级时就和同学一起成立了自己的公司，并且取得了较好的成绩。在创业战场上小试牛刀的小聂踌躇满志，期待自己的公司有更好的发展。

1. 逛街逛出"金点子"

小聂是从临沂苍山考上青岛理工大学的，在机械学院就读测控专业。当时母亲身体不好，只有父亲一个劳动力，一年种地能攒下近万元，家里的经济条件比较困难。到青岛上学后，他看什么都新鲜，产生了留在青岛工作的想法。为了实现这个目标，他从大一开始，就努力学习，为以后找工作做准备。"创业这两个字说起来简单，但像我这样的外地大学生一没钱，二没经验，真要干是很难的。真正让我决定自己开公司的，还是我无意间想出的一个创业点子。"小聂说，他上大三时有次在台东逛街，看见几乎所有商家都有会员卡，消费者可以凭卡享受打折优惠，看到不少人用专门的卡包装不同的卡，找起来很不方便，他突然有了用一张通用卡代替所有商家会员卡的想法。这样消费者持有一张全城通用的会员卡，可以享受上千家商家的折扣服务，不同行业的商家也能因此招揽更多的客户，这就叫"双赢"。

2. 大三当上了总经理

他把想法和另外两个同学说了，他们也认为这是个好点子。说干就干，三个人每人出资1万元，在2007年1月成立了青岛新领域信息服务有限公司。小聂的1万元是从家里要的，当时家里一时没有这么多钱，是父亲东拼西凑借来的。开公司没有想象中顺利，租赁写字间、购置一些办公设备后，他们3个人的3万元很快就花完了。他当时心里也没谱，经常担心公司不能继续经营下去，没法和父亲交代。他发展的第一个客户是台东一家KTV，这里的经理很年轻，很快接受了这种新鲜事物，答应和他们合作。此后，他们开始不断寻找新的合作商家。那一阵子，一有时间就到各商业街去推广消费通会员卡，给商家介绍理念，希望他们可以加盟。公司成立仅半年时间，他们就有了100多家加盟商家。

3. 观念不同遭遇低潮

有了这些加盟商家后，他们开始推出消费通会员卡。到2008年4月，他们在接近1年的时间里卖出了1万多张卡，大约赚了10万元。但从这个时候开始，三个合伙人也有了不同的意见，其他两个人认为应该继续推广消费通会员卡赚回现钱，但小聂认为应该把赚来的钱继续投资到公司的发展上，给商家提供会员增值服务。因观念不同，2008年10月，另外两个合伙人撤资离开了公司，小聂的创业路也遇到了第一次低潮。经过深思熟虑，他认为自己的想法是对的，因为卖卡赚钱总有市场饱和的一天。

4. 继续增值服务

为了给客户提供优质的服务，小聂计划开发服务软件，记录每个消费者的消费记录、联系方式。商家掌握消费者的消费习惯后，可以有目的地投放促销广告等，这些信息对商家是很有用的。有了这样的增值服务，小聂对未来充满了信心，相信公司会有更好的发展。

三、大学生创业方向

创业，说来容易，真要付诸行动，就不是一件简单的事情。做什么？怎么做？这是想创业者，尤其是自主创业的大学生最应该考虑的问题。大学生创业一般应注意扬长避短，遵循如图 1-5 所示的创业方向选择原则，从而提升创业成功的概率。

图 1-5　大学生创业方向选择原则

就创业方向来说，可以从高科技、智力服务、连锁加盟和开店四个方向进行思考。

（一）高科技

身处高新科技前沿阵地的大学生，在这一领域创业有着"近水楼台先得月"的优势，易得方舟、视美乐等大学生创业企业的成功，就是得益于创业者的技术优势。但是，并非所有的大学生都适合在高科技领域创业。一般来说，技术功底深厚、学科成绩优秀的大学生成功的概率较高。有意在这一领域创业的大学生，可积极参加各类创业大赛，获得脱颖而出的机会，同时吸引风险投资。

推荐商机：软件开发、网页制作、网络服务、手机游戏开发等。

（二）智力服务

智力是大学生创业的资本，在智力服务领域创业，大学生游刃有余。例如，家教领域就非常适合大学生创业：一方面，这是大学生勤工俭学的传统渠道，积累了丰富的经验；另一方面，大学生能够充分利用高校教育资源，更容易赚到"第一桶金"。此类智力服务创业项目的成本较低，有的甚至一张桌子、一部电话就可开业。

推荐商机：家教、家教中介、设计工作室、翻译事务所等。

（三）连锁加盟

统计数据显示，在相同的经营领域，个人创业的成功率低于 20%，而加盟创业的成功率则高达 80%。对创业资源十分有限的大学生来说，借助连锁加盟的品牌、技术、营销、设备优势，可以以较少的投资、较低的门槛实现自主创业。但连锁加盟并非"零风险"，在市场鱼龙混杂的现状下，大学生涉世不深，在选择连锁加盟项目时更应注意规避风险。一般来说，大学生创业者资金实力较弱，适合选择启动资金需求不多、人手配备要求不高的连锁加盟项目，从小本经营开始为宜。此外，最好选择运营时间在 5 年以上、拥有 10 家以上连锁加盟店的成熟品牌。

推荐商机：动漫店、快餐业、家政服务、校园小型超市、数码速印站等。

（四）开店

大学生面向学生开设网店或实体店，一方面可充分利用高校学生的消费资源；另一方面，由于熟悉同龄人的消费习惯，入门较为容易。正是由于走"学生路线"，因此，要靠价廉物美来吸引顾客。此外，由于大学生资金有限，不可能选择热闹地段的店面，因此，推广工作尤为重要，需要经常在校园里张贴广告或和社团联办活动，使自己的产品广为人知。

推荐商机：高校内部或周边地区的动漫店、餐厅、咖啡屋、美发屋、文具店、书店等。

微视频1-8：大学生创业方向

在线测验

扫描二维码，测一测你对本任务知识的掌握程度。

创业感悟

一件事情许多人在做，即使看起来利润非常可观，也要慎重介入。创业也是如此，与其追随潮流，不如另辟蹊径，多研究别人的创业故事，找到适合自己的创业方向。

请结合本任务所学知识，完成如表1-3所示的思考笔记。

表1-3 思考笔记

大学生创业的优势	大学生创业的劣势
高科技创业方向特点	智力服务创业方向特点
连锁加盟创业方向特点	开店创业方向特点

创业评价

1. 评价内容

请实事求是地列出你认为自己在个人素质、能力和个人条件方面最主要的弱点和改进计划，通过分析一个创业案例，提出自己的创业方向，并完成如表 1-4 所示的创业方向分析表。

表 1-4　创业方向分析表

分析自己		
序号	弱点	改进计划
1		
2		
3		
……		

研究别人的创业经历
题目：
网址链接：
1. 经验
2. 教训

选定的创业方向
你选定的创业方向是：
理由 1.
理由 2.
理由 3.
……

2. 评价标准

（1）针对个人弱点提出的改进计划并非泛泛而谈，而是有针对性、切实可行的（30 分）；

（2）研究别人的创业经历总结出比较准确的经验教训（30 分）；

（3）选定的创业方向可行，理由充分（40 分）。

游戏拓展

1. 游戏名称
猜职业。

2. 游戏目标
深入了解各种职业，抓住其本质特征。

3. 建议时间
每组展示时间不超过 1 分钟。

4. 道具准备
写有职业名称的卡片、计时器。

5. 游戏规则
（1）每两人组合一组，甲负责表演，乙负责猜；

（2）主持人事先准备一些卡片，上面写好各种职业名称，负责向甲展示卡片和计时；
（3）甲根据主持人展示的职业名称进行表演，但不能说话，也不可借助其他道具；
（3）乙根据甲的表演猜职业，猜不中可以提示主持人展示下一个职业；
（4）规定时间内猜中最多的为胜利者。

任务三　你知道如何防范创业风险吗

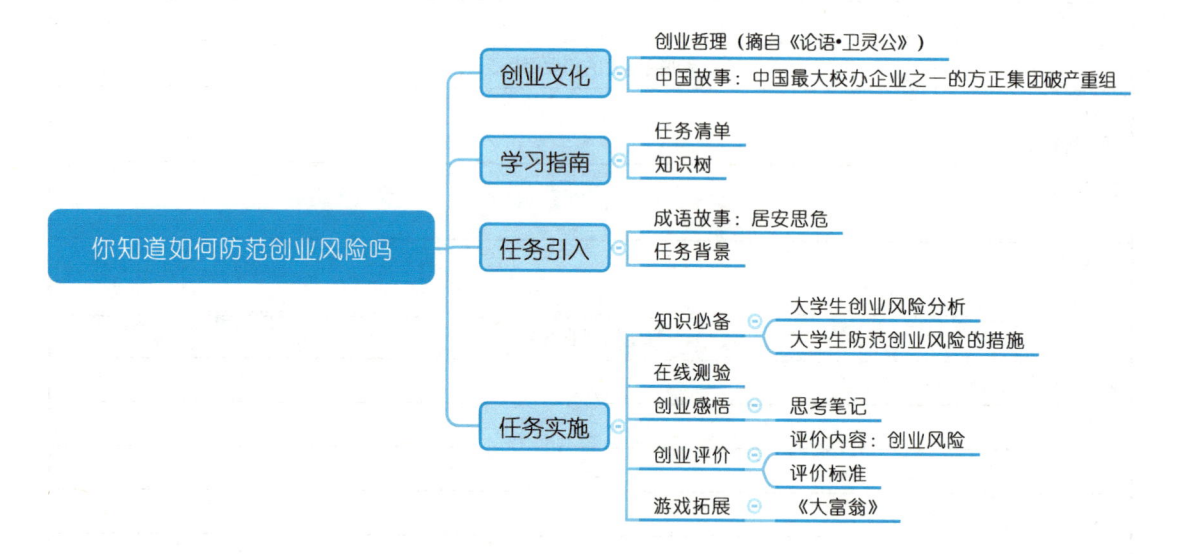

思维导图

- 你知道如何防范创业风险吗
  - 创业文化
    - 创业哲理（摘自《论语·卫灵公》）
    - 中国故事：中国最大校办企业之一的方正集团破产重组
  - 学习指南
    - 任务清单
    - 知识树
  - 任务引入
    - 成语故事：居安思危
    - 任务背景
  - 任务实施
    - 知识必备
      - 大学生创业风险分析
      - 大学生防范创业风险的措施
    - 在线测验
    - 创业感悟
      - 思考笔记
    - 创业评价
      - 评价内容：创业风险
      - 评价标准
    - 游戏拓展
      - 《大富翁》

创业文化

创业哲理

人无远虑，必有近忧。

——《论语·卫灵公》

【释义】人一直没有长远的考虑，那忧患一定近在眼前。

中国故事

中国最大校办企业之一的方正集团破产重整

一、曾经的辉煌

方正集团是北京大学于1986年投资创办的，除了大家熟知的字体业务，这家集团还拥有许多技术，其中很多是它自己创造的。方正集团的经营业务横跨IT、医疗医药、房地产、金融、大宗商品贸易等领域，总资产曾高达3 606亿元。旗下更是拥有方正科技、方正控股、北大医药、北大资源、方正证券、中国高科等6家上市公司。方正集团员工总人数达3.5万人，成为中国最大的校办企业之一。

二、开始走下坡路——内斗

方正集团的成败只能归咎于自身,其中的内斗问题已经纠葛数年。1995年,方正集团在香港交易所上市,王选受邀担任方正(香港)董事局主席,成为方正集团的灵魂和旗帜,甚至被媒体称为"方正之父"。在公司迅猛发展的同时,方正集团内部人事更迭频繁。方正集团如走马灯般换了4任总裁,只有王选和张玉峰岿然不动,但二人因为经营理念存在分歧。1999年9月,"逼宫大戏"上演。当年9月16日,方正(香港)的第二大股东要求方正(香港)董事局主席王选辞职。9月20日,方正集团一些中高层管理人员又联名要求王选留任方正集团董事长、方正(香港)董事张玉峰辞职。

三、雪上加霜——债务危机

内斗纠纷尚未落下帷幕,方正集团的债务危机便已到来。2019年12月,方正集团公告称,因流动资金紧张,该集团未能按照约定筹措足额偿付资金。此后,剧情急转直下。华西证券研究报告指出,方正集团违约的主要原因在于其核心业务发展疲弱,多元化发展失败;该集团债台高筑,资产受限比例高,再融资难度大。在股权纷争下,方正集团治理混乱,核心业务占比逐年降低。截至2019年12月,整个方正集团的负债高达3 030亿元,资产负债率为83%。一般来说,比较健康的企业负债率应该在30%~40%,最高通常也不会超过60%。由于还不上债务,方正集团被申请破产重组。2020年2月18日,方正集团收到北京市第一中级人民法院的通知,因为未能清偿到期的20亿元债务,被北京银行申请破产重组。

学习指南

任务清单

工作任务	了解大学生创业的风险及防范措施	教学模式	任务教学法
建议学时	1学时	教学地点	多媒体教室
任务描述	本任务要求结合自己的实际情况,分析创业风险,并提出应对措施		
学习目标	知识目标	1. 了解大学生创业风险; 2. 熟悉风险防范措施	
	能力目标	1. 具备结合自身实际进行创业风险分析的能力; 2. 具备有针对性地提出风险防范措施的能力; 3. 具备自主学习与独立思维的能力; 4. 具有准确的自我评价能力和接受他人评价的能力; 5. 具有自主学习和独立思维能力	
	素质目标	1. 具备进取意识、效率意识、规范意识; 2. 具备危机意识; 3. 具备大局意识; 4. 具备爱岗敬业的职业道德和严谨务实勤快的工作作风; 5. 具备自我管理、自我修正的意识	
	思政目标	通过对创业哲理、中国故事和成语故事的解读和讲解,培养学生的法治意识和诚信意识	
关键词	创业风险,防范,居安思危		

知识树

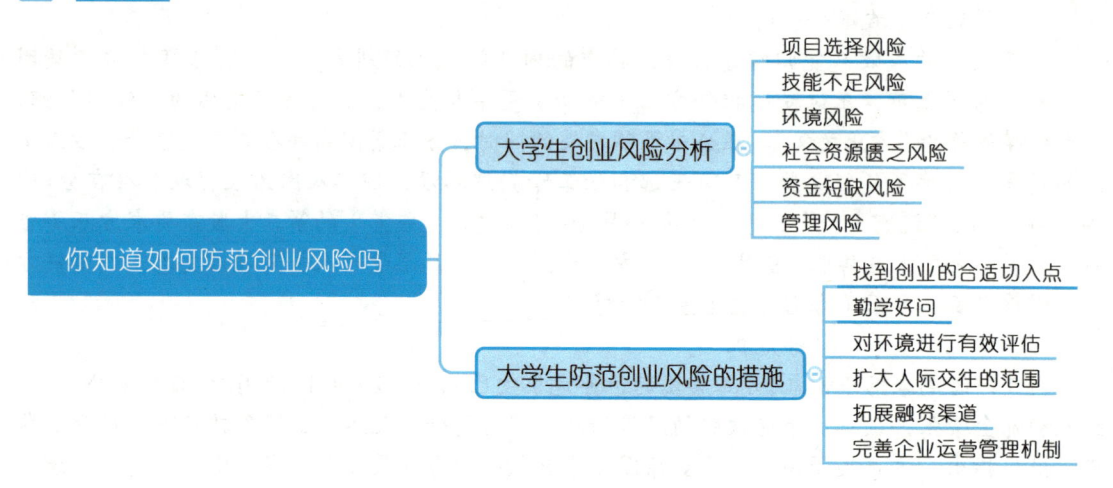

```
你知道如何防范创业风险吗
├─ 大学生创业风险分析
│   ├─ 项目选择风险
│   ├─ 技能不足风险
│   ├─ 环境风险
│   ├─ 社会资源匮乏风险
│   ├─ 资金短缺风险
│   └─ 管理风险
└─ 大学生防范创业风险的措施
    ├─ 找到创业的合适切入点
    ├─ 勤学好问
    ├─ 对环境进行有效评估
    ├─ 扩大人际交往的范围
    ├─ 拓展融资渠道
    └─ 完善企业运营管理机制
```

任务引入

成语故事

"居安思危"出自《左传·襄公十一年》："居安思危，思则有备，有备无患。"意思是虽然处在平安的环境里，也想到有出现危险的可能。常指随时有应付意外事件的思想准备。

任务背景

"敢爱敢做勇敢闯一闯，哪怕遇见再大的风险再大的浪，也会有默契的目光……"，这首名为《奔跑》的歌曲很多人听了都会感到充满激情。欧思琴在学习了解创业者必备的素质后，感觉自己在心理上已经做好了充分的准备，初步确定了创业方向。自己如果真要创业，成功的概率应该还是很高的。退一步讲，就算失败，也是一种经验财富和社会阅历的积累。欧思琴的父母在了解女儿的想法后，用周围朋友创业失败的教训提醒她，创业之前要想好为什么要创业，有什么必备的条件，要如何对风险进行防范？欧思琴觉得父母提醒得对，这些问题没有仔细考虑过。左思右想，欧思琴觉得作为一名在校大学生，创业前一定要准备充分，必须要对今后的创业风险进行仔细研究，多和老师、朋友交流，争取能在创业路上一帆风顺。

任务实施

知识必备

一、大学生创业风险分析

创业风险是指创业者在创业过程中存在的风险，是指由于创业环境的不确定性，创业机会与创业企业的复杂性，创业者、创业团队与创业投资者的能力与实力的有限性等导致的创业活动有可能偏离预期目标的风险。

（一）项目选择风险

项目选择风险是指在创业初期因选择的创业项目不当，导致企业无法盈利而难以生存的风险。目前，大学生创业项目的选择多集中在高科技领域和智力服务领域，如软件开发、网络服务、家教中介、设计工作室等。此外，快餐、零售等连锁加盟店也是大学生青睐的创业项目。大学生创业时如果缺乏前期市场调研和论证，不去了解市场，只是凭自己的兴趣和想象来决定创业项目，甚至仅凭一时心血来潮做决定，不去做大量细致的市场调研与论证，不结合自身掌握的资源状况做决定，那么，在创业过程中一定会碰得头破血流，会非常艰苦，甚至会走向失败。

（二）技能不足风险

大学生从象牙塔走出来就开始进行创业，其间还没有完成由"学校人"向"社会人"的转变，其年龄、阅历、心理等与有社会经验的人相比处于劣势。创业本身是一个复杂的系统工程，市场不会因为创业者是学生就网开一面，在单纯的校园环境中成长起来的大学生，在面对社会和市场时，比有社会经验的人更容易迷失和迷茫，往往思考问题理想化，对困难估计不足。另外，大学生还缺乏创业必备的知识和能力，不了解创业的相关政策法规，也没有在相关企业的工作、实践经历，缺乏能力和经验。同时，这种缺乏不仅仅表现在职业技能、技术、管理等方面，还表现在人生阅历、心理承受等方面。所以，我国大学生创业成功的概率并不高，其技能不足是影响他们创业成功的主要因素之一。

（三）环境风险

创业环境与创业活动是相互作用的，对创业的成败起着决定性的作用。不管是企业还是个人，都处于一定的环境之中，如社会环境、企业治理环境、政治环境等。这些环境的变化，都会对大学生的创业造成较大的影响。这种影响尤其表现在创业的中后期，其一旦发生，对企业的危害都是致命性的。环境风险尤其在高新技术产品的创新活动及一些敏感性产业中表现突出。除此之外，大学生创业还要防范政治环境带来的影响。

（四）社会资源匮乏风险

社会资源是企业及个人在社会上获得成功的重要因素之一。社会资源越广泛，其获得成功的可能性就越大。企业运作过程中需要与各方进行沟通和联系，如政府、社会团体、供应商、销售商等，企业的运作需要调动足够多的社会资源。然而，初出社会的大学生的社会资源毫无疑问是相对较少的，尽管有老师和同学的帮助，在一些地方，也有政府创业机构的支持，但这些帮助对于大学生的创业尤其是企业的持续经营而言，可以说是杯水车薪。所以，当大学生走入社会实施创业时，在宣传广告、市场营销、工商税务等方面将会遇到很多挫折和困难，在面对这些困难时，往往会显得一筹莫展，并会为此而耗费大量精力、物力及人力后，不得不怀着受挫后的复杂心情离开。

（五）资金短缺风险

资金短缺风险是指因资金不能适时地筹集和供应而可能导致创业失败的风险。可以说，资金短缺风险贯穿在创业活动的整个过程中。足够的资本规模，可以保证企业投资的需要；合理的资本结构可以降低和规避融资风险；融资方式的妥善搭配，可以降低资本成本。我国大学生自主创业资金主要来源于家庭自筹、银行贷款、风险投资、典当融资、股权融资和融资租赁等渠道。其中，除家庭自筹外，其他资金来源渠道的获得途径都需要一定的资质和担保，这对于刚进行创业的大学生而言，是非常困难的，因为不管是银行，还是风险投资担保机构，都需要有实业或其他企业机构的担保。当今社会，空手套白狼的创业奇迹越来越少。如果没有广泛的融资渠道，创业计划无从谈起；如果没有足够的流动资金，很可能会导致在创业初期就遭遇失败。因此，资金短缺风险普遍是创业前期的命门。

（六）管理风险

管理风险是指在创业管理运作过程中因信息不对称、管理不善、判断失误等影响管理水平而导致创业失败的风险。企业的管理不仅仅需要知识，还需要阅历，需要在平常的工作中日积月累而形成的经验。一些大学生创业者虽然可能接受过创业方面的培训，但是，大部分是来自书本，过于理想化。他们抱着一腔热情和抱负，纸上谈兵，造成经营理念淡薄、产品营销方式呆滞、信息闭塞等，特别是大学生知识单一、经验不足、资金实力和心理素质明显不足，更会增加管理上的风险。

微视频 1-9：大学生创业风险

二、大学生防范创业风险的措施

创业风险的存在是必然的，创业过程中难免会犯错误。但是不能怕，不能因噎废食，没有一点"闯"的精神，没有一点"冒"的精神，没有一股气，就干不出新事业。因此，大学生创业应在各个环节做好风险的防范。

（一）找到创业的合适切入点

在创业之前，必须脚踏实地、科学地进行市场调研，而不仅仅是理想化的推断。避免浮躁心理，选择合适的时机、合适的项目和合适的规模进行创业。对于手中没有较多资金而又无经营经验的大学生创业者而言，不妨先从小的事业做起。"不积跬步，无以至千里"，小事业虽然发展慢，但不用为亏本担惊受怕，还能积累经验，为下一步做大的事业打下基础。

（二）勤学好问

学习一直是成功人士必备的品质之一。尤其对于缺乏社会经验的大学生创业群体，学习不仅不可以放下，而且应该是多方面的、有实效的。做事不能一意孤行，要向别人多多请教。请教对象不能局限于成功的创业前辈，你的目标消费人群也是你的创业导师。同时，大学生还应去企业打工或实习，积累相关的管理和营销经验；积极参加创业培训，积累创业知识；接受专业指导，提高创业成功率。

（三）对环境进行有效评估

创业环境对创业者的创业有十分重要的影响。对于大学生创业者来说，必须在创业前对创业的环境进行详细分析，对由环境带来的创业风险进行有效管理。首先，应对当地的人口、政策法规、社会舆论及市场经济发展状况等环境进行调查；其次，应该对当地的行业环境及微观环境进行调查。面对当今复杂的创业环境，创业者需要抓住机遇，顺应时代发展，把握好地利。因地制宜，利用地域特点进行创业，这样才能有效地规避由环境带来的创业风险。

（四）扩大人际交往的范围

大学生创业者平时应多参加各种社会实践活动，扩大自己人际交往的范围。创业前，可以先到相关行业工作一段时间，通过这种经历，为自己日后的创业积累人脉。

（五）拓展融资渠道

要想解决资金问题，就要增加融资渠道。对于大学生创业者来说，创业资金可以从以下几个渠道入手。

1. 个人资金

个人资金主要来自父母和自身的资金积累。个人资金的筹集可以节省大量的时间与精力。

2. 亲友资金

亲友资金就是向身边的亲人或朋友筹措的创业启动资金。亲友资金的筹集不仅没有烦琐的手续，而且出于亲情关系，这种融资渠道的成功率较高。

3. 天使投资

天使投资是自由投资者或非正式风险投资机构，对处于构思状态的原创项目或小型初创企业进行的一次性的前期投资。其优势在于民间资本的投资操作程序较为简单，融资速度快，门槛也较低；其劣势也很明显，很多民间投资者在投资的时候总想控股，因此容易与创业者发生一些矛盾。

4. 高校创业基金

高校的创业基金在大学生创业期间起到一种鼓励、促进作用，大多数高校都设有相关的创业基金以鼓励本校学生进行创业尝试。其优势在于相对大学生这个群体而言，通过此途径融资比较有利；劣势是资金规模不大，支撑力度有限，面向的对象不广。

5. 商业融资

商业融资是指创业者初期以申请贷款，或者以典当、股份、租赁等形式从市场或商业机构中获取的资金。

6. 合作融资

合作融资也叫合伙投资，它是按照"共同投资、共同经营、共担风险、共享利润"的原则，直接吸收单位或个人资金的一种融资方式。它能够建立起一支紧密的创业团队进行合伙创业。合作融资的对象可以是同学、朋友、亲戚等。采取合作融资的方式，既能有效解决资金问题，也可以充分发挥人才的作用，还有利于对各种资源的利用和整合，能尽快形成生产力，降低创业风险。

（六）完善企业运营管理机制

企业建立后，大学生创业者应尽快完善企业的运营管理机制。一个企业能够正常运行，不仅要选定好的项目、良好的融资渠道，还必须有一批高素质的企业管理者。创业者可以选择招募一批高素质的管理者。企业管理分为员工的招聘管理、营销管理、生产管理、财务管理，任何一个环节出现纰漏都有可能导致企业跌入低谷甚至倒闭。一个企业要想持久地保持活力，除了要有不断的创新意识、敏锐的市场观察能力以外，严格的管理制度也是必不可少的。不论合作伙伴是谁，在企业的管理制度面前都是平等的，在出现问题时都应该严格按照制度处理。

微视频 1-10：大学生防范创业风险的措施

在线测验

扫描二维码，测一测你对本任务知识的掌握程度。

创业感悟

大学生创业融资的渠道比较多，大学生创业者可以结合多个渠道去融资。不过要注意，千万不要因为急需用钱而去不正规的组织贷款，"校园贷"的事件频频发生，应该引起广大学生的注意，不要被骗。

请结合本任务所学知识，完成如表1-5所示的思考笔记。

表1-5 思考笔记

	风险点	风险表现
大学生创业风险分析	1. 项目选择风险	
	2. 技能不足风险	
	3. 环境风险	
	4. 社会资源匮乏风险	
	5. 资金短缺风险	
	6. 管理风险	
	防范措施	措施描述
大学生防范创业风险的措施	1. 找到创业的合适切入点	
	2. 勤学好问	
	3. 对环境进行有效评估	
	4. 扩大人际交往的范围	
	5. 拓展融资渠道	
	6. 完善企业运营管理机制	

创业评价

1. 评价内容

请结合自己的实际情况，重点分析三个你认为最重要的创业风险，并写出应对措施，完成如表1-6所示的创业风险分析表。

表1-6 创业风险分析表

风险分析	
风险点	风险描述
1.	
2.	

续表

风险分析	
风险点	风险描述
3.	
风险应对措施	
风险点	应对措施
1.	
2.	
3.	

2. 评价标准

（1）风险分析有理有据（50分）；
（2）应对措施针对性强，切实可行（50分）。

游戏拓展

1. 游戏简介

课后休闲时，给大家推荐一款模拟创业的微信小游戏——《大富翁》。游戏采用回合制，初始所有玩家有一定的存款、现金、卡片，通过投骰子决定移动步数，踩中无主人的地产可以购买，踩中敌人的地产需要交过路费。除了地产格，地图中还有银行、新闻、商店、魔法屋等事件格，使游戏充满变数，富有娱乐性。合理地利用手中的卡片可以主动干预随机性，增强策略性，使自己的利益最大化。游戏中的各种不确定性有助于更好地理解风险分析及应对措施的重要性。

2. 下载方式

打开微信，在"发现"选项中选择"小程序"选项，搜索"大富翁"，按照提示操作即可。

3. 友情提醒

（1）抵制不良游戏，拒绝盗版游戏，注意自我保护，谨防受骗上当，适度游戏益脑，沉迷游戏伤身，合理安排时间，享受健康生活。

（2）游戏有助于理解风险预判的重要性，但真实的创业风险及应对措施，必须通过实践才能体会。

项目二

拿什么创业

　　近年来,为支持大学生创业,国家和各级政府相继出台了许多优惠政策,涉及融资、开业、税收、创业培训、创业指导等方面。越来越多的大学生对自主创业有极大的兴趣。但是,创业能否成功,创新是关键,到底该采用什么项目呢?如何挑选呢?本项目包括你知道如何发现好的创业项目吗、你知道如何从简单的创意开始创业吗、你知道如何向你的竞争对手学习吗三个学习任务。完成任务之后,学习者能够选择适合自己的创业项目,开启创业之旅。

任务一　你知道如何发现好的创业项目吗

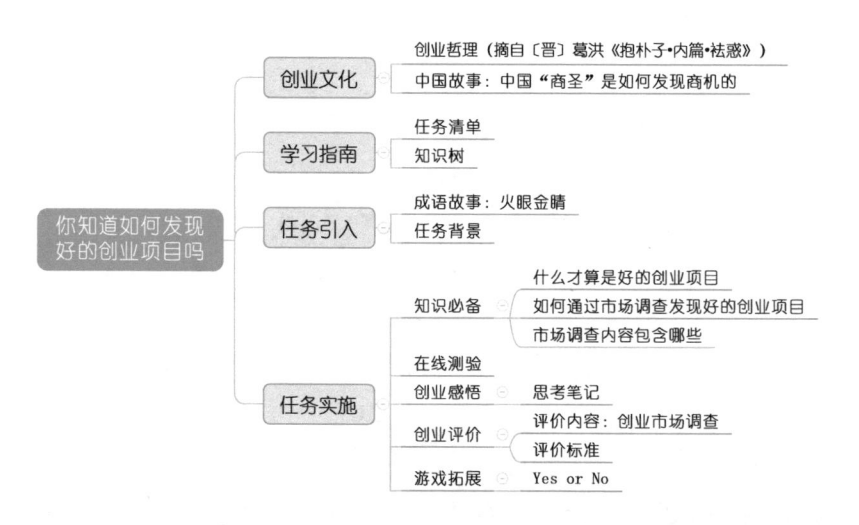

思维导图

你知道如何发现好的创业项目吗
- 创业文化
  - 创业哲理（摘自〔晋〕葛洪《抱朴子·内篇·祛惑》）
  - 中国故事：中国"商圣"是如何发现商机的
- 学习指南
  - 任务清单
  - 知识树
- 任务引入
  - 成语故事：火眼金睛
  - 任务背景
- 任务实施
  - 知识必备
    - 什么才算是好的创业项目
    - 如何通过市场调查发现好的创业项目
    - 市场调查内容包含哪些
  - 在线测验
  - 创业感悟
    - 思考笔记
  - 创业评价
    - 评价内容：创业市场调查
    - 评价标准
  - 游戏拓展
    - Yes or No

创业文化

创业哲理

白石似玉,奸佞似贤。

——〔晋〕葛洪《抱朴子·内篇·祛惑》

【释义】白色的石头很像玉,邪恶之徒外表很像贤人。常用来比喻要了解一个人并不容易。

中国故事

中国"商圣"是如何发现商机的

范蠡(公元前536年—公元前448年),字少伯,楚国宛地三户(今南阳淅川县滔河乡)人。春秋末期政治家、军事家、谋略家和经济学家。他一生三迁,三次改名换姓,走到哪里用不了多久就能出名。范蠡先从楚国到越国为相,辅佐越王从亡国的穷国走向富强的大国,功成名就后从越国弃官从商到齐国,改名换姓为鸱夷子皮,没多久便积累万贯家财,甚是出名,但他却散尽家财,分于乡亲好友,最后迁居于陶(山东定陶),没出几年,经商集资又成巨富,号称陶朱公,被后人尊称为"商圣"。范蠡画像如图2-1所示。

图2-1 范蠡画像

范蠡能够从供求关系中发现规律和商机,"论其有余不足,则知贵贱。贵上极而反贱,贱下极而反贵"。他所说的"候时转物",也就是今天人们常说的:"人无我有,人有我精。"别人没有时,我再销售,货物贮存时就一定是要好的精品。他曾提出这样一个观点:"旱则资舟,水则资车,以待乏也。"夏天用不到皮货,但是冬天肯定需要;在天旱时用不到船,但是过不了多久也许就会用到,所以这时投资造船就是商机;在雨涝之时是用不到马车的,但是灾后的车辆属于必需品,所以这时投资造车就是商机。范蠡经商在当时也多以农产品为主,所以他总能根据不同的地区、不同的气候和节气、不同的风俗人情这些实际情况来转运货物,"人弃我取,人取我与"。

范蠡卖马的典故就是一个经典的商机,当时他发现吴国、越国战争不断,需要马匹,而齐国安定,马匹较多,于是就从齐国贩卖马匹去吴国,但路途较远,费用又高,也不安全,何以盈利呢?他想出妙招,张贴告示:本人有马队运输即将开业,首批业务免费去吴国。果不其然,当时有名的大商人常有货去吴国、越国,并且一路都有关系,看到告示就找到范蠡,从而使范蠡的马匹得以平安送到吴国、越国,赚取了巨大财富。

学习指南

任务清单

工作任务	发现好的创业项目	教学模式	任务教学法
建议学时	3学时	教学地点	多媒体教室
任务描述	根据自己的实际情况，认真思考选择哪种创业项目更好，并为此展开调研，选择适合自己的创业项目并说明理由		
学习目标	知识目标	1. 了解市场调查的定义及基本原则； 2. 掌握各种市场调查方法； 3. 了解市场调研的作用和内容	
	能力目标	1. 通过查询资料完成学习任务，提高资源搜集的能力； 2. 具有撰写报告的能力； 3. 通过完成学习任务，提高解决实际问题的能力	
	素质目标	1. 树立通过调研了解客户需求的意识； 2. 强化有效沟通的能力； 3. 培养对比分析、综合分析的能力	
	思政目标	通过对创业哲理、中国故事和成语故事的解读和讲解，培养学生的敬业和诚信意识	
关键词	商机，调查方法		

知识树

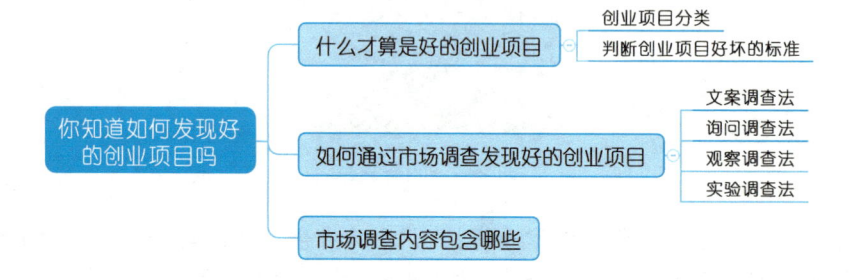

- 你知道如何发现好的创业项目吗
  - 什么才算是好的创业项目
    - 创业项目分类
    - 判断创业项目好坏的标准
  - 如何通过市场调查发现好的创业项目
    - 文案调查法
    - 询问调查法
    - 观察调查法
    - 实验调查法
  - 市场调查内容包含哪些

任务引入

成语故事

"火眼金睛"出自元代作家杨景贤的《西游记杂剧》："这厮瞒神唬鬼，铜筋铁骨，火眼金睛。"原指《西游记》中孙悟空能识别妖魔鬼怪的眼睛，后用以形容人的眼光锐利，能够识别真伪。

任务背景

当前，国家政策鼓励大学生创业。欧思琴在了解了相关政策以后，觉得自己也可以尝试一下创业。可是，选择什么项目来创业呢？生活、学习哪类项目更好呢？欧思琴陷入了苦恼，她决定先做市场调研,用自己的"火眼金睛"确定创业项目。

任务实施

知识必备

德国工业大学曾经对全球四十多个国家进行调查,结果显示,虽然各国被调查者的创业意愿非常强烈,但五年后还在坚持的不到5%,十年后还在坚持的不到1%。那么,是什么原因造成了创业的低成功率呢?原因很多也很复杂,但其中最重要的一个是创业项目本身质量不高。

一、什么才算是好的创业项目

(一)创业项目分类

创业项目是指创业者为了达到商业目的具体实施和操作的工作。创业项目分类很广,从观念上来看,创业项目分为传统创业、新兴创业和最近兴起的微创业;从方法上来看,创业项目分为实业创业和网络创业;从投资上来看,创业项目分为无本创业、小本创业、微创业等;从方式上来看,创业项目分为自主创业、加盟创业、体验式培训创业和创业方案指导创业。自主创业需要资金链、人员、场地、产品等多项内容的系统化规划,创业起步较高,风险较大,而加盟创业方式比较普遍,是一种比较正统、专业、规模化的创业方式。

(二)判断创业项目好坏的标准

1. 看需求的大小

正所谓有需求才会有商机,解决大的需求就是大的商机,解决小的需求就是小的商机。

2. 看市场的大小

产品再有需求,但如果市场规模太小,那么它的商机也不算大。

3. 看趋势

什么是趋势?就是即使当下参与或使用的人群不多,但未来一定会有越来越多的人参与进来的叫作趋势。看准趋势,顺势而为才会事半功倍。

4. 看核心竞争力

核心竞争力是关键,因为在到处充满山寨风气的商海中,如果没有受保护的、别人难以复制的核心竞争力,即便是再好的项目也会马上有人模仿,从而进入红海市场且无利可图。

5. 看是否有成功的模式

一定要有一个稳健的、经过多年市场验证成功的系统,才是创业成功的真正保障。如麦当劳、肯德基、星巴克等,他们的模式已经很成熟,加入后创业成功的概率大。

微视频2-1:什么才算是好的创业项目

二、如何通过市场调查发现好的创业项目

市场调查是指用科学的方法，有目的、系统地搜集、记录、整理和分析市场情况，了解市场的现状及其发展趋势，为企业的决策者制定政策、进行市场预测、做出经营决策、制订计划提供客观、正确的依据。市场调查的方法包括文案调查法、询问调查法、观察调查法和实验调查法，后三者被统称为实地调查法。

（一）文案调查法

1. 什么是文案调查法

文案调查法又称间接调查法，是利用企业内部和外部现有的各种信息、情报资料，对调查内容进行分析研究的一种调查方法。

1964年《中国画报》封面刊登了一张照片，这张照片本无特别之处，就是王进喜同志穿着一身厚厚的棉袄，手里拿着一柄钻机，后面还有高高的井架，天上似乎还飘着雪花，王进喜则眺望远方。这张普通的照片到了日本间谍手中，却成了满满的信息量和答案。日本情报专家据此解开了大庆油田之谜，他们根据照片上的衣着判断，只有在北纬46度至48度的区域内，冬季才有可能穿这样的衣服。因此，推断大庆油田位于齐齐哈尔与哈尔滨之间。并通过照片中所握手柄的姿势，推断出油井的直径；从王进喜所站的钻井与背后油田的距离和井架密度，推断出油田的大致储量和产量。有了如此多的准确情报，日本人迅速设计出适合大庆油田开采用的石油设备。当我国政府向世界各国征求开采大庆油田的设计方案时，日本人一举中标。

2. 文案调查的渠道

（1）内部资料：公司内部业务资料、统计资料、财务资料、内部数据库等。

（2）外部资料：免费资料和付费资料，免费资料获取的途径包括电视、报纸、网络、统计单位或行业协会发布的公开资料，一般需要二次加工整理后才能使用；付费资料获取的途径包括文献数据库、数据类数据库、指南类数据库等各类专业数据库。文献数据库是指包含各类期刊、论文数据的数据库，如中国知网的中国期刊全文数据库、中国博士学位论文数据库、中国优秀硕士学位论文全文数据库、中国重要报纸全文数据库和中国重要会议论文全文数据库等；数据类数据库是指包含各类专业数据的数据库，如中国资讯行高校财经数据库、中经网统计数据库等；指南类数据库是指关于某个特定机构、个人或政府部门等信息的数据库，它可提供企业的单位名称、详细地址、邮政编码、联系电话、传真、企业负责人姓名、经济类型、产品名称、所属行业、企业规模等信息，如企查查等。

3. 文案调查法的优缺点

文案调查法的优缺点如图2-2所示。

优点	缺点
容易获取	相关性差
获取的时间短	时效性差
获取的成本低	免费的非官方资料可靠性低

图2-2 文案调查法的优缺点

微视频 2-2：文案调查法

（二）询问调查法

询问调查法是指调查人员采用访谈询问的方式向被调查者了解市场情况的一种方法。按询问方式分可以分为面谈调查、电话调查、邮寄调查、网络调查等。

1. 面谈调查

面谈调查是指调查者与被调查者面对面地进行交谈，以收集调查资料的方法，也称直接访问法，包括入户访问、留置调查、街头拦截等方式。

（1）入户访问：是指访问人员根据抽样方案中的要求，到被抽中的家庭，按照事先规定的方法选择适当的被调查者，再依照问卷或调查提纲进行面对面直接访问的一种方法。其优点是有效问卷回收率高，具有较高的真实性，访问人员容易控制问卷质量；其缺点是入户困难，费用较高，被访者容易受到访问人员的影响，访问过程不易控制。

（2）留置调查：是指访问人员将调查表当面交到被调查者手中，并详细说明调查意图和填写要求，由被调查者自行填写，再由调查人员按照约定的日期回收的一种方法。其优点是调查的回收率较高，被调查者可以不受调查人员的影响；其缺点是受到调查区域的限制，费用较高，调查信息的真实性难以掌握。

（3）街头拦截：是指访问人员在适当的地点拦住适当的被调查者进行访问的一种方法。这种调查一般是在超市、商贸中心等繁华地段展开的，在调查过程中访谈员按照规定的程序和要求选取被调查者，征得其同意后，在现场或附近的访谈室展开调查。其优点是成本相对较低，避免入户困难，便于对访问人员进行监控；其缺点是被调查者拒绝回答的可能性比较高，不适合较长的问卷调查，不适合复杂的调查。

微视频 2-3：面谈调查情景剧

2. 电话调查

电话调查是指通过电话向被调查者询问有关调查内容和征求市场反应的一种调查方法。

（1）电话调查应注意的问题。

● 开场白。说明词要开门见山，应包括以下内容：调查问候，负责机构及访问员身份的自我介绍，调查目的，电话号码的获得方法及请求接受访问，访问所花的时间，保密的保证，结果的处理。

37

● 记录部分。记录要做事前准备，包括受访者的电话号码、姓名（电话簿上或直接询问获取，如果受访者拒绝提供，则免填），访问员姓名，问卷编号，访问结果，联络时间和次数，访问起止时间，拒绝访问的原因。

● 问题部分。主题突出，问题数量不宜过多；注意选择适当回答问题的方式；尽量避免回忆性问题；问句要短、明白、完全口语化。

（2）适用范围及优缺点。电话调查法要求询问的问题不能太多，在调查时间紧迫、被调查者分布范围比较广的情况下比较适用。电话调查的优缺点如图 2-3 所示。

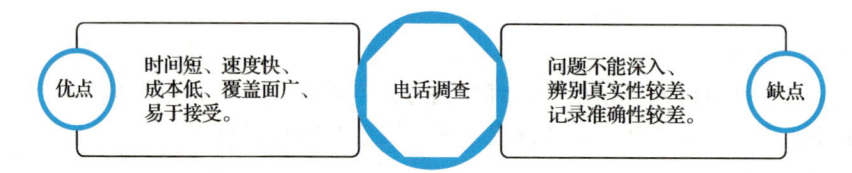

图 2-3 电话调查的优缺点

微视频 2-4：电话调查情景剧

3. 邮寄调查

邮寄调查是指调查者将印制好的调查问卷或调查表格，通过邮政系统寄给选定的被调查者，由被调查者按要求填写后，再按约定的时间寄回的一种调查方法。对于时效性要求不高，受访者姓名、地址、邮编都比较清楚，调查费用比较紧张的调查项目，可考虑使用这种方法。邮寄调查的优缺点如图 2-4 所示。

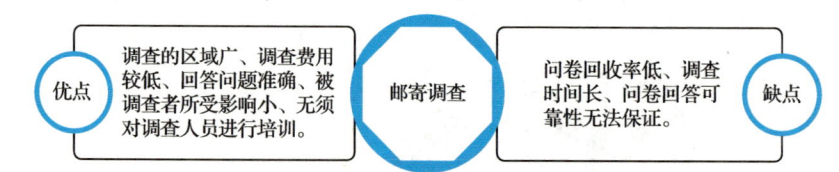

图 2-4 邮寄调查的优缺点

微视频 2-5：邮寄调查

4. 网络调查

网络调查是指以互联网为媒介进行资料收集的一种调查方法。网络调查应用范围比较广泛，既可以做个案调查，也可以做统计调查。网络调查的优缺点如图 2-5 所示。

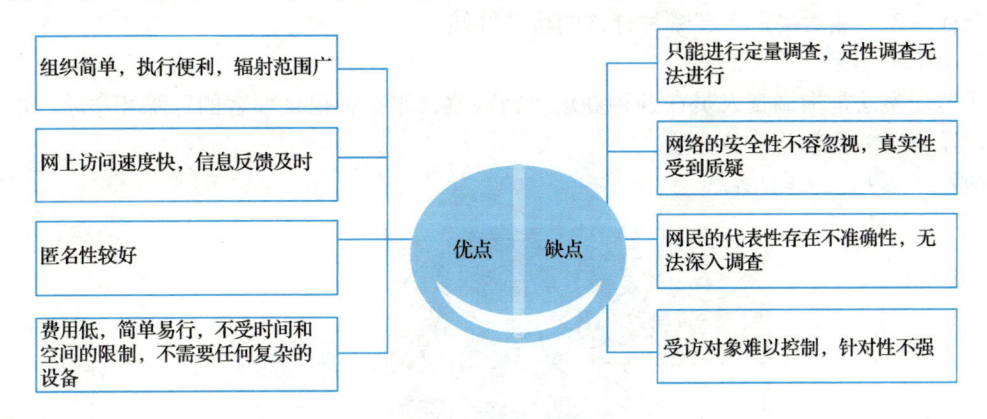

优点：
- 组织简单，执行便利，辐射范围广
- 网上访问速度快，信息反馈及时
- 匿名性较好
- 费用低，简单易行，不受时间和空间的限制，不需要任何复杂的设备

缺点：
- 只能进行定量调查，定性调查无法进行
- 网络的安全性不容忽视，真实性受到质疑
- 网民的代表性存在不准确性，无法深入调查
- 受访对象难以控制，针对性不强

图 2-5　网络调查的优缺点

微视频 2-6：网络调查

（三）观察调查法

观察调查法是调查员凭借自己的感官和各种记录工具，深入调查现场，在被调查者未察觉的情况下，直接观察和记录被调查者行为，以收集市场信息的一种方法。

1. 神秘购物法

神秘购物法是让观察人员扮成购物者深入购物现场，通过从旁观察、倾听或直接与销售人员交流，收集商店的有关观测数据及销售人员与顾客间交流的数据的一种方法。

微视频 2-7：神秘调查法

2. 单面镜法

单面镜法是让观察人员通过单面镜观察被调查者的反应，如生产商观察儿童使用玩具的行为时就常用这种方法。

例如，美国有一家玩具工厂，为了选择一个畅销玩具娃娃的品种，采用了单面镜法来帮助他们做决策。他们先设计了10种玩具娃娃，放在一间屋子里，请小孩子做决策。每次放入一个小孩，让她玩"娃娃"，在无拘束的气氛下看这个小孩喜欢的是哪种玩具。为了求真，这一切都是在不受他人干涉的情况下进行的。关了门，通过单面镜进行观察。经过对三百个孩子进行调查，然后决定生产哪种样式的玩具娃娃。

3. 顾客观察法

顾客观察法是指调查人员在各种商场秘密观察、跟踪和记录顾客的行踪和举动，以总结出企业经营所需信息的一种方法。

微视频2-8：顾客观察法

4. 人文调查法

人文调查法要求调查人员深入研究对象所处的环境中，仔细观察、评判他们的行为，了解他们的习惯。

例如，东芝在推广家电产品给日本的消费者时，就曾经采用了观察法来观察市场变化。东芝新产品的设计者在观察中发现，越来越多的日本家庭主妇进入就业大军，用洗衣机洗衣就不得不在早上或晚上进行，这样洗衣机的噪声就成为一个问题。为此，东芝设计出一种低噪声的洗衣机进入市场。在开发这种低噪声产品时，他们从观察中发现，当时的衣服已经不像以前那么脏了，许多日本人洗衣的观念也改变了。以前是衣服脏了才洗，而后来是衣服穿过了就要洗，以获得新鲜的感觉。由于洗得勤，衣服有时难以晾干。他们在观察中认识到大家对洗衣观念的这种转变，便推出了烘干机。后来又发现大多数消费者的生活空间有限，继而发明了洗衣烘干二合一的洗衣机，结果产品销量大增。

微视频2-9：人文调查法

5. 痕迹测量法

痕迹测量法是指调查人员不是直接观察消费者的行为，而是对消费者遗留下来的痕迹或实物进行观察，用以了解或推断的一种方法。例如，某公司为了弄清哪种媒体可以把更多的商品信息传播出去，选择了几种媒体做同类广告并在广告中附有回条，顾客凭回条可到公司去购买优惠折扣的商品。根据回条的统计数量，就可找出适合该公司的最佳广告媒体。

微视频 2-10：痕迹测量法

观察调查法的优缺点如图 2-6 所示。

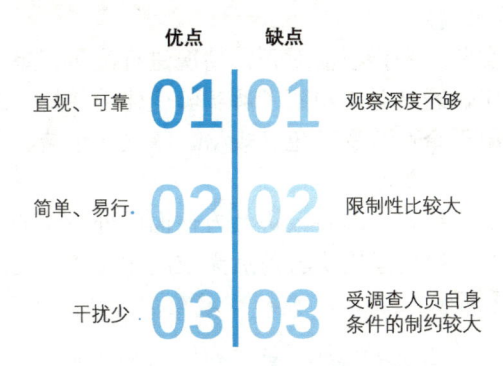

优点			缺点
直观、可靠	01	01	观察深度不够
简单、易行	02	02	限制性比较大
干扰少	03	03	受调查人员自身条件的制约较大

图 2-6　观察调查法的优缺点

（四）实验调查法

实验调查法是指从影响调查问题的许多因素中选出一个或几个因素，将它们置于一定条件下进行小规模的实验，然后对实验结果做出分析、研究，得出实验结论的一种调查方法。

1. 实验过程

实验法的实验过程分成八个阶段。下面通过一个案例"包装大小会影响人们的消费量吗？"来进行说明。

（1）确定实验目的：包装大小是否会影响人们的消费量。

（2）确定自变量：A 牌食用油和 B 牌面粉的包装分为大包装和小包装，大包装的容量都是小包装的两倍，但大包装只装一半，小包装装满。

（3）确定因变量：产品的使用量。

（4）确定测试单位：调研人员通过当地学校的家长会，招募 100 位成年女性，并向每个参与者支付报酬。

（5）设定实验组和控制组：在这个实验中只有实验组，没有设置控制组。

（6）进行现场实验：准备了四个独立的小房间，这些房间里都放着这两种产品中一种的小包装或大包装。使用面粉时被告知"你正在为自己或其他成年人做面条"；使用食用油时则被告知"你正在为自己或其他成年人做炸鸡"。

（7）分析实验结果：通过对每个人的食用油和面粉的消耗量进行测量后发现，即使在包装上推荐了使用量，70% 的消费者在一个满满的容器中所使用的量要比在一个半空的容器中所使用的量更多。

（8）得出实验结论：为了增加消费者的使用量，同样分量的产品应用小包装。

微视频 2-11：实验调查法

2. 实验前后无控制对比实验

实验前后无控制对比实验，是指事前对正常情况进行测量记录，然后再测量记录实验后的情况，进行事前事后对比，通过对比观察了解实验变化的效果。这种实验调查法是最简单的一种，简单、易行，可用于企业改变花色、规格、款式、包装、调价等措施是否有利于扩大销售、增加利润的实验。

例如，某面粉厂为了扩大销售，准备改进其方便面的外包装的图案，但对新设计的外形效果没有十足的把握。因此，决定运用实验前后无控制对比实验的方法进行调查。实验前后无控制对比实验表如表 2-1 所示。

表 2–1　实验前后无控制对比实验表

实验过程	实验单位	实验前销售额 $Y1$	实验后销售额 $Y2$	变动 $Y2$--$Y1$
（1）选定实验单位 A、B、C； （2）对实验单位在实验前（即在未改变方便面外包装图案前）一段时期内（如一个月、一个季度等）方便面的销售量做事先统计； （3）在实验单位改售新的改变了外包装图案的方便面； （4）统计相同时期内的方便面的销售量； （5）测定实验前后不同时期销售量的增减量及其变动幅度； （6）测定实验处理变量的效果	A	2 000	3 400	1 400
	B	1 300	1 400	100
	C	1 600	2 400	800
	合计	4 900	7 200	2 300

3. 实验前后有控制对比实验

在同一时间周期内，随机抽取两组条件相似的实验单位，一组作为实验组，一组作为控制组（即非实验组与实验组作为对照进行比较），在实验前后分别对二组实验单位进行测定比较。这种实验方法的变数多，有利于消除实验期间外来因素（季节因素、供求因素）的影响，可大大提高实验结果的准确性。同时，这种方法要求对实验组和控制组分别进行实验前测量和实验后测量，然后进行事前事后对比。在这里，实验前测定两组销售量实验组为 X_1，控制组为 Y_1；实验后实验组的销量为 X_2，控制组为 Y_2；实验效果，即两组事前事后对比的实验效果为 $(X_2-X_1)-(Y_2-Y_1)$。实验前后有控制对比实验表如表 2-2 所示。

4. 实验法的优缺点

实验法的优缺点如图 2-7 所示。

表 2-2　实验前后有控制对比实验表

实验过程	实验单位	实验前销售额	实验后销售额	变动
（1）在实验单位中选定实验组 X 和控制组 Y； （2）对实验单位在实验前（即在未改变方便面外包装图案前）一段时期内（如一个月、一个季度等）方便面的销售量做事先统计； （3）在实验组改售新的改变了外包装图案的方便面，控制组不改变；	X	X_1 2 000	X_2 3 400	X_2-X_1 1 400
（4）统计相同时期内的方便面的销售量； （5）测定实验前后不同时期销售量的增减量及其变动幅度； （6）测定实验处理变量的效果	Y	Y_1 2 000	Y_2 2 400	Y_2-Y_1 400
	实验效果	\multicolumn{3}{c}{$(X_2-X_1)-(Y_2-Y_1)$ 1 400-400=1 000}

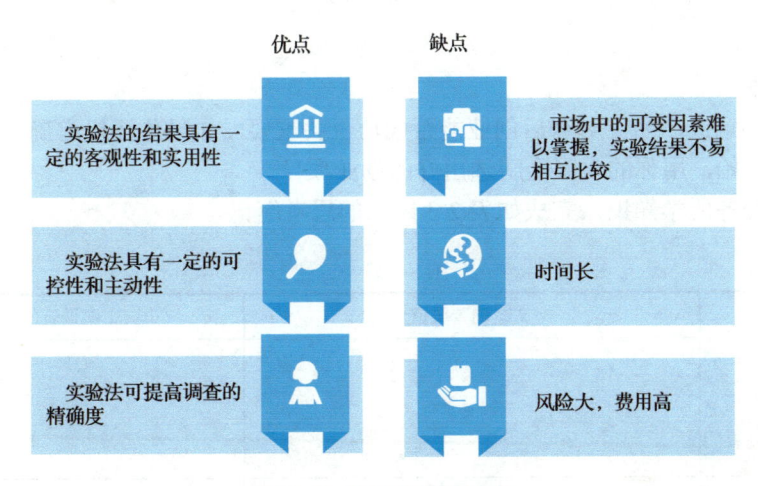

优点
- 实验法的结果具有一定的客观性和实用性
- 实验法具有一定的可控性和主动性
- 实验法可提高调查的精确度

缺点
- 市场中的可变因素难以掌握，实验结果不易相互比较
- 时间长
- 风险大，费用高

图 2-7　实验法的优缺点

三、市场调查内容包含哪些

这里提及的市场调查内容主要是针对项目市场活动展开的，它涉及营销活动的整个过程，主要包括如下几个方面：

1. 市场环境调查

市场环境调查是指对影响项目生产经营活动的外部因素进行的一种调查方法。它可以从宏观上调查和把握影响项目运营的外部因素及产品的销售条件等，主要包括政治、经济、社会文化、技术、法律和竞争等方面，这些影响因素一般会对企业的生产和经营产生巨大的影响。

2. 市场需求调查

市场需求调查主要包括消费者需求量调查、消费者收入调查、消费结构调查、消费者行为调查，即对消费者为什么购买、购买什么、购买数量、购买频率、购买时间、购买方式、购买习惯、购买偏好和购买后的评价等进行调查，以确定产品运营的方向。

3. 市场资源调查

市场资源调查，即对一定时期市场所拥有的商品供应量进行调查，主要包括产品生产能力调查、产品实体调查等。具体为某一产品市场可以提供的产品数量、质量、功能、型号、品牌，以及生产供应企业的情况等。

4. 市场竞争调查

市场竞争调查主要包括对竞争企业的调查和分析，了解同类企业的产品、价格等方面的情况，以及他们采取了什么样的竞争手段和策略，做到知己知彼，通过调查帮助企业确定企业的竞争策略。

在线测验

扫描二维码，测一测你对本任务知识的掌握程度。

创业感悟

一个好的创意或产品，对今后创业能否成功至关重要。如果你还没有确定创业项目，不妨从市场调研开始，用你的火眼金睛选出好的创业项目。

请结合本任务所学知识，完成如表2-3所示的思考笔记。

表2-3　思考笔记

	文案调查渠道	文案调查的优缺点
文案调查法		
询问调查法	面谈包括哪些方式	电话调查应注意的问题
	邮寄调查的优缺点	网络调查的优缺点
观察调查法	观察调查具体有哪五种方法	观察调查法的优缺点

创业评价

1. 评价内容

请分别用文案、询问、观察、实验四种调查方法，调查在校学生或老师，了解他们的市场需求，看看有什么好的创业项目，并完成如表2-4所示的创业调查表。

表 2-4 创业市场调查表

选定的潜在客户	□老师　　□学生			
选用的调查方法	说明：写明调查方法的优缺点及采用该方法对应的调查内容，包括消费者需求量调查、消费者收入调查、消费结构调查、消费者行为调查（消费者行为调查是指消费者为什么购买、购买什么、购买数量、购买频率、购买时间、购买方式、购买习惯、购买偏好和购买后的评价等）			
	调查方法	优势	劣势	调查内容
	文案调查法			
	询问调查法			
	观察调查法			
	实验调查法			
佐证材料	说明：采用调查方法的原始佐证材料（如网址、截图、问卷、谈话记录、照片等）			
	1. 关于×××内容的佐证材料			
	2. 关于×××内容的佐证材料			
	3. 关于×××内容的佐证材料			
	……			
调查结论	你的创业项目是＿＿＿＿＿＿＿＿＿＿＿＿＿＿＿＿＿＿＿			
	理由 1.			
	理由 2.			
	理由 3.			
	……			

2. 评价标准

（1）选用的调查方法，其优缺点分析及该方法对应的调查内容合适（30 分）；

（2）原始佐证材料能够佐证采用该方法进行调研的可行性（30 分）；

（3）调查结论及理由充分（40 分）。

游戏拓展

1. 游戏名称

Yes or No。

2. 游戏目标

体验简化版的调研过程，理解问题设计、调研协作的重要性。

3. 建议时间

每组用时不超过 3 分钟。

4. 道具准备

画有各种新上市的、平时不太常见的产品卡片、计时器。

5. 游戏规则

（1）主持人事先准备一些卡片，上面画有各种新上市的、平时不太常见的产品卡片，并确认该产品的目标客户、产品功效和市场价格；

（2）其他人每三人组成一组，甲负责猜目标客户，乙负责猜产品功效，丙负责记录分析，并最后确认答案；

（3）主持人展示产品卡片后计时开始，甲可以向主持人提是非问题，例如，"是男女都用的吗？""是老人用的吗？""是医生用的吗？"等，主持人只能回答"是"或"不是"，甲逐步缩小范围；

（4）乙根据甲确定的目标客户，猜产品功效，同样主持人只能回答"是"或"不是"；

（5）在规定时间内，丙根据自己的记录分析，确定该产品的目标客户、产品功效，并给出参考价格，距离标准答案差距最小者获胜。

6. 游戏提示

（1）提问的三人团队应提前设计好问题，确定好甲、乙两人之间的提问时长，以降低用时成本；

（2）当游戏难度太大，甲、乙两人耗时过多时，主持人可以给予提示，缩小猜测范围。

任务二　你知道如何从简单的创意开始创业吗

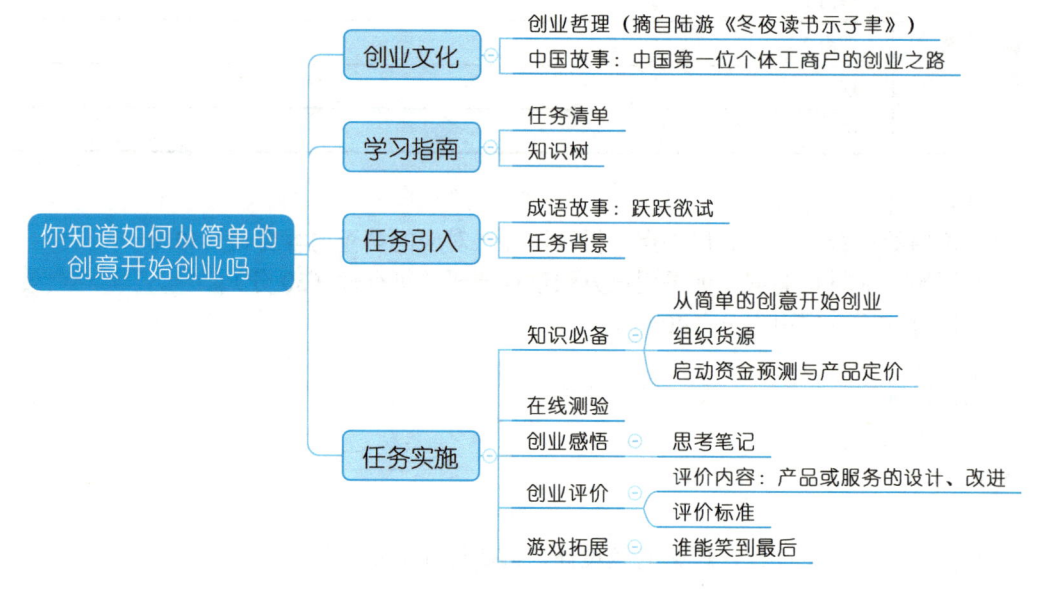

思维导图

你知道如何从简单的创意开始创业吗
- 创业文化
  - 创业哲理（摘自陆游《冬夜读书示子聿》）
  - 中国故事：中国第一位个体工商户的创业之路
- 学习指南
  - 任务清单
  - 知识树
- 任务引入
  - 成语故事：跃跃欲试
  - 任务背景
- 任务实施
  - 知识必备
    - 从简单的创意开始创业
    - 组织货源
    - 启动资金预测与产品定价
  - 在线测验
  - 创业感悟：思考笔记
  - 创业评价
    - 评价内容：产品或服务的设计、改进
    - 评价标准
  - 游戏拓展：谁能笑到最后

创业文化

创业哲理

纸上得来终觉浅，绝知此事要躬行。

——陆游《冬夜读书示子聿》

【释义】 从书本上得来的知识，毕竟是不够完善的，如果想要深入理解其中的道理，必须要亲自实践才行。

中国故事

中国第一位个体工商户的创业之路

一、曾被认定为"投机倒把"者的个体户

个体户（个体工商户的简称）已经是个很遥远的名词，它流行于20世纪80年代初。最早时，它是个令人饱受屈辱的贬义词。当时人们认为个体户从业者是与主流社会格格不入的另类，他们多为无法就业的城市待业青年或就业无门的劳改释放犯，主要靠倒腾服装、电器及日用小百货等赚取差价。他们自称是"练摊"的，民间称呼他们"倒爷"，而机构则将他们认定为"投机倒把"者（当时，全国各地都设置了专门的机构，叫"打击投机倒把办公室"，简称"打办"）。因为从事的是"非法"生意，所以，他们得和管理人员打游击，在你进我退之中寻找一份平衡。打击投机倒把办公室开具的罚没收据如图2-8所示。

二、不小心成为中国"个体户第一人"

40多年前，章华妹的家就在温州解放北路，当时她待业在家。看着邻居们纷纷在家门口摆摊做起了生意，章华妹也照葫芦画瓢，摆上一张小桌子，靠卖几毛钱的纽扣、表带、日用品、纪念章等为生。1978年12月，党的十一届三中全会召开。1979年，允许各地可以批准一些有正式户口的闲散劳动力从事修理、服务和手工业个体劳动，但不准雇工。这是十一届三中全会以后第一次允许个体经济发展，让一直偷偷摸摸做生意的章华妹看到了新的希望。1980年12月11日，章华妹从温州市工商行政管理局领到了编号为10101的"个体工商业营业执照"。这份执照是中国发出的最早的个体工商业营业执照，章华妹有幸成为中国"个体户第一人"。中国第一份个体工商业营业执照如图2-9所示。

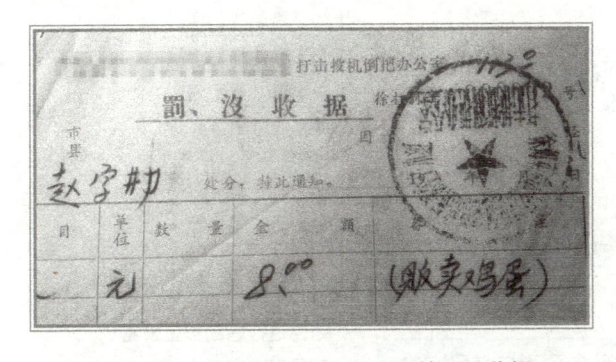

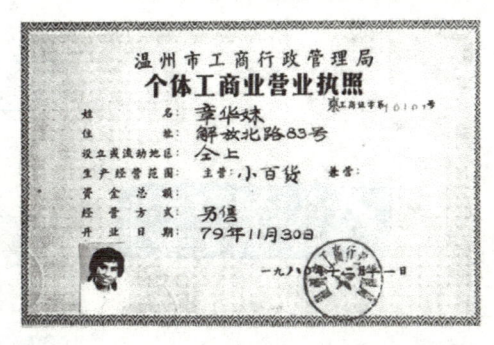

图2-8　打击投机倒把办公室开具的罚没收据　　图2-9　中国第一份个体工商业营业执照

三、从地摊妹到董事长

成为合法个体户后就不需要东躲西藏了，可以大大方方地订货、卖货，可以想尽办法把生意做好做大。代销服装珠片、卖背包、卖皮鞋……章华妹尝试过多次创业，曾经是温州最早一批"万元户"之一。因为涉足了其他行业，也曾经失败亏本欠债。1995年，章华妹重回纽扣批发这一"老本行"，将一份让人看不起眼的小生意做大做强，并于2007年成立了自己的公司，当上了董事长，成了身家千万的中产精英。一张营业执照，见证了中国第一代个体经营者章华妹半生的荣辱兴衰，陪伴她在竞争激烈的服料市场中站稳脚跟。小生意也能做出大事业，一枚小小的纽扣成就了一位温州女子的瑰丽人生。

学习指南

任务清单

工作任务	学会组织货源，进行启动资金预测与产品定价	教学模式	任务教学法
建议学时	1学时	教学地点	多媒体教室
任务描述	根据自己的设想，尝试设计或改进一款商品，并组织货源，进行成本核算		
学习目标	知识目标	1. 了解创意产品的特点； 2. 熟悉货源组织的渠道； 3. 掌握启动资金预测和产品定价的方法		
	能力目标	1. 具备设计或改进的能力； 2. 具备为自己的项目寻找和选择货源的能力； 3. 具备预测启动资金和给产品定价的能力		
	素质目标	1. 具有较强的创新意识和创意思维； 2. 具有积极开拓、实事求是的工作作风； 3. 具有分析问题并解决问题的能力		
	思政目标	通过对创业哲理、中国故事和成语故事的解读和讲解，培养学生的敬业和诚信意识		
关键词	创业，组织货源，启动资金预测，产品定价		

知识树

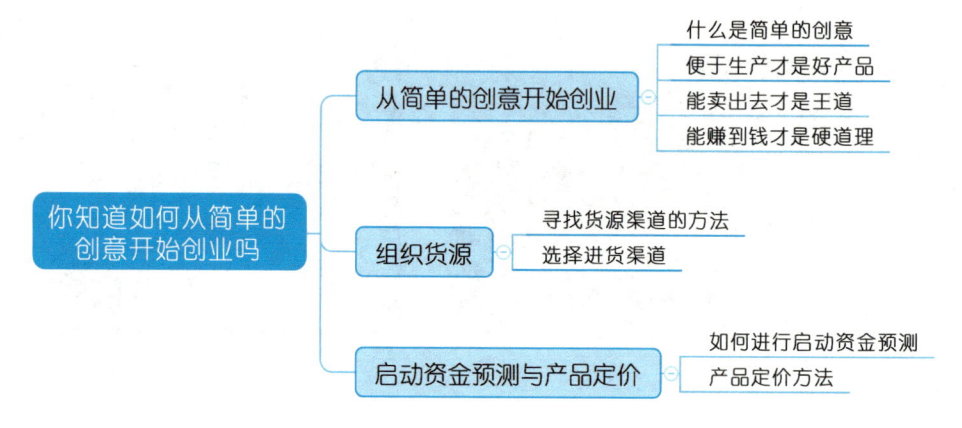

你知道如何从简单的创意开始创业吗
- 从简单的创意开始创业
  - 什么是简单的创意
  - 便于生产才是好产品
  - 能卖出去才是王道
  - 能赚到钱才是硬道理
- 组织货源
  - 寻找货源渠道的方法
  - 选择进货渠道
- 启动资金预测与产品定价
  - 如何进行启动资金预测
  - 产品定价方法

任务引入

成语故事

"跃跃欲试"出自清朝李宝嘉的《官场现形记》第三十五回："一席话说得唐二乱子心痒难抓，跃跃欲试。"形容心里急切地想试试。

任务背景

经过前面的分析，欧思琴对自己的创业项目有了越来越清晰的想法。于是，她准备开启自己的创业计划，计划的第一步就是准备货源。有人告诉她可以在网上进货，也有人告诉她应该到批发市场上进货，还有人建议她自己动手制作产品。一时间，她又有些困惑，到底应该如何组织货源呢？生产出来的产品该卖多少钱呢？

任务实施

知识必备

一、从简单的创意开始创业

在人们的传统认识里，创业是一件困难的事情。其实不然，伴随着互联网、新媒体的日益发达，创业正在变得越来越简单。线下有资源的人，只需要通过一个"简单的创意"和一台电脑或一部智能手机，就可轻松变身为创业者。

（一）什么是简单的创意

这里的"简单的创意"，是指创业者对容易生产制造、便于销售的新产品的想法。具有简单的创意的产品对消费者和制造商都有很大的吸引力，因为它能很容易走进人们的生活，对商家来说好卖，对制造商来说好做。

1. 对成熟市场中的现有产品加以改进或提高

对现有产品进行改进或提高通常是最聪明、最简单的市场入门方法。例如，"名人鸭"就是把典型的小橡皮鸭变成以名人肖像为主的高品质橡皮鸭，它的市场定位是喜欢收藏的成年人，而不是给小孩子玩的玩具。

2. 直接把开创先河的简单创意带入市场

只要创意能用特有的方法解决普遍的问题，且生产相对容易、成本相对低廉即可。为此，你很可能要付出更多的努力，花更多的钱把产品生产出来，最终将它们摆在商店的货架上。如果该产品很有市场，盈利潜力也很大，那么，所有的努力都是值得的。例如，消痛冰袋就是通过冰敷的方法来缓解肌肉拉伤带来的刺痛感，使用非常方便。

3. 产品简单且容易获得

事实上，不管你的产品是否能给行业带来巨大变革，只要创意足够简单，风险就会降低，成功的概率就会提高。如果它同时具备可收藏或被广泛使用、有巨大的市场潜力、有独一无二的益处、有让人眼前一亮的元素、体积小、可用现有的技术和材料进行制作、体现个人风格、有很好的盈利空间等产品属性，那就更容易成功。如曲别针就是成功的简单的创意产品。

（二）便于生产才是好产品

如果你的产品无法生产，或者太难生产、成本太高，那么无论有多少人想购买你的创意都没用。所以，在你设计产品、制造样品、申请专利并推向市场之前，了解这些关键因素非常重要。你无须成为一名制造业专家，也无须得到确切的报价，你只需对生产材料、生产过程及产品生产和包装相关成本有基本的认识，最好具备可以将其制造出来的技术。

1. 提前做好信息搜集工作

你可以初步做一些信息搜集工作，找一些曾将类似产品推向市场的人，或者对你所在的行业非常了解的专家（可以在展览会或贸易协会上找到），通过与他们交谈，可以得知自己的创意是否能投入生产。你还可以通过网站查找制作产品的相关资料。

2. 与两三位潜在的签约制造商交流

你可以通过贸易协会、在线指南、门户网站或在线搜索找到制造商，把你的创意说给他们听，把图纸、模型或产品样品给他们看。在此之前，确保你已经申请了专利，已经在你的图纸和规格表格上打印了"专利保护"的字样，让签约制造商签署一份保密协议。并且，你要看签约制造商能否用他们自己的设备生产你的产品。如果可以，一般而言，生产不同数量的产品有不同的报价。

生产销售的最终目的是为了获取利润。因此，生产产品时要弄清楚是否有额外的成本。如果签约制造商无法将你的创意生产成产品，要知道原因。之后，你可以重新设计或重新加工自己的创意，方便生产制造。有时，这样的市场活动会让你的创意遭受打击。简单创意的魅力在于"制造不是问题，盈利指日可待"。

（三）能卖出去才是王道

1. 产品能不能卖出去是关键

在产品开发过程中，有些人喜欢运用逆向思维，他们先生产出产品，再为产品找市场，而不是先确定市场机会，再在此基础上生产产品。发明家和创业者尤为典型，一般他们创造的产品都是自己想要的、需要的或喜欢的，很少或几乎不考虑往哪儿销售、谁愿意买单、人们为什么愿意买单这些问题。更有甚者，将创意激进地推向市场，却根本没有对样品设计、专利、生产及促销等进行市场调查，甚至根本没有确认自己的产品到底有没有市场。生产自己会买的产品是一回事，生产能卖出去的产品又是另外一回事。当你把自己所有的心血都投入产品生产和市场上时，就要达到商店愿意进货、消费者愿意购买的目的。

2. 市场调研是重点

你不能只是猜测和假设，也不能单一地听取你的家人、朋友、同事的想法。你需要通过市场调研，了解当下真实的信息。进行市场调研时，需重点关注以下几个方面：

（1）行业。尽可能多地了解你所处的行业和产品，即使你对该领域拥有丰富的经验和知识，仍然需要了解更多的最新信息。要知道，全球市场变化非常迅速，了解行业的近况及趋势尤为重要。

（2）潜在消费者。为了创新市场，必须锁定市场目标。你需要了解你的潜在消费者和零售商都是谁，了解他们买你产品的原因及愿意付出的价格。你需要确定市场的潜在规模——有多少商家和消费者有可能买你的产品。

（3）竞争对手。通常，对其他产品缺乏了解会让你的产品淘汰出局。如果市场上有许多产品和你的产品类似，说明市场已经快接近饱和了，没有空间给你施展创意了；如果你创意的产品和已经面世的产品极其相似，市场有可能不会接受另一个模仿品；如果没有类似产品，说明市场也许不需要你创意的产品，或者还没有准备好去接受。面对不同的研究结果，需要进一步深入了解市场需求。

（四）能赚到钱才是硬道理

1. 评估自己的创意能否带来利润

生产中的每个环节都会产生成本，你的厂商、经销商、零售商，还有你自己都需要赚取利润。所以，将创意的产品带入市场之前，很有必要确定其能否带来利润。要做到这一点，就需要评估生产成本（制造和包装）、批发价格（经销商和零售商会付给你多少钱）和零售价格。你还要评估一年能售出产品的数量，然后，你可以算算你创意的产品能否让你赚钱，会不会亏本。当然，消费者必须愿意支付你所定的价格，这就需要通过市场研究来定价。大型超市（如沃尔玛）和仓储式大卖场（如麦德龙）通常希望批发价更低或有额外折扣。还有非常重要的一点，其他所有营业费用，包括保险费、办理许可证产生的费用、营销费、税费、专利费、办公费、仓储费、工资等的支出，都从毛利中产生。这时，无须确定做生意的所有成本，只要合计一下毛利能不能支付你的账单，是否还有余额能放进自己的口袋。

2. 评估结果不理想怎么办

如果你算下来没有余额，并不一定说明你的创意没有赚钱的能力。也许可以通过调整、重新设计或重新包装来降低生产成本，只要确保这些变化没有破坏产品销量或大幅降低消费者的购买意愿即可。你只要确定自己创意的产品能卖出一个好价钱，并且销量足够大，生产成本足够低，就可以让你有利润可赚。

验证简单创意的产品是否可行的方法如图 2-10 所示。

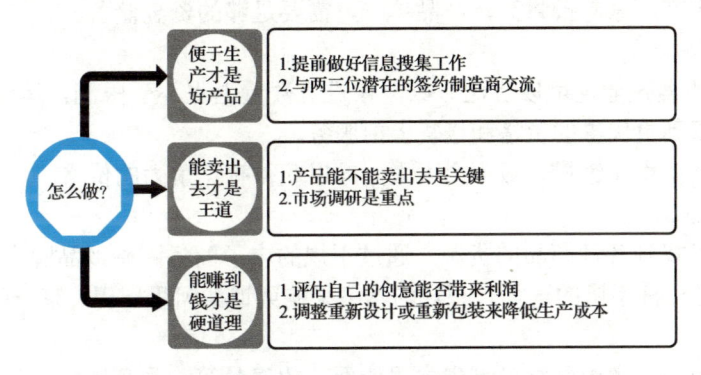

图 2-10 验证简单创意的产品是否可行的方法

微视频 2-12：从简单的创意开始创业

二、组织货源

货源一般是指进货或货物的来源。货源很重要，只有好的货源加上好的创意，才能够保证一个好的销量，才能有利于你打开市场，树立自己在业界的口碑，在业界逐步站稳脚跟。

（一）寻找货源渠道的方法

一般来讲，寻找货源渠道最基本的方法包括搜索引擎查找、产品包装获得、商标网站查询、展会收集资料、寻找产业集聚地等。

在寻找货源渠道的同时，也要考虑货源准备的一些相关问题。例如，要寻找多少个货源比较合适；如果在阿里巴巴等网络平台进货，是否能够退货退款，供应商是否能够提供商品资料；等等。

（二）选择进货渠道

1. 联系品牌代理商

（1）优势。联系品牌代理商采购日用百货、食品饮料等快消商品，是较为常用的渠道。通过品牌代理商拿货，对单次进货的数量没有要求，是最方便、最容易的进货方式之一。

（2）劣势。代理层级越多，价格也会越高。

2. 寻找生产厂家

（1）优势。能够与生产厂家达成长期合作的协议，卖家可以获得充足的货源和产品质量保证，对今后销售信用有较高的保障。同时，能够享有较好的售后服务，甚至可以争取到宽松的产品调换政策。

（2）劣势。生产厂家起批量高，产品单一，需要足够的资金储备。

3. 在本地市场批发

（1）优势。种类齐全且可以货比三家，在进货数量上也不受限制，运输费用也比较少，还可以通过谈判得到更优惠的价格和送货上门服务。

（2）劣势。新手卖家销量一般不会太大，难以获得有竞争力的价格。

4. 从网络渠道采购

如今网上可以找到各种商品的货源，通过正规的电子商务网站或品牌官方网站，瞄准促销时机订货，也是一种不错的选择。正规的网络采购渠道如阿里巴巴、京东超市、天猫超市、亚马逊等。

（1）优势。第一，由于网络商城省去租店面、招雇员等一系列费用，其价格较一般实体店进货的同类商品，价格更便宜；第二，进货效率高，不受时间限制，随时可以"逛商店"并获得大量的商品信息，也可以买到当地没有的商品；第三，网上支付较传统的现金支付更加安全，可避免现金丢失的风险；第四，从订货、买货到送货上门无须亲临现场，既省时又省力。

（2）劣势。非面对面交易，会产生不容易了解商品属性、也有可能遭遇欺诈等问题。

5. 参加各类展会

可以参加各类展会，直接在展会上订货，收集厂家和代理商的联系方式，与同业者交流经验。常见的展会如日用百货商品交易会、全国糖酒交易会、广交会、农博会等。

微视频 2-13：组织货源

三、启动资金预测与产品定价

（一）如何进行启动资金预测

启动资金就是开办企业并使其正常运转需要准备的资金。在制订创业计划时，预测启动资金非常重要。你要预测开办企业必须购买哪些物资和必要的其他开支,否则可能会让你在一开始创业时就陷入困境。启动资金按用途可分为投资所需资金和流动资金两大类。

1. 投资所需资金

企业要想正常运营,前期必然要进行各种投资,买入各种设备,支付各种费用。如果将这些支出费用进行归类,一般可分为四类,分别是固定资产、无形资产、开办费和其他投资。

(1) 固定资产。固定资产是指企业为生产产品、提供劳务、出租或经营管理而持有的,使用时间超过 12 个月的,价值达到一定标准的非货币性资产。固定资产预测通常包括以下内容:

➢ 房屋、建筑物。根据企业生产经营活动的需要,拟购置的房屋、建筑物等经营生产场所。

➢ 机器、机械和其他生产设备。根据企业销售量预测,假设达到 100% 的生产能力,拟购置的生产用机器设备。

➢ 器具、工具和家具:根据企业生产经营活动的需要,拟购置的检测工具、文件柜、办公桌椅等。

➢ 交通工具:根据企业需要,拟购置的汽车、摩托车等。

➢ 电子设备:根据企业办公需要,拟购置的计算机、手机、计算器等。

(2) 无形资产。无形资产是指企业拥有或控制的没有实物形态的可辨认非货币性资产。如根据企业需要,购买的专利许可、商标、特许经营等费用。

(3) 开办费。开办费是企业在筹建期间产生的各项费用,包括培训费、差旅费、印刷费、注册登记费等。

(4) 其他投资。根据企业需要,除固定资产、无形资产、开办费以外,开业前还需要支付的费用,如装修费、转让费等。

投资预测表模板如表 2-5 所示。

表 2-5 投资预测表模板

项 目		金额/元	备 注
固定资产	房屋、建筑		
	机器、机械和其他生产设备		
	器具、工具和家具		
	交通工具		
	电子设备		
无形资产			
开办费			
其他投资			
合计			

2. 流动资金

一般情况下,企业要经营一段时间后才能有销售收入,产品必须经过采购原材料、生产、加工、包装、运输、推广等多个环节后才能销售。在此期间,还需要给工人发工资,因此需要更多的资金投入。

流动资金一般按月计算,包括原材料(或商品)及包装费用和其他经营费用。其中,其他经营费用包括工资、租金、促销费、保险费、水电费、办公用品购置费、交通费等。流动资金（月）表模板如表2-6所示。

表2-6 流动资金（月）表模板

项目	金额/元	备注
原材料（或商品）及包装费用		
工资		
租金		
促销费		
保险费		
水电费		
办公用品购置费		
交通费		
其他经营费用		
合计		

不同的企业所需的流动资金也不同。有的企业需要足够的流动资金来支付六个月的费用，也有的企业只需要支付三个月的费用。你必须预测并计算，在获得销售收入之前，你的企业能够支撑多久。刚开始的时候，大多数产品销售并不乐观，因此，流动资金要计划得更宽裕一些。

微视频2-14：如何进行启动资金预测

（二）产品定价方法

为了创业项目的有序进行，产品的定价也非常重要，定价过高或过低都会影响项目收益，合理的定价可以使营销效果和收益达到最佳。定价策略一般是指商品或服务的价格制定和变更的策略。产品定价方法很多，常见的有成本导向定价、需求导向定价和竞争导向定价三种。

1. 成本导向定价

（1）什么是成本导向定价。成本导向定价是指依据产品的成本决定其销售的价格。成本导向定价法简单方便，资料容易取得，能够保证企业全部成本得到补偿并获得正常利润。当需求量增大时，还能通过成本分摊而获得更高的利润。但是，该方法由卖方定价，容易忽视产品需求弹性的变化，不能适应迅速变化的市场要求，不利于企业降低产品成本，容易掩盖企业经营非正常费用的支出，不利于企业提高效益。

（2）成本是成本导向定价法的关注点。成本是产品销售价格的底线。企业在制定产品的价格时，如果不能覆盖生产、销售和管理等方面的成本，就有可能导致亏本。企业的成本分为两种，即固定成本和变动成本。固定成本是指不随产量变化的成本，例如，不管企业是否开工，都必须支付厂房每月的租金、设备维护费用、暖气费及其他方面的开支；而变动成本直接随生产量水平发生变化。例如，生产计算机，会涉及CPU、主板、显示器和组装等成本。一般而言，这些成本是大体相同的，它们的总成本往往与数量成正比。与此同时，有一项成本在决策中至关重要，应该引起企业重视，那就是管理费用。一个工厂会有总经理、副总经理、总监等管理层人员的费用需要分摊，特别是当企业有多个部门、多条产品线时，管理层人员的费用有多少分摊到某条产品线，有多少分摊到某个部门，会直接影响企业产品定价的决策。

2. 需求导向定价

（1）什么是需求导向定价。需求导向定价是指根据国内外市场需求强度和消费者对产品价值的理解来制定产品的销售价格。需求导向定价法主要是考虑顾客可以接受的价格及在这一价格水平上的需求数量，而不是产品的成本。按照这种方法，同一产品只要需求数量大小不一样，就需要制定不同的价格。

（2）顾客是需求导向定价的关键点。在明确了解营销目标以后，我们有必要了解客户的需求，因为是他们决定了产品定价正确与否。尽管他们的需求并不是一成不变的，但是，我们必须要了解他们现在需要的是什么。这是一个看似简单的问题，但在实际操作中并不简单。有的人会认为"我做这个市场营销工作都十多年了，还不知道客户的需求吗？"但是，有时候我们确实不知道，或者说我们只知道我们部分客户的需求。也可能只知道昨天目标客户的需求，但这些人今天已经不再是我们的目标客户了。我们经常会得到销售的反馈，说价格不好，说质量不好。但是，仔细分析一下，会发现可能是我们把目标客户群弄错了。可能花了大量时间在与客户沟通，但是这部分人并不是我们的目标客户；也有可能是我们的客户，但是他们要的并不是这部分产品。因此，过一段时间，可以是半年或一年，要问一下自己，谁是我们的客户？我们要找什么样的客户？很有可能我们找到的是高端客户，但我们的产品是低端的，那就不配匹。这个问题看似简单，甚至有些傻，但是，如果不仔细分析，我们还是可能把客户弄错。

3. 竞争导向定价

（1）什么是竞争导向定价。竞争导向定价是指在竞争十分激烈的市场上，企业通过研究竞争对手的生产条件、服务状况、价格水平等因素，依据自身的竞争实力，参考成本和供求状况来确定商品价格，以市场上竞争者的类似产品的价格作为该企业产品定价的参照系。因为大多数情况下，市场上并非只有我们一家公司，可能会有同类档次的公司，或者是更高档次的公司，也可能是比我们低一个档次的公司。因此，我们必须了解谁是我们的竞争对手，他们的战略是什么，优势是什么，还应该了解他们的成本、价格及可能对企业定价做出的反应。

（2）竞争对手是竞争导向定价法的关注点。以相机为例，一个正在考虑购买相机的消费者在做出购买决策之前，会比较市场上的各种品牌，如佳能、奥林巴斯、三星和索尼等品牌的价格、质量和外观各个方面，结合自己的预算做出决策。在制定价格之前，应该对市场上竞争对手的产品价格、质量和各方面的性能有一个全面的了解，并以此为基础对自身的产品进行定位。只有这样，才能使产品价格更有针对性和竞争力。

微视频 2-15：产品定价方法

在线测验

扫描二维码，测一测你对本任务知识的掌握程度。

创业感悟

创业不怕从零开始，有想法不要观望，要立即行动起来。行动是实现梦想的唯一捷径。请结合本任务所学知识，完成如表 2-7 所示的思考笔记。

表 2-7　思考笔记

简单的创意	简单的创意表现在哪些方面	
组织货源	寻找货源渠道的方法	进货渠道有哪些
产品定价	需求导向定价特点	竞争导向定价特点

创业评价

1. 评价内容

根据自己的设想，尝试设计或改进一款产品或服务，并完成如表 2-8 所示的产品或服务的设计、改进信息表。

56

表 2-8 产品或服务的设计、改进信息表

产品或服务的名称、优点、缺点				
你尝试设计、改进的产品或服务名称：				
市场上已有的产品或服务	优点			缺点
你尝试设计、改进的产品或服务	优点			缺点
原材料进货渠道				
主要原材料	进货渠道/供应商名称			单价/元
1.				
2.				
3.				
……	……			……
启动资金预测				
（一）投资项目		金额/元	（二）流动资金	金额/元
固定资产	1. 房屋、建筑		1. 原材料（商品）及包装费用	
	2. 机器、机械和其他生产设备		2. 工资	
	3. 器具、工具和家具		3. 租金	
	4. 交通工具		4. 促销费	
	5. 电子设备		5. 保险费	
6. 无形资产			6. 水电费	
7. 开办费			7. 办公用品购置费	
8. 其他投资			8. 交通费	
……			……	
投资合计			流动资金合计	

2. 评价标准

（1）市场上已有的及你尝试设计、改进的产品或服务的优缺点分析准确（25 分）；

（2）原材料进货渠道调研准确，原材料、进货渠道、供应商名称及采购价格准确（25 分）；

（3）启动资金预测符合市场规律，科学合理（25 分）；

（4）产品定价采用竞争导向定价法，能够根据竞争对手的定价制定自己产品或服务的价格（25 分）。

游戏拓展

1. 游戏名称
谁能笑到最后。

2. 游戏目标
要求根据个人利益最大化原则进行模拟交易，体验商品供给、需求和价格之间的相互作用。

3. 建议时间
每轮交易用时不超过5分钟。

4. 道具准备
扑克牌、收益记录表、计时器。

5. 游戏规则
（1）每轮游戏参与人数：3人。

（2）主持人作为市场管理人员准备好四组扑克牌，分别是：黑桃1、3、5、7、9；梅花1、3、5、7、9；红桃2、4、6、8、10；方块2、4、6、8、10。

（3）参与游戏的3人每人抽取一组扑克牌，抽到黑桃、梅花的代表卖方，扑克牌上的数字代表每种商品的成本价（单位：元）；抽到红桃、方块的代表买方，扑克牌上的数字代表其购买力（单位：元）。市场管理人员将剩下的扑克牌翻开，如果是红色的扑克牌说明市场是买方市场，如果是黑色的扑克牌说明市场是卖方市场。

（4）买卖双方开始交易：每轮交易由卖方拿出一张扑克牌报价（成本价对买方保密），买卖双方议价后如成交，双方到市场管理人员处，将成交价与成本价扑克牌、购买力扑克牌的数额分别登记在收益记录表上。如果双方经过3轮磋商不能成交，本轮游戏结束，手中的扑克牌价值下降20%，在市场管理人员处登记好收益记录表，同时市场管理人员在游戏结束前对双方的收益数据保密。

（5）3人中任意1人手中的扑克牌全部用于成交后，游戏结束。

（6）最后计算收益，卖方的收益是成交价减去成本价，买方的收益是购买力减去成交价，收益高者获胜。

举例说明：参与游戏的3人分别为甲、乙、丙。

卖方市场：甲抽到红桃，乙抽到方块，丙抽到黑桃，市场管理人员拿到梅花。此时，1个卖方出价，2个买方轮流竞价，买方根据市场情况进行议价，成交时买方必须说明成交的原因。如果卖方拿出3，即成本价为3；若成交价为8，买方拿出8，卖方收益为5，买方收益为0。

买方市场：甲抽到黑桃，乙抽到梅花，丙抽到红桃，市场管理人员拿到方块。此时，两个卖方轮流出价，1个买方竞价。卖方根据市场情况进行议价，成交时卖方必须说明成交的原因。如果卖方拿出5，即成本价为5；若成交价为4，买方拿出4，则卖方收益为-1，买方收益为1。

任务三　你知道如何向你的竞争对手学习吗

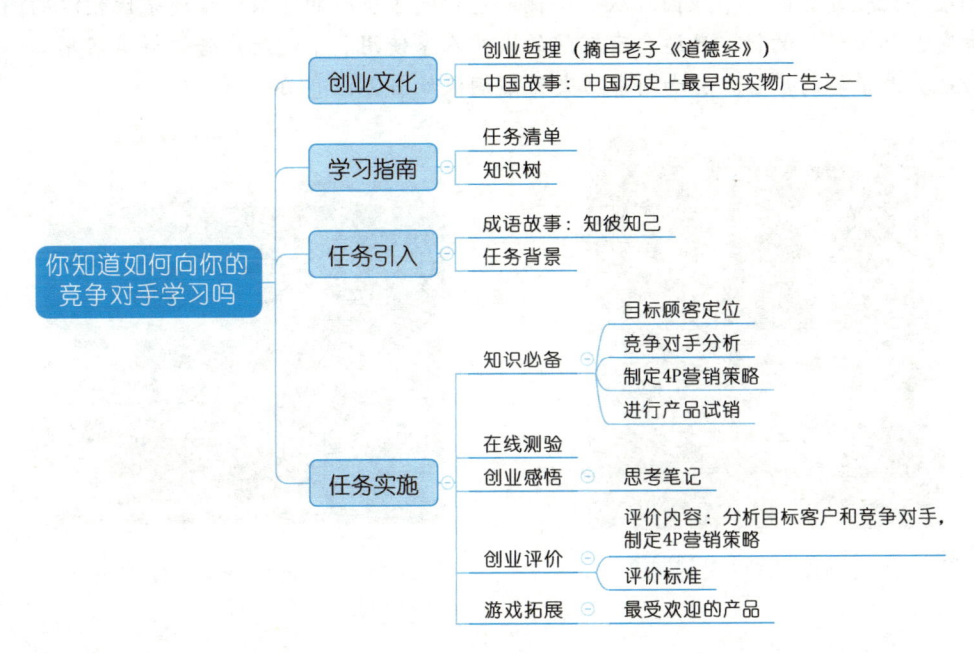

思维导图

- 你知道如何向你的竞争对手学习吗
  - 创业文化
    - 创业哲理（摘自老子《道德经》）
    - 中国故事：中国历史上最早的实物广告之一
  - 学习指南
    - 任务清单
    - 知识树
  - 任务引入
    - 成语故事：知彼知己
    - 任务背景
  - 任务实施
    - 知识必备
      - 目标顾客定位
      - 竞争对手分析
      - 制定4P营销策略
      - 进行产品试销
    - 在线测验
    - 创业感悟
      - 思考笔记
    - 创业评价
      - 评价内容：分析目标客户和竞争对手，制定4P营销策略
      - 评价标准
    - 游戏拓展
      - 最受欢迎的产品

创业文化

创业哲理

知人者智，自知者明。

——老子《道德经》

【释义】能了解他人的人是有智慧的人，能了解自己的人是聪明的人。中国有句话叫"人贵有自知之明"。这句话的最早表述者就是老子。"自知者明"，就是说能清醒地认识自己、对待自己，这才是最聪明的、最难能可贵的。

中国故事

中国历史上最早的实物广告之一

广告，顾名思义，就是广而告之，即向社会大众告知某事物。在先秦时期，就已出现单纯的口头叫卖广告，发展至今，广告已经不单单是一种销售手段，更成为了一种艺术。今天我们要说的是中国历史上最早的实物广告之一——北宋时期的济南刘家功夫针铺广告，它也是我国现存最早的实物广告之一。

济南刘家功夫针铺铜牌广告如图 2-11 所示。可以看到，正中图案是一个白兔持铁杵捣药图，有点像我们今天所说的 Logo。两旁更是有"认门前白兔儿为记"的提示语，二者结合起来就像我们今天的防伪标识。再来看广告内容："收买上等钢条，造功夫细针，不误宅院使用，转卖兴贩，别有加饶，请记白。"意思就是使用的原料是上等钢条，并且精细加工，因此不适合平民百姓使用，故强调"宅院"二字，同时按时交货，不会耽误使用，如果有商贩转卖，在价格上会给予一定的优惠，请记住白兔防伪标志。短短二十八个字，把自己产品的特点，目标消费人群及价格说的一清二楚，并且有防伪标志，有自己的象征物，印刷还算是比较精美，就当时来说，实在是不可多得的广告。同时，还采用了一定的促销手段，这也是宋朝经济比较发达的一个原因。从一个侧面也说明了当时的等级观念还是比较深的，这样选材考究，加工精细的针，只适合有宅院的大户人家使用。不过此广告做得确实用心，放在今天，也算是很好的广告。济南刘家功夫针铺铜板如图2-12所示。

图2-11　济南刘家功夫针铺铜牌广告

图2-12　济南刘家功夫针铺铜板

学习指南

任务清单

工作任务	分析目标顾客和竞争对手，制定营销策略	教学模式	任务教学法
建议学时	2学时	教学地点	多媒体教室
任务描述	根据自己的创意或产品特点，分析目标顾客和竞争对手，并制定相应的营销策略		
学习目标	知识目标	1. 了解目标顾客竞争对手的定义； 2. 熟悉市场营销的构成要素； 3. 掌握针对目标顾客和竞争对手进行调研的方法； 4. 理解产品试销的重要性		
	能力目标	1. 具备对目标客户进行定位分析的能力； 2. 具备调研分析目标客户和竞争对手的能力； 3. 具备根据目标顾客和竞争对手制定市场营销策略的能力		
	素质目标	1. 具备实事求是，规划全局的意识； 2. 具有积极进取的工作作风； 3. 具有较强的创新精神和创业意识		
	思政目标	通过对创业哲理、中国故事和成语故事的解读和讲解，培养学生平等、公正的意识和法治观念		
关键词	目标顾客定位，竞争对手分析，营销策略，产品试销		

项目二　拿什么创业

知识树

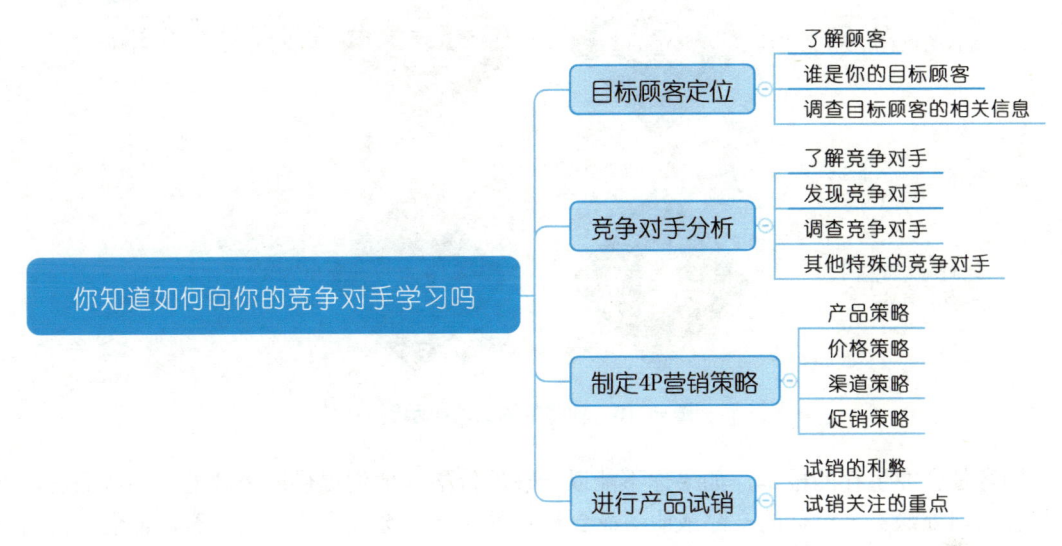

```
                          ┌─ 了解顾客
              目标顾客定位 ─┼─ 谁是你的目标顾客
                          └─ 调查目标顾客的相关信息

                          ┌─ 了解竞争对手
              竞争对手分析 ┼─ 发现竞争对手
你知道如何向你 ─           ├─ 调查竞争对手
的竞争对手学习吗           └─ 其他特殊的竞争对手

                          ┌─ 产品策略
              制定4P营销策略 ┼─ 价格策略
                          ├─ 渠道策略
                          └─ 促销策略

              进行产品试销 ┬─ 试销的利弊
                          └─ 试销关注的重点
```

任务引入

成语故事

"知彼知己"出自《孙子·谋攻篇》："知彼知己，百战不殆。"原意是如果对敌我双方的情况都能了解透彻，打起仗来就可以立于不败之地，泛指对双方情况都很了解。

任务背景

经过前期的准备工作，欧思琴对自己的产品越来越有信心，于是她计划将产品推向市场，开启创业之旅。这时有人告诉她，要想产品"一炮打响"，需要充分了解市场，知道产品卖给谁，与竞争对手相比，自己产品的优势有哪些。最好先进行目标顾客和竞争对手分析，再进行产品试销，最后根据顾客反馈意见进行调整。欧思琴觉得有道理，她决定尝试一下。

任务实施

知识必备

一、目标顾客定位

随着市场上的商品种类日益丰富，顾客面临的选择也越来越多。作为企业，必须充分了解顾客，知道目标顾客是谁，目标顾客有哪些需求。

（一）了解顾客

顾客，泛指前来购买产品或服务的对象，包括单位和个人。顾客购买产品或服务是为了满足自己不同的需求。顾客的购买动机示例如图 2-13 所示。

61

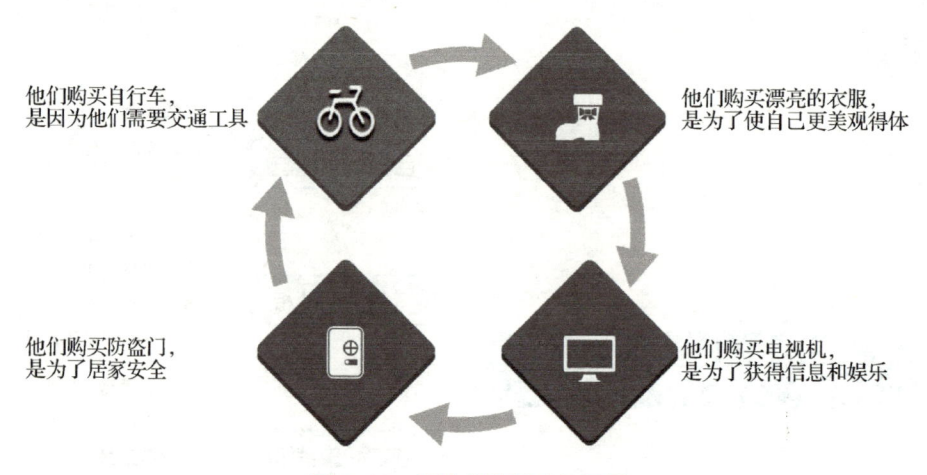

图 2-13　顾客的购买动机示例

顾客是企业生存的根本，如果你不能以合理的价格向他们提供所需要的产品或服务，他们就会到别处购买。对你的产品或服务感到满意的顾客，会成为你的回头客，他们会向自己的朋友和其他人宣传你的产品。因此，让顾客满意，往往会给你带来更多的销售额和更高的利润。

（二）谁是目标顾客

目标顾客指企业产品或服务的直接购买者或使用者。随着经济的发展和市场的日益成熟，市场的划分越来越细，以至于每项服务都要面对不同的需求。企业应当根据每一项产品和服务选择不同的目标顾客。只有确定了消费群体中的某类目标顾客，才能具有针对性地开展营销并获得成效。因为顾客是由形形色色的人组成的群体，各群体无论在社会分工上，还是社会关系上，都不能用单一的职业、性别、年龄、收入等特征进行区别，所以你也不可能用一种产品或服务让所有顾客都感到满意；同时，也不是每位顾客都能给企业带来正价值，优秀顾客带来大价值，一般顾客带来小价值，劣质顾客带来负价值。事实上，很多企业的营销成本并没有花在带来价值的顾客身上，而是花在了不能带来价值的顾客身上，浪费了大量的财力和人力。因此，目标顾客定位与削减成本一样重要。有个词叫"舍得"，就是有舍才有得。

目标顾客定位就是寻找谁是你的顾客的过程。面对众多的顾客，你需要知道未来的顾客中，谁有可能购买你的产品或服务，他们在哪里，他们有没有共同的特点，你的企业需要针对哪些群体开展营销活动。

（三）调查目标顾客的相关信息

对目标顾客进行调查，通常包括目标顾客的购买意向、需求动机、影响购买动机的因素、购买行为、购买渠道模式、影响目标顾客购买行为的社会因素及心理因素等。无论采用哪种方法，在调查前，都需要将自己想知道的问题一一列出。目标顾客调查问题设计如图 2-14 所示。

最后，将这些问题设计成问卷或调查表，对目标顾客进行调查分析并得出结论。对顾客的信息掌握得越充分、越准确，就越有利于做出正确的决策。

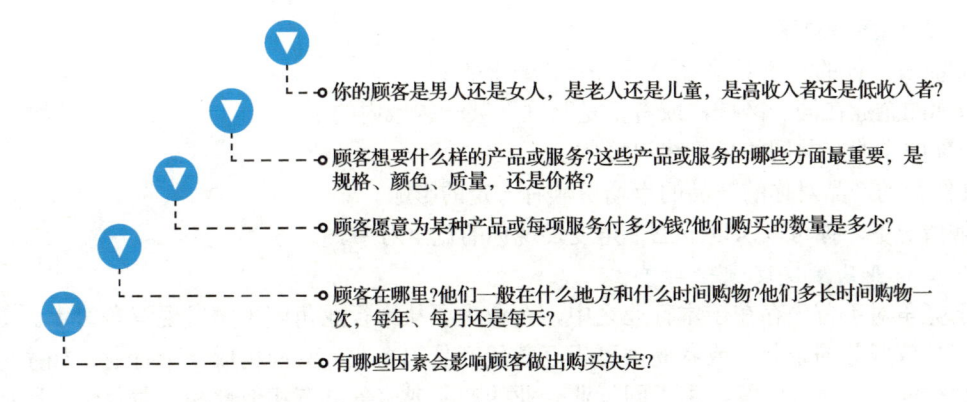

- 你的顾客是男人还是女人，是老人还是儿童，是高收入者还是低收入者？
- 顾客想要什么样的产品或服务？这些产品或服务的哪些方面最重要，是规格、颜色、质量，还是价格？
- 顾客愿意为某种产品或每项服务付多少钱？他们购买的数量是多少？
- 顾客在哪里？他们一般在什么地方和什么时间购物？他们多长时间购物一次，每年、每月还是每天？
- 有哪些因素会影响顾客做出购买决定？

图 2-14　目标顾客调查问题设计

微视频 2-16：目标顾客定位

二、竞争对手分析

企业参与市场竞争，不仅要了解谁是自己的顾客，而且还要弄清谁是自己的竞争对手。从表面上看，识别竞争对手是一项非常简单的工作。但是，由于需求的复杂性、层次性、易变性，以及技术的快速发展和演变、产业的发展使市场竞争中的企业面临复杂的竞争形势。一个企业可能会被新出现的竞争对手打败，或者由于新技术的出现和需求的变化而被淘汰。因此，企业必须密切关注竞争环境的变化，了解自己的竞争地位及彼此的优劣势。只有知己知彼，方能百战不殆。

（一）了解竞争对手

竞争对手是指与本企业提供的产品或服务相似，并且所服务的目标顾客也相似的其他企业。竞争对手与你的企业有利益冲突，且对你的企业构成一定的威胁。

在不断变化的市场环境中，谁能最先适应市场竞争，谁就会在市场竞争中掌握主动权。因此，对竞争对手进行分析十分重要。《孙子兵法》说，"知彼知己，百战不殆"，商场上也一样。创业者在经营过程中发现那些和自己有相同的顾客群体，销售基本相同的产品或提供基本相同的服务的商家，就是自己的主要竞争对手，需要对其进行竞争分析。主要了解其基本情况（产品情况、客户群体、经营实力、技术等），并做出及时的应对策略，进行竞争对手分析的目的是通过了解竞争对手的信息，获知竞争对手的发展策略及行动，以做出适当的运营策略。

63

(二) 发现竞争对手

一般而言，你的竞争对手有如下三个显著特征：
- 与你的企业在同一区域，或者都是互联网某一领域内的；
- 与你的企业有共同的目标客户群体；
- 其经营的产品对你的产品的市场份额有一定的影响。

通常情况下，你可以从以下三个角度发现你的竞争对手。

1. 从本行业角度发现竞争对手

由于竞争对手首先存在于本行业之中，企业先要从本行业角度出发发现竞争对手。提供同一类产品或服务的企业，或者提供可相互替代产品的企业，共同构成一个行业。如家电行业、食品行业、运输行业等。由于同行业企业的产品或服务具有相似性和可替代性，因而彼此形成了竞争关系。在同行业内部，如果一种商品的价格变化了，就会引起相关商品的需求量的变化。例如，如果滚筒式洗衣机的价格上涨，就可能使消费者转向购买其竞争产品波轮式洗衣机，这样，波轮式洗衣机的需求量就可能增加；反之，如果滚筒式洗衣机的价格下降，消费者就会转向购买滚筒式洗衣机，使波轮式洗衣机的需求量减少。因此，企业需要全面了解本行业的竞争状况，制定针对行业竞争对手的战略。

2. 从市场消费需求角度发现竞争对手

企业还可以从市场消费需求角度发现竞争对手。凡是满足相同的市场需要，或者服务于同一目标市场的企业，无论是否属于同一行业，都可能是企业的潜在竞争对手。例如，从行业来看，电影可能是以同属于影视业的电视为主要的竞争对手。但是，从市场的观点来看，特别是从满足消费者需求来看，消费者感兴趣的是满足其对欣赏影视作品的需要。因此，能够直接播放影视作品的各种媒介构成了对电影业的竞争威胁。从满足消费者需求出发发现竞争对手，可以从更广泛的角度认识现实竞争对手和潜在竞争对手，有助于企业在更宽的领域中制定相应的竞争战略。

3. 从市场细分角度发现竞争对手

为了更好地发现竞争对手，企业可以从行业和市场这两个方面结合产品细分和市场细分来进行分析。假设市场上同时销售五个品牌的某产品，而且整个市场可以分为十个细分市场。如果某品牌计划进入其他细分市场，就需要估计各个细分市场的容量、现有竞争对手的市场占有率，以及各个竞争对手当前的实力及其在各个细分市场的营销目标与战略。从细分市场出发发现竞争对手，可以更具体、更明确地制定相应的竞争战略。

（三）调查竞争对手

通常情况下，可以从以下八个方面调查竞争对手。

（1）产品。竞争企业产品在市场上的地位；产品的适销性；产品系列的广度与深度。

（2）销售渠道。竞争企业销售渠道的广度与深度；销售渠道的效率与实力；销售渠道的服务能力。

（3）市场营销。竞争企业市场营销组合的水平；市场调研与新产品开发的能力；销售队伍的培训与技能。

（4）生产与经营。竞争企业的生产规模与生产成本水平；设施与设备的技术先进性与灵活性；专利与专有技术；生产能力的扩展；质量控制与成本控制；区域优势；员工状况；原材料的来源与成本；纵向整合程度。

（5）研发能力。竞争企业内部在产品、工艺、基础研究等方面所具有的研究与开发能力；研究与开发人员的创造性、可靠性、研发能力等方面的素质与技能。

（6）资金实力。竞争企业的资金结构；筹资能力；现金流量；资信度；财务比率；财务管理能力。

（7）组织。竞争企业组织成员价值观的一致性与目标的明确性；组织结构与企业战略的一致性；组织结构与信息传递的有效性；组织对环境因素变化的适应性与反应程度；组织成员的素质。

（8）管理能力。竞争企业管理者的领导素质与激励能力；协调能力；管理者的专业知识；管理决策的灵活性、适应性、前瞻性。

（四）其他特殊的竞争对手

很多时候，你的竞争对手不一定是销售相同或相似的产品的公司，而是其他一些特殊的竞争对手。越来越多的案例表明，你的竞争对手很有可能是用户第一需求、用户传统观念、用户的旧习惯、跨界思维等。

1. 用户第一需求

例如，当索尼 A7 单反相机出现前，全画幅相机基本上是佳能单反相机的天下，佳能 5D2 相机实在是太无敌了。索尼如果仍把对手定为佳能单反相机，去跟佳能比拼成像、操作，那简直是"自找残废"。后来，索尼发现用户花大钱买了单反相机却很少用，原因是"用的机会少"。普通用户拍照需求多数是在旅游途中，"便于携带"往往是第一需求，"画质"是第二需求。于是，索尼瞄准单反相机太大、太重、不好携带的缺点，推出索尼 A7 单反相机，把消费级单反相机市场拖入全画幅微单领域。现在你去请教别人，哪怕是专业摄影师，问他买佳能 5D3 相机怎么样，他一定会说："你要不是靠这家伙吃饭，还是买索尼 A7 吧。"

2. 用户传统观念

例如，婴儿纸尿裤刚刚面世时，某厂商推出的广告诉求是"用纸尿裤，妈妈们更轻松"，这是需求，妈妈当然想更轻松。广告花了很多钱，但货卖得非常不好。于是厂商就去调研，以为是价格、产品、渠道出了问题。后来发现，最主要的原因是"妈妈们觉得用纸尿裤，家人会觉得是她们在偷懒"。找到这个原因后，厂商立即更改广告，将诉求改为"用纸尿裤更透气，对宝宝小屁股好"，一下就卖火了。

3. 用户的旧习惯

例如，滴滴出行刚出来时，你觉得滴滴出行的竞争对手是谁？是快滴拼车或其他打车软件？如果这样想，就大错特错了。滴滴出行经过调研，认为第一竞争对手是用户的旧习惯，第二竞争对手才是快滴拼车或其他打车软件。前者是"势"上的较量，后者只是"术"上的比拼。对滴滴出行等打车软件来说，第一要解决的是用户习惯的问题，包括司机和乘客。滴滴出行的方便性跟上街拦车相比，并没有质的改变，对司机来说收入也没有增加。所以滴滴出行一开始就用了大量的人力（线下一对一说服司机）、补贴来培养用户习惯。这可能是滴滴出行在短时间内获取用户唯一有效的方式，只不过补贴这种方式技术含量低，导致了后来的恶性竞争。

4. 跨界思维

例如，如果你是做牛奶的，可能你的对手不是伊利或蒙牛，而是"忘记喝牛奶的习惯"。不妨将你的产品定位为"专门睡前喝"的牛奶，除了配方中加强安眠作用，还可跟智能硬件合作，做一些有趣的提醒和奖励。在市场推广创意上就反复说"十点喝别忘了，十点喝别忘了，十点喝别忘了"。试试用跨界思维寻找对手，也许会碰撞出有趣的模式，产生意想不到的效果。如果你觉得你在本领域机会不大，不妨换个思路，试试跨界，类似于经典创意手法中的"旧元素的新组合"：

- 如果你是做电视的，可能你的对手不是索尼、三星，而是计算机；
- 如果你是做自行车的，可能你的对手不是捷安特，而是健身房；
- 如果你是做酒的，可能你的对手不是"红白啤"，而是保健品；
- 如果你是做家纺的，可能你的对手不是罗莱、多喜爱，而是无趣的卧室；
- 如果你是做生鲜配送的，可能你的对手不是超市，而是厨房调味料。

微视频2-17：竞争对手分析

三、制定4P营销策略

4P营销策略是美国营销学学者杰罗姆·麦卡锡教授在20世纪60年代提出的营销组合策略，包括产品（product）策略、价格（price）策略、渠道（place）策略、促销（promotion）策略。

（一）产品策略

1. 什么是产品策略

产品策略是指企业以向目标市场提供各种适合顾客需求的有形和无形产品的方式来实现其营销目标的策略，包括对与产品有关的品种、规格、式样、质量、包装、特色、商标、品牌及各种服务措施等可控因素的组合和运用。

一个完整产品的属性包括三个层次：核心产品、形式产品和附加产品。

- 核心产品指向消费者提供的产品基本效用和利益，也是顾客真正要购买的利益和服务。例如，洗衣机的核心利益体现在它能让顾客方便、省力、省时地清洗衣物。
- 形式产品指核心产品借以实现的形式，通常由品质、式样、特征、商标及包装五个方面构成。例如，洗衣机能省时省力地清洗衣物的同时，不损坏衣物，洗衣时噪声小，方便进排水，外型美观，使用安全可靠等，可能会更吸引顾客。
- 附加产品指顾客购买产品或服务时附带获得的各种利益综合。例如，洗衣机的送货服务、安装服务、维修服务、产品说明书、产品质保书等。

2. 产品定位策略

产品策略最关键的就是要有清晰的产品定位、独特的卖点。"怕上火，喝王老吉""今年过节不收礼，收礼就收脑白金"都是比较成功的案例。大品牌的成功之处在于它们对产品有良好的定位，中小企业也需要进行产品定位，只是定位的策略与大品牌有所不同。

（1）基于企业或产品角度的定位策略。

- 产品原料：如牛奶的产地、葡萄酒的产地、原料矿的质量等。
- 技术工艺：如27层净化技术、防电墙技术、连接端子技术等。

- 物理形态：如形状、大小、颜色、味道、包装等。
- 概念创新：如苏泊尔柴火饭、五谷道场非油炸等。
- 价格优势：如奥克斯、小米、京东的价格优势。价格优势适用于前期，后期应转化为性价比。
- 服务优势：如海尔、海底捞、顺丰、京东售后等的服务。
- 历史文化：如古井贡酒、小糊涂仙、泸州老窖、国窖1573等的历史文化优势。

（2）基于消费者角度的定位策略。
- 消费者利益点：使用产品会得到哪些好处，如海飞丝的"去头屑，让你靠得更近"。
- 消费者损失点：如果不用就会有哪些损失，如舒肤佳的"有了舒肤佳，变异细菌我不怕"。
- 消费者行为点：潜台词是产品代表消费者的个性特征，如雪津的"是兄弟就一起喝"。
- 消费使用环境：图文营造产品使用当时的可视场景，如农夫果园的"喝前摇一摇"。
- 消费使用感受：图文营造产品使用当时的心理感受，如奥利奥的"先扭一扭，舔一舔，再泡一泡"。

（3）基于行业环境角度的定位策略。
- 行业地位：重点强调在行业中的领先地位，但忌夸大事实。如香飘飘强调"香飘飘连续多年在全国销量领先，一年卖出十亿多杯，杯子围起来可绕地球三圈"。
- 时事潮流：与大型活动、大型赛事进行关联。如蒙牛集团与中国航天基金会联合推出的蒙牛航天品质牛奶，伊利与"快乐女声"进行的联合活动等。
- 认证：包括专业机构认证、广大消费者的认可、好评、营造从众效应等，如君乐宝奶粉强调"欧盟双认证，中国好奶粉"。

（4）基于竞争对手角度的定位策略。
- 跟随策略：如伊利是草原老大，蒙牛就做老二。
- 对抗策略：如京东与天猫的对抗策略，华为与小米的对抗策略，统一与康师傅的对抗策略。

微视频2-18：产品策略

（二）价格策略

价格策略主要是指企业按照市场规律制定价格和变动价格来实现其营销目标的策略，包括对与定价有关的基本价格、折扣价格、津贴、付款期限、商业信用及各种定价方法和定价技巧等可控因素的组合和运用。

制定价格前，你必须了解你产品的成本、顾客愿意出多少钱购买你的产品、竞争对手同类产品的价格，要善于根据不同的市场定位，制定不同的价格策略。

1. 迅速占领市场的不二法则——渗透定价

渗透定价是指以低价进入市场，在价格和单量之间，尽量做到量的极致。它是以较低的产品价格打入市场，目的是在短期内加速市场成长，牺牲高毛利以期获得较高的销售量及市场占有率，进而产生显著的经济效益。

（1）优点。
- 产品能迅速占领市场，并借助大批量销售降低成本，获得长期稳定的市场地位；
- 微利阻止了竞争对手进入；
- 低价策略有利于促进消费需求。

（2）缺点。
- 难以树立优质产品的形象；
- 影响资本的回报率。

（3）案例。

① 淘宝网"9.9元包邮"类。此类产品如果只卖给一个人一件，那估计得亏损了。实际上，该类商品的货单价很低，但是客单价很高，综合起来就赚钱了，这也是赚钱的基点。货单价就是一件商品的本身价格（如1双袜子10元），客单价就是一个顾客的成交价格（如1个人一次买了3双这款袜子，共花费30元）。部分商家可能前期不赚钱，但是，他们这种活动吸引了不少人，从而提高了他们的知名度或拉动了店铺内其他商品的销量。以做天猫保健品为例，5元成本的减肥药，标价69元，拍下减65元，4元全国包邮，再加上好评返现，瞬间冲量到上万单，抢下关键词第一名，每天搜索"减肥"一词点击商品的访客数2.5万人。如果每天卖800单到1 000单（价格回到69元），前期亏损的5天就可以弥补。

② 360杀毒软件。渗透定价法的极致就是免费。借用雷军的一句话："互联网公司从来不打价格战，我们直接免费。"周鸿祎开始做安全软件的时候，直接将杀毒软件免费，把原来很难撼动的瑞星、金山和江民这"三座大山"推到了，带动了杀毒软件的免费趋势，将360安全卫士布满电脑终端。

2. 第一个吃螃蟹人的特权——撇脂定价

撇脂原意是指取牛奶上的那层脂肪，含有捞取精华的意思。而撇脂定价，是指商家把新产品推向市场时，利用一部分消费者的求新心理，定一个高价，在竞争者研制出相似的产品之前，尽快收回投资，并且取得相当的利润。然后随着时间的推移，再逐步降低价格，使新产品进入弹性大的市场。

（1）优点。
- 可以实现短期利润最大化，利用高价产生的厚利，使企业能够在新产品上市之初，能够迅速收回投资；
- 可以用高价来控制市场的成长速度，使当时的生产能力足以应付需求，减缓供求矛盾，并且可以利用高价获取的高额利润进行投资，逐步扩大生产规模，使之与需求状况相适应；
- 拥有较大的调价空间，在新产品进入成熟期后，既可以拥有较大的调价余地，也可以通过逐步降价保持企业的竞争力；
- 容易形成高价、优质的品牌形象。

（2）缺点。
- 高价产品的需求规模有限，过高的价格会牺牲一定的销量；
- 简直就是邀请竞争对手入场的邀请函，仿制品、替代品会大量出现，从而迫使价格急剧下降；

● 价格远远高于价值，在某种程度上损害了消费者利益，诱发公共关系问题；
● 难以界定价格究竟定得多高为好。

（3）案例。

苹果 iPhone X 手机在新上市的时候，就是采取了典型的撇脂定价策略。以在中国市场的发售为例，苹果 iPhone X 手机在苹果官方商店上的零售价为 8 388 元人民币起，"黄牛"市场更是炒到了万元上下，即使对于多年的果粉来说，也是属于高价位产品。但一经推出，首批供货立马抢购一空。苹果的撇脂定价取得了成功，而且屡试不爽。

3. 明修栈道，暗度陈仓——组合定价

组合定价法是指对于互补产品、关联产品，在制定价格时为了迎合消费者的某种心理，把有的产品价格定得高一些，有的定得低一些，以取得整体效益的定价方法。例如，消费者对滞销、价值高的产品价格比较敏感，反之对畅销、价值低的产品价格迟钝一些，适当降低前者价格，提高后者价格，使两者销售相互得益，从而增加总盈利。需要注意的是，高价和低价一般不宜经常性的变动，以维护价格政策在消费者心目中的一贯性。

（1）常见的组合定价。

● 产品线定价：根据消费者不同类型的需求，设计不同功能和品质的产品，如不同配置的汽车。

● 副产品定价：利用同一产品的不同部分对某些消费者具有差异价值来定价。

● 捆绑式定价：将数种产品组合在一起以低于分别销售时支付总额的价格销售，其核心是单买某一个产品价格很贵，但是购买套餐价格就很便宜，如吃饭时常见的套餐价格。

● 备选品定价：在提供主要产品的同时，还附带提供备选品与之搭配，主要产品便宜，备选品价格高，如烧烤的食物便宜，啤酒贵。

● 附属产品定价：类似于二段收费，产品免费但是耗材收费，如打印机的墨盒。

● 分步式定价：从免费到收费，从收费逐步到收更多的费，如公园入园后，一些特殊项目再额外收费。

● 单一定价：把价值接近的商品组合在一起，避免消费者对价格做过多的思考和比较，如 10 元店。

（2）案例。

想象一下，当你结束了一上午的辛苦工作，来到了公司楼下的肯德基。一边走向柜台，一边扫视价目表上有什么能够引起你兴趣的食品。然后，你看见了新出的汉堡，售价 18 元，小份薯条，售价 10 元，百事可乐中杯 8 元，大杯 10 元。零售商店一瓶可乐也才 3 元！现在你的内心几乎是崩溃的，因为面对明显不合理的定价，你正在思考到底要不要在肯德基吃午餐。直到你看到了这个，"新品汉堡+中杯可乐"，售价 15 元。你的心里突然清晰起来，因为这时候，你正在思考的是应该购买套餐还是应该分别购买单品，并且由于显而易见的价格，你很快就得出了结论。然后，在这种愉快的气氛下，你享用了一顿美好的午餐，充满斗志地回到公司里，内心还有一些残留的做出购买决策后的成就感（虽然你自己可能没有发现），感觉心情"萌萌哒"。这时候，之前看到的那些价格明显不合理的单品，早已经被忘到九霄云外。现在能看出什么了吗？实际上，那些高定价的单品并不是为了让你真的掏钱去买，它们存在的唯一意义就是给你一种暗示：购买套餐是非常划算的行为。在这种暗示之下，消费者对产品的真实价值认知被扰乱，而在一种占了便宜的心态下提高了对套餐的购买欲望，从而把问题从"我是不是应该购买"转变为"我更应该购买哪一种"。实际上，肯德基推广新套餐的目标就在于此。

在产品组合当中，不是所有的产品都一定必须要盈利，策略性地将某些产品的作用设计为铺垫作用，从而提高产品组合的整体利润，是定价策略中非常实用的技巧。

4. 有钱捧钱场，没钱捧人场——差异定价

差异定价，通常指商品或服务的提供者在向不同的接受者提供相同等级、相同质量的商品或服务时，在接受者之间实行不同的销售价格或收费标准。一般说来，如果所有消费者的信息掌握程度是相当的，那么每个相同质量单位的产品之间的价格差别就不存在了。因为任何比现有市场价格要高的产品，没有人会购买。然而，在某些特定环境下，差异定价则是很常见的。如飞机头等舱与普通舱的差异定价。

（1）案例。

电影票的定价。首映电影并不会多什么彩蛋，但却要贵于普通票价，这是利用了观影"先后顺序"不同造成的差异定价。我们经常能看到，120cm 以下儿童免票、持学生证半价、成人全价，这些都是根据不同人群进行的差异定价。

（2）适用场景。

● "以有限的资源，留住重要的人。"消费者对产品的依赖程度不同，或者说不同消费者对公司重要程度不同时，则可针对不同消费者进行"重要程度"上的差异定价。

● "劳者多得，多付出者多享受优惠。"想享受低价的消费者，愿意付出"金钱"以外的成本时，如时间成本、人脉等，可以通过"付出成本"不同进行差异定价。需要注意的是，这种付出一定是流程简单、操作轻松的。

● "优先权是值钱的，这是人们固有的共识。"当产品的新鲜程度具有价值时，可以通过"先后顺序"来进行差异定价。

● "收入多的多出，收入少的少出。"当产品服务的对象有明显的差异时，通过"服务对象"进行差异定价。如针对老人、学生、会员进行不同的差异定价。

● "给价格敏感者一个优惠的机会，以留住这部分人。"当产品想要留住价格敏感者时，可以释放低价。如每天推出一款打折产品，其实就是展开的一场通过"机会竞争"的差异定价。

● "耍酷就得多花钱。"最典型的例子是各类游戏的皮肤，基本上是同质化的产品，在制作成本上往往相差无几，只是通过详细地划分种类、层次，产生"同质产品花样性"的差异定价。

5. 老醋新装，追求供需平衡——动态定价

动态定价是指企业根据市场需求和自身供应能力，以不同的价格将同一产品适时地销售给不同的消费者或不同的细分市场，以实现收益最大化的策略。动态定价的规则仍是由市场（供需）这双"看不到的手"决定的。例如，冬天蔬菜的价格会变贵，是因为供给量少了；房价上升，其实是因为需求多了；飞机一旦起飞、演出一旦开始，时间过去了却还有空座，那么这部分收入也就会永远失去，因此它们要降价，以便尽快清空库存；当某一区域刮风、下雨、下冰雹或早晚高峰时，打车的人增多，为了刺激更多的司机来这里提供服务，对车费实行动态加价，周边区域的司机会因为更高的车费而开往此地，车辆数量增加，最终实现供需平衡。

6. 不要相信你的眼睛——心理定价

这里要说的心理定价，是指在价格浮动不大的前提下，通过尾数、对比、拆分、措辞、替换等手段，从心理上让消费者更乐于接受产品、接受价格。

（1）小数点前减1。在线上支付方式被人们接受的网络时代，找零不再是一件痛苦的事情，这就更加方便采取"小数点前减1"的定价策略。满眼望去各种"××.9"。同样，不难理解为什么是9.9元包邮，而不是10.0元包邮了。"小数点前减1"的定价策略示例如图2-15所示。

图 2-15 "小数点前减 1"的定价策略示例

（2）打破印象。其实没有什么商品的价格一开始就是确切的，我们对某种商品价格的预期大多来源我们的主观印象。换句话说，当你给出一个预测价格的时候，人们往往会根据这个预测价格来判断实际价格的高低。

① 将各类手续费剥离出去展示。例如，在跨境电商商品交易中，通常将税费剥离售价。乍一看，商品和我们在国外买的价格差不多，比国内卖场里要便宜不少，这是因为人们往往会以基础价格来进行比对，而不是完全拿到手的总价。将税费剥离出去的定价示例如图 2-16 所示。

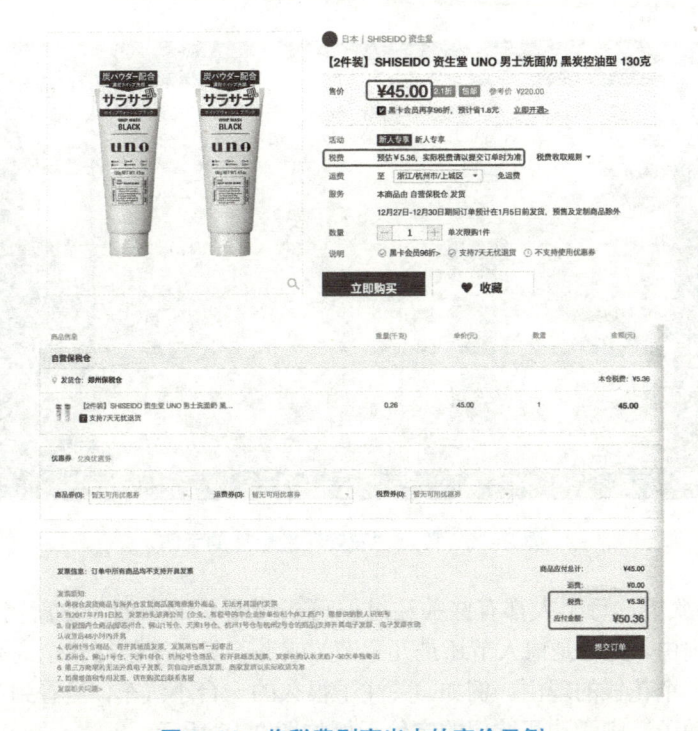

图 2-16 将税费剥离出去的定价示例

② 展示分期价格。当消费者面对大宗商品的价格时，很容易望而却步。这时，我们可以采取展示首付／分期方案的方式，给人的第一印象是一个可触及的价格，这样往往更容易让消费者对该产品产生兴趣。展示分期价格的示例如图 2-17 所示。

图 2-17 展示分期价格的示例

③ "不经意"展示高价商品。有没有可能让人们不经意间看到一个高价，从而"显得"我们的报价低一些呢？这是有可能的，哪怕这个高价商品和我们的商品不相关！

在闲鱼上面卖商品，可以顺便提一下其他商品的价格是多少，价格越高越好，例如，我在卖猫粮，顺便提一下加菲猫现在要一万元一只了，是不是瞬间就觉得这几百块钱的猫粮不算贵呢。

④ 降低"花钱"的敏感度。游戏里的虚拟货币和商场的礼品卡有什么相同点呢？其实它们都变化了交易方式，降低了消费者花钱的敏感度。通过在钱和商品之间创造一个中介，虽然人们知道自己在支付，但是对钱数的感觉却是迟钝的。降低"花钱"敏感度的示例如图 2-18 所示。

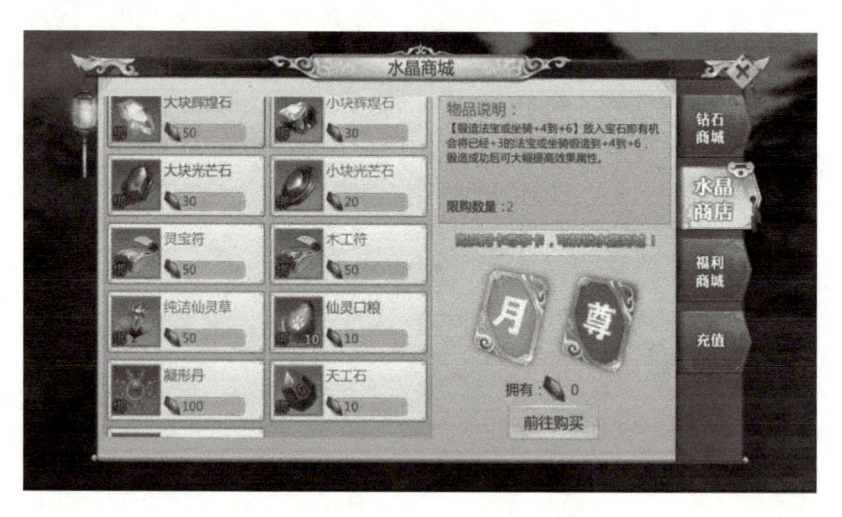

图 2-18 降低"花钱"敏感度的示例

⑤ 刺激购买欲望。每个人都有些关注过但可买可不买的东西，这就需要商家提供给消费者一个花钱的理由，无论是情人节还是儿童节，或者干脆店家强行找个高兴的理由。总之，就是给消费者找一个花钱的理由。例如，关注了很久的一台小汽车，当看到"元旦钜惠"时，说不定就突然心动了。刺激购买欲望的定价示例如图 2-19 所示。

项目二　拿什么创业

图 2-19　刺激购买欲望的定价示例

微视频 2-19：价格策略

（三）渠道策略

渠道策略是指企业以合理选择分销渠道和组织商品实体流通的方式来实现其营销目标的策略，包括对同分销有关的渠道覆盖面、商品流转环节、中间商、网点设置及储存运输等可控因素的组合和运用。

分销渠道就是企业生产出来的产品，通过哪种方式在哪里让消费者知道、了解、体验、消费的路径集合。按流通环节的多少，可将分销渠道分为直接渠道与间接渠道。直接渠道指生产企业不通过中间商环节，直接将产品销售给消费者，即制造商—消费者；间接渠道指生产企业通过中间商环节把产品传送到消费者手中，最长的是三级渠道，即制造商—代理商或批发商—零售商或消费者。渠道模式一般有三种：

- 直接渠道：线上官方旗舰店＋网络营销、线下门店＋线下营销；
- 间接渠道：代理商／分销商、代销等，含部分推广职能；
- 直接渠道＋间接渠道：直接渠道＋间接渠道的结合，直营＋代理＋代销的模式较为普遍。

（四）促销策略

促销策略指企业如何通过人员推销、广告、公共关系（记者招待会、社会赞助、典礼仪式、危机处理）和营销推广等各种促销手段，向消费者传递产品信息，引起他们的注意和兴趣，激发他们的购买欲望和购买行为，以达到扩大销售的目的。一个好的促销策略，往往能起到多方面的作用，例如，提供信息情况，及时引导采购；激发购买欲望，扩大产品需求；突出产品特点，建立产品形象；维持市场份额，巩固市场地位等。

1. 借势打力策略

借助竞争对手的某种力量，通过一定的策略将优势进行转化。这就像《笑傲江湖》中的吸星大法，在对手出招的时候，一定想办法把对方的优势转变成自己的优势。例如，某保健品是一个地方性品牌，临近高考，在其他知名保健品牌纷纷展开效果促销并请一些人现身实地说法时，该品牌掀起了"服用后视效果付余款"的促销旋风。作为实力弱小的品牌，在广告上无法跟大品牌相比，而在促销上也无法进行更多的投入。因此，只有在跟进促销中进行借力打力——采取"服用后视效果付余款"的活动方式。由于与大品牌一起进行促销活动，并采取了特殊策略，于是就有效地解决了消费者的信任问题，也提升了品牌的知名度。

2. 击其软肋策略

在与竞争对手开战前，一定要做到知己知彼，这样才能决胜千里。实际上，竞争对手无论怎么投入资源，在整个渠道链条上都会有薄弱部分。例如，在渠道上投入过多，在终端上的投入就往往不够；如果在终端上投入多了，在渠道上就往往会投入较少。再如，当面临不同区域市场的时候，可能会在某些区域市场不具有优势，这些都是很好的潜在机会。例如，某品牌手机在为自己的新品大打广告的时候，某些国产手机则迅速占领终端市场，在抢占终端市场过程中，也大打"新品"招牌，并且低价进入，以此将竞争对手吸引到零售店的顾客牵引一部分到自己的柜台、专区。在竞争对手忽略终端市场的时候，这种模式是最有效的。

3. 寻找差异策略

有时候，硬打是不行的，要学会寻找差异策略。例如，竞争对手采取价格战，你就进行赠品战；竞争对手进行抽奖战，你就进行买赠战。当可口可乐公司的"酷儿"产品在北京上市时，由于产品定位是带有神秘配方的5～12岁小孩喝的果汁，价格也比果汁饮料市场领先品牌的价格高20%。当时，市场竞争十分激烈，很多企业都大打降价牌。最终，可口可乐公司走出了促销创新的新路子，决定采用"角色行销"的方式。于是，"酷儿"玩偶在学校周边派送"酷儿"饮料和文具盒，买"酷儿"饮料赠送"酷儿"玩偶，在麦当劳吃儿童乐园套餐送"酷儿"饮料和礼品，"酷儿"幸运树抽奖，"酷儿"脸谱收集，"酷儿"路演……

4. 提早出击策略

有时候，对手非常强大，他们的促销力度自然也很强大。此时，最好的应对方法是提前做促销，令消费者的需求提前得到满足。当对手的促销开展之时，消费者已经毫无兴趣。例如，A公司准备上一款新的洗衣粉产品，并针对B品牌策划了一系列的产品上市促销策略。B公司虽然不知道A公司到底会采用什么样的方法，但知道自己实力无法与之抗衡。于是，在A公司产品上市前一个月，B公司开始了疯狂的促销——推出了大包装，并且买二送一、买三送二，以低价格俘获了绝大多数消费者。当A公司产品正式上市后，由于消费者已经储备了大量的B公司产品，A公司产品因此放在货架上几乎无人问津。

如果在某些行业摸爬滚打一段时间后，对竞争对手何时启动促销大致都会心里有数。例如，面对节假日的消费"井喷"，"五一"、"十一"、元旦、春节，各主要品牌肯定会启动促销活动。促销活动的形式一般都不会有多大变化，往往是买赠、渠道激励、终端奖励等。经常对竞争对手进行分析，一定可以找到一些有规律性的信息。针对竞争对手的惯用手法，可以提前采取行动，最好的防守就是进攻。又如，针对往年一些乳业公司以旅游为奖项的促销，身居"新鲜"阵营的另一乳业巨头早早地在华东地区推出了"香港迪士尼之旅"，为自己的"新鲜"产品助阵促销，并首次在业内把旅游目的地延伸到中国香港地区。"香港游"刚刚落幕，该品牌紧接着又与电视台体育频道节目结盟，同步举行以健康为主题的大型市场推广活动。

其促销产品不仅囊括旗下"新鲜"乳品，还包括部分常温液态奶。

5. 针锋相对策略

简单地说，针锋相对策略就是针对竞争对手的策略而发起的对控策略。例如，某著名花生油品牌大量印发宣传品，针对市场上反映某品牌食用油产品不达标，宣传自己的产品在营养和风味方面的特色，迅速得到消费者的认可。

6. 搭乘顺车策略

当人们明知对手即将运用某种借势的促销策略时，由于各种条件限制无法与其形成竞争，也无法照样进行。但如果不跟进，便会失去机会。此时，最好的办法就是搭乘顺风车。例如，国际足联世界杯上，某运动品牌全方位赞助，另一运动品牌则另辟蹊径，由于其网络用户大多数是年轻人（潜在客户），因此选择与某门户网站合作，创建了"足球迷"社群网站，让足球发烧友在这个网络平台上一起交流他们喜欢的球员和球队，下载并观看比赛录像短片，浏览信息、明星运动员的广告等。社群网站开通后，数百万人登记成为注册会员，取得了很好的宣传效果。

7. 高唱反调策略

部分消费者的心智是很易转变的。因此，当对手促销做得非常有效，而我们无法与之形成竞争时，那么最好实行高唱反调策略，将消费者的心智扭转过来，从而达到削弱对手促销效果的目的。例如，某微波炉品牌启动了一项旨在"清理门户"的降价策略，将一款畅销微波炉的零售价格大幅降至299元，矛头直指其他同类产品。6个月之后，该品牌将国内高档主流畅销机型全线降价。此时，另一同类品牌高唱反调，在各大媒体上曝光其宣传不实，使自己的产品也得到了宣传效果。

8. 百上加斤策略

所谓"百上加斤"的策略，是指在对手的促销幅度上加大一点的策略。例如，对手打7折，你就打5折，对手逢100元送10元，你就逢80元送10元。在很多时候，消费者可能就会因多一点点的优惠而改变购买意愿。例如，某瓶装水公司，举行了"购买一箱（12瓶）水送5包餐巾纸"的活动。开始的两个星期，活动在传统渠道（终端零售小店）取得了很大的成功。对此，另一家饮料公司则加大了促销力度。推出了"买水得美钻"的活动，即促销期间将赠送100颗美钻，价值5 600元/颗，采取抽奖方式确定获得者。另外，在促销期间，每购买两箱水，价值100元，可以获得价值800元的"美钻购买代金券"，在指定珠宝行购买美钻，并承诺中奖率高达60%以上，取得了良好的促销效果。

9. 错峰促销策略

有时候，针对竞争对手的促销活动，完全可以避其锋芒，根据情景、目标顾客等的不同相应地进行促销策划。例如，某白酒品牌针对升学开展的"金榜题名时，美酒敬父母，美酒敬恩师"；针对老干部开展的"美酒一杯敬功臣"；针对结婚开展的"免费使用丰田花车"等一系列促销活动，取得了较好的效果。

10. 促销创新策略

创新是促销制胜的法宝。实际上，即使是一次普通的价格促销，也可以组合出各种不同的玩法，达到相应的促销目的，这才是创新促销的魅力所在。例如，某饮料品牌为了配合其品牌核心内涵"多喝多漂亮"而推出的一系列促销组合，不但完成了销售促进，同时也达到了品牌与消费者有效沟通、建立品牌忠诚度的目的。该品牌结合品牌定位与目标消费者的特点，开展了一系列的与"漂亮"有关的促销活动，以加深消费者对品牌的理解。如在不同的区域市场推出的"×××都市漂亮秀""阳光女孩选拔赛"等活动，极大地提高了产品在主要消费人群中的知名度与美誉度，促进了终端消费的形成，扫除了终端消费与识别的障碍。

11. 整合应对策略

整合应对策略就是与互补品牌合作进行联合促销，以此达到最大化的效果，并超越竞争对手的策略。例如，看房送福利彩票，方正电脑与伊利牛奶、可口可乐的联合促销，海尔冰吧与新天地葡萄酒联合进行的社区、酒店促销推广。在促销过程中，要善于"借道"：一方面，要培育多种不同的合作方式，如可口可乐与网吧、麦当劳、迪尼斯公园等的合作，天然气与房地产开发商的合作，家电与房地产的合作等；另一方面，要借助专业性的大卖场和知名连锁企业，先抢占终端市场，然后逐步形成对终端市场的控制力。

12. 连环促销策略

保证促销环节的连动性就保证了促销的效果，同时，也容易把竞争对手比下去。实际上，促销活动一般有三方参加：顾客、经销商和业务员。如果将业务员的引力、经销商的推力、活动现场对顾客的拉力三种力量连动起来，就能实现购买吸引力，最大限度地提升销量。例如，某公司活动的主题是"减肥有礼，三重大奖等您拿"，奖品从数码相机到保健凉席，设一、二、三等奖和顾客参与奖。凡是购买减肥产品达一个疗程的均可获赠刮刮卡奖票一张。没刮中大奖的顾客，如果在刮刮卡附联填写好顾客姓名、电话、年龄、体重、用药基本情况等个人资料并寄到公司或留在药店收银台，在一个月活动结束后还可参加二次抽奖。奖品设34英寸彩色电视机至随身听等一、二、三等奖。如果年龄在18~28岁的年轻女性将本人艺术照片连同购药发票一同寄到公司促销活动组，可参加公司与报社联合举办的"佳丽评选活动"（该活动为本次促销活动的后续促销活动）。这次活动的顾客参与度高、活动周期长、活动内容丰富，一下子把竞争对手单一的"买一送一"活动比下去了。

13. 善用波谷策略

某纯果汁A品牌针对竞争对手的活动，采取了针对性的策略——推出了"大型的消费积分累计赠物促销活动"（按不同消费金额给予不同赠品奖励）。活动后没几天就受到竞争对手B品牌更大力度的同类型促销活动的反击。A品牌的促销活动原定是四周，见到竞品有如此强大的反击，便立即停止了促销活动。一周之后，A品牌的促销活动又重新开始了。但形式却变成了"捆绑买赠"。结果，虽然竞争品花了巨大的代价来反击A品牌的促销，但A品牌依然在接下来的一个月里取得了不俗的销售业绩。

四、进行产品试销

试销（test marketing）是在产品全面上市前选择某一区域市场进行测试以估计其未来销售情形的活动。试销的目的是对新产品正式上市前所做的最后一次测试，且该次测试的评价者是消费者的"货币选票"。尽管从新产品构思到新产品实体开发的每一个阶段，企业开发部门都对新产品进行了相应的评估、判断和预测，但这种评价和预测在很大程度上带有新产品开发人员的主观色彩。最终投放到市场上的新产品能否得到目标市场消费者的青睐，企业对此没有把握，只有通过市场试销将新产品投放到有代表性地区的小范围的目标市场进行测试，企业才能真正了解该新产品的市场前景。

（一）试销的利弊

1. 试销的优点

（1）通过试销，让消费者了解商品性能，收集消费者意见，为进一步促销奠定基础。

（2）试销有利于企业了解市场行情，收集市场信息。通过试销，可以掌握消费者对商品性能、商品质量、销售价格、销售方式、销售服务等方面的评价，以便及时调整销售策略。

（3）试销有利于企业选择最佳的目标市场。企业想面对全部市场进行经营是不可能或不现实的。为此，必须选择适合企业和所经营商品的目标市场，通过试销反馈的各种信息，企业可以选择有效的细分市场，增强企业经营的针对性。

（4）试销有利于企业选择最佳的促销组合策略。通过试销，企业可以了解各种促销策略的效果，并可根据目标市场选定广告、公共关系、营业推广或人员推销的最佳组合。

（5）试销有利于减少企业风险。由于试销是采用小批量销售的方式，在市场出现不利因素的情况下，不至于因此而遭受较大损失。

（6）试销有利于促进消费者的购买行为。试销作为一种促销手段，可以将有关商品和销售活动中的各种信息传递给消费者，使消费者了解并认识商品，增强其消费需求；同时，消费者在试用过程中，如果有良好的印象和记忆，就可免费宣传，从而达到促使消费者购买的目的。

2. 试销的缺点

（1）试销成功并不意味着以后的市场销售就一定成功。这主要是因为消费者的心理和习惯不易准确估计，竞争情况复杂多变，经济形势难以预料等。

（2）试销的费用较高，占用的时间较长。对于准备推向全国市场的新产品，可能要花费数十万元，且试销占用的时间有时相当长，可达半年至一年之久。

（3）试销期间给竞争者提供了与你竞争的机会。竞争对手可能会监测你的试销数据，窃取你的成果，由此迅速开发他们的新产品或制定竞争对策。

（二）试销关注的重点

试销需要关注的重点如下：

1. 新产品宣传的效果

在新产品试销过程中，大量的广告宣传是必不可少的，其他的促销方式如人员推销、展销、邮件营销等也可同时应用。管理人员的任务是要注意检查这些促销宣传的效果，以便发现问题，及时修改市场营销策略。这项工作要由有经验的市场调查人员来做。

2. 试销成本

在试销期间，由于是小批量样品生产的，单位成本较高。因此，利润通常不高，甚至是负值。要尽快摆脱这种状况，扩大销售量是主要的办法，但控制成本也是不容忽视的方面。经验表明，完成一次试销的费用的分摊情况大体是：市场调研占45%，生产占15%，包装设计占6%，广告和促销占30%，分销占4%。

3. 试销的执行标准

执行标准（计划目标）的制定要根据目标市场的状况和企业自身的营销能力进行。如市场份额标准的制定要考虑目标市场的销售潜力和竞争情况的变化；营销费用标准的制定要考虑产品的制造、分销渠道、与中间商的关系、广告媒体的有效性等多种因素。除了标准要求定量化，还要求合理。例如，如果新产品的销售量达到了预期的增长率，该产品就被认为是成功的。但是，如果这一增长率低于同时期的行业增长率，那这个标准并不合理，也意味着产品或产品组合试销并不成功。

4. 试销时间

试销时要控制试销时间，使其尽可能短，这是新产品成功的一个关键，原因有以下两点：

① 产品寿命周期正在缩短。产品寿命周期的缩短是由于消费者无止境地需求新产品引起的，它迫使制造厂商不断地推出新产品，加强相互间的竞争。

② 竞争的压力。竞争的压力是由于竞争对手会在试销期间了解这种新产品，或者制定出针对性的营销对策，以对抗新产品。正是由于这些原因，有的企业把力量集中于产品主要功能试验和使用试验，并模拟计算销售预测值，然后越过试销阶段直接进行商品化。但是，如果市场试验时间过短，全面的销售战略可能就会建立在不准确、不完整、没有说服力的数据基础上。

在线测验

扫描二维码，测一测你对本任务知识的掌握程度。

创业感悟

一款商品从生产到推向市场，拓宽销路，中间必然少不了推广过程。产品的推广对企业来说是一个非常重要的环节，无论是产品销量、品牌知名度，还是业绩提升都需要推广。要想做好推广，进行目标顾客和竞争对手分析，根据分析结果制定营销策略是关键。

请结合本任务所学知识，完成如表 2-9 所示的思考笔记。

表 2-9 思考笔记

目标顾客定位	为什么要进行目标顾客定位	
竞争对手分析	竞争对手的显著特征	特殊的竞争对手有哪些
4P 营销策略	产品策略的关键点包括哪些	常见的价格策略有哪些
	分销渠道包括哪些	常见的促销策略有哪些
产品试销	产品试销的利弊	试销关注的重点

创业评价

1. 评价内容

根据自己的创意或产品特点，进行目标顾客和竞争对手分析，制定相应的营销策略，并完成如表 2-10 至表 2-12 所示的目标客户分析表、竞争对手分析表、4P 营销策略制定表。

表 2-10　目标客户分析表

目标顾客特征	情　况
谁将成为你的顾客（一般性描述）	
年龄	
性别	
地点（他们住在哪里）	
工资水平（具体数字）	
他们平均多长时间购买一次你的产品或服务（每日、每周、每月、每季度、每年）	
他们愿意出多少钱购买你的产品或服务	
他们的购买量有多大	
未来的市场规模和趋势（未来顾客数量会增加、减少或保持不变）	

表 2-11　竞争对手分析表

分析项目	我的产品或服务	竞争者甲的产品或服务	竞争者乙的产品或服务	竞争者丙的产品或服务
名称、地址、电话				
价格合理性				
质量可靠性				
购买方便性				
顾客满意度				
员工技术水平				
企业知名度				
品牌信誉度				
广告有效性				
交货及时性				
地理位置优越性				
销售策略（如赊销、折扣）				
售后服务				
设备				
销售量				

表 2-12　4P 营销策略制定表

策　略	内　容			
产品策略	产品属性	核心产品： 形式产品： 附加产品：		
	产品定位描述			
价格策略	名称	是否选用	理由	选用的策略如何实施
	渗透定价			
	撇脂定价			
	组合定价			
	差异定价			
	动态定价			
	心理定价			
渠道策略	名称	是否选用	如何执行	
	直接渠道			
	间接渠道			
	直接渠道＋间接渠道			
促销策略	名称	是否选用	理由	选用的策略如何实施
	借势打力策略			
	击其软肋策略			
	寻找差异策略			
	提早出击策略			
	针锋相对策略			
	搭乘顺车策略			
	高唱反调策略			
	百上加斤策略			
	错峰促销策略			
	促销创新策略			
	整合应对策略			
	连环促销策略			
	善用波谷策略			

2. 评价标准

（1）目标客户分析详细且准确（30 分）；

（2）竞争对手分析详细且准确，每个竞争对手分析的分值为 10 分（30 分）；

（3）制定的 4P 营销策略符合市场规律，每个营销策略的分值为 10 分（40 分）。

游戏拓展

1. 游戏名称

最受欢迎的产品。

2. 游戏目标

模拟产品试销过程，根据市场反馈，不断完善产品。

3. 建议时间

不超过 40 分钟。

4. 道具准备

七巧板、图片卡、计时器。

5. 游戏规则

（1）主持人将成员分成两类角色，一类为买家，另一类为卖家。

（2）主持人为每一个卖家发一套七巧板，为每一个买家随机发一张图片卡。

（3）买家告诉卖家自己需要的是什么图片，卖家根据买家的描述进行拼图，如跟买家的图片不完全一致，买家提出修改建议（如鱼的尾巴朝下，但不能直接告诉卖家图片如何移动），卖家根据建议修改拼图，直至跟买家描述的图片完全一致。

（4）在规定时间内，用时最少者获胜。

游戏拼图示例如图 2-20 所示。

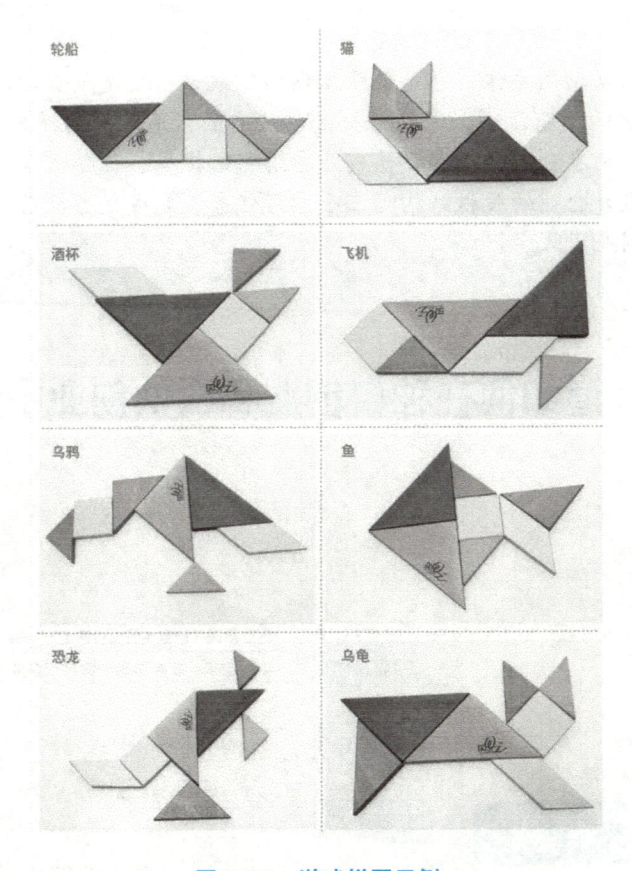

图 2-20　游戏拼图示例

项目三

由谁来创业

创业者既是创业活动的主体，也是创业活动的实践者，还是创业活动的核心要素。创业者的素质能力直接影响创业活动，因此，提高创业者的素质和能力是创业成功的基本前提。本项目包括你知道如何在独自创业和合伙创业中进行选择吗、你知道如何组建优秀的创业团队吗、你知道如何设计合理的股权结构吗三个学习任务。完成任务之后，学习者能够知道如何打造一支高效的创业团队。

任务一　你知道如何在独自创业和合伙创业中进行选择吗

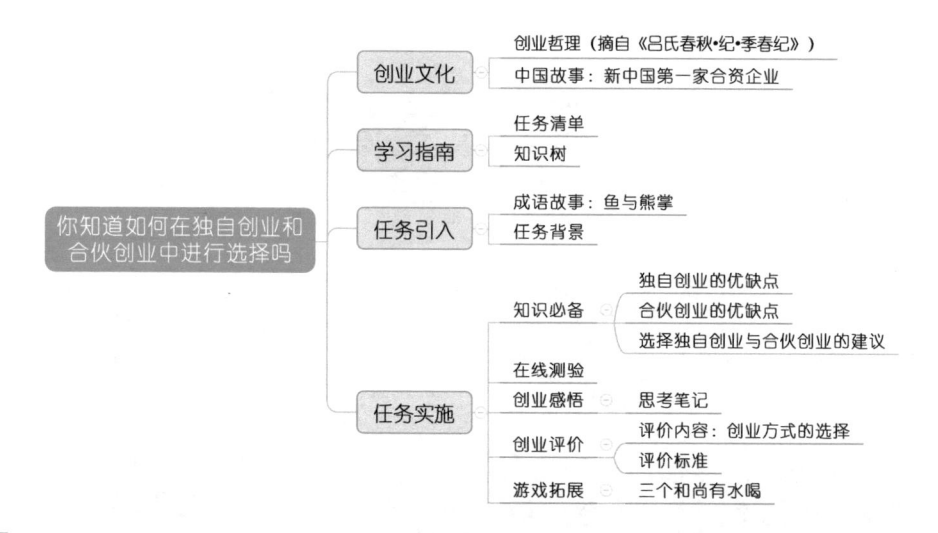

思维导图

你知道如何在独自创业和合伙创业中进行选择吗
- 创业文化
  - 创业哲理（摘自《吕氏春秋·纪·季春纪》）
  - 中国故事：新中国第一家合资企业
- 学习指南
  - 任务清单
  - 知识树
- 任务引入
  - 成语故事：鱼与熊掌
  - 任务背景
- 任务实施
  - 知识必备
    - 独自创业的优缺点
    - 合伙创业的优缺点
    - 选择独自创业与合伙创业的建议
  - 在线测验
  - 创业感悟
    - 思考笔记
  - 创业评价
    - 评价内容：创业方式的选择
    - 评价标准
  - 游戏拓展
    - 三个和尚有水喝

创业文化

创业哲理

欲胜人者,必先自胜;欲论人者,必先自论;欲知人者,必先自知。

——《吕氏春秋·纪·季春纪》

【释义】想要战胜对手,必须先战胜自己;想要评价他人,必须先正确评价自己;想要了解他人,必须先了解自己。

中国故事

新中国第一家合资企业

在北京航空食品公司三期配餐楼一层,仍然挂着当年获得批复时的通知。投资双方分别为中国民用航空北京管理局出资300万元,占股51%;以香港伍沾德先生为代表的中国航空食品有限公司出资288万元,占股49%。

十一届三中全会后,香港美心集团伍淑清应新华社香港分社邀请到内地访问。当时,内地食品供应紧张,民航飞机配餐质量差,最基本的面包不仅硬,还掉渣儿。经营食品业的伍家父女便萌生了在内地做航空食品的想法。

办第一家合资企业,不仅要引进资金、技术,更要引入理念和制度。经过多次谈判协商,1980年5月,中国第一家合资企业——北京航空食品公司终于挂牌成立了。当时,企业即使有钱,也很难从西方买进先进的设备。这种情况下,伍家父女以香港公司的名义,拿着港币从法国、德国等地订购面包烤炉、洗碗机等厨房设备。同时,北京航空食品公司聘请外籍厨师,终于做出又香又软不掉渣的面包。1980年北京航空食品公司成立初期的配餐楼如图3-1所示。

20世纪八九十年代,公司只为航空公司提供一本餐谱选餐,现在仅餐谱就有几十本。从越来越丰富的航空食品中也能看到这几十年我国经济的发展、社会的变化。1980年,19岁的付燕君便在北京航空食品公司工作,后来成为北京航空食品公司的行政总厨师长。

成立之初,北京航空食品公司每天只生产配餐600多份,如今日均配餐量已突破10万份,日均服务航班500余架次,为德国汉莎、阿联酋航空、美联航、日航等30余家外国航空公司及国航、东航、南航等多家国内航空公司提供机上配餐服务,提供2 500多种餐食。

未来,第一家合资企业将如何发展?北京航空食品公司总经理布赫说:"近年来,海关、商务等政府部门便利化改革力度很大,给企业创造了良好的营商环境。同时,企业自身也要发力,不是所有的店都能轻易成为百年老字号。我们要有所作为,在实践中接受检验,努力做成百年老字号。"首都机场北京航空食品公司新配餐楼如图3-2所示。

图3-1　1980年北京航空食品公司成立初期的配餐楼

图3-2　首都机场北京航空食品公司新配餐楼

学习指南

任务清单

工作任务	确定独自创业还是合伙创业	教学模式	任务教学法
建议学时	1学时	教学地点	多媒体教室
任务描述	根据自己创业项目的特点，确定独自创业还是合伙创业，并说明理由		
学习目标	知识目标	1. 形成对创业者的理性认识； 2. 了解创业者动机对其创业的影响； 3. 了解创业者的基本素质要求	
	能力目标	1. 通过查询资料完成学习任务，提高资源搜集的能力； 2. 通过撰写创业计划，提升分析的能力； 3. 通过完成学习任务，提高解决实际问题的能力	
	素质目标	1. 树立正确的创业意识； 2. 培养决策学习能力； 3. 培养有效沟通能力	
	思政目标	通过对创业哲理、中国故事和成语故事的解读和讲解，培养学生的平等、和谐、友善的意识和法治观念	
关键词	独自创业，合伙创业		

知识树

你知道如何在独自创业和合伙创业中进行选择吗
- 独自创业的优缺点
  - 独自创业的优点
  - 独自创业的缺点
- 合伙创业的优缺点
  - 合伙创业的优点
  - 合伙创业的缺点
- 选择独自创业与合伙创业的建议
  - 根据创业者能力选择独自创业还是合伙创业
  - 小生意单干，大生意合伙
  - 某些特殊行业必须采用合伙形式
  - 合伙创业的禁忌

任务引入

成语故事

"鱼与熊掌"出自《孟子·告子上》："鱼，我所欲也，熊掌亦我所欲也；二者不可得兼，舍鱼而取熊掌者也。"本意不是说二者必然不可兼得，而是强调当二者如果不能兼得的时候，我们应当如何取舍。

任务背景

"一个和尚挑水吃，两个和尚抬水吃，三个和尚没水吃"，这是动画片《三个和尚》中隐含的哲理。欧思琴经过一番努力，终于将自己的创业项目确定下来，但在制订工作计划时，她发现资金、场地、采购、销售、财务、物流各个环节的事情纷至沓来，自己一个人完不成。她想找人帮忙一起做，但找雇员还是找合伙人，欧思琴还有些犹豫。现实中"1+1>2"和"三个和尚没水吃"的现象比比皆是，她决定先了解一下独自创业与合伙创业的优缺点，然后结合自己的实际情况再做决定。

任务实施

知识必备

一、独自创业的优缺点

（一）独自创业的优点

1. 利益驱动力强

独立创业意味着创业者要独立担负企业的全部责任，随时要准备承受因经营失败、企业倒闭而造成的全部损失，同时也能获得经营成功的全部收益。这种独担风险的责任感和独享成果的幸福感、成就感，会给予创业者极大的创业冲动和精神鼓舞，促使他愿意吃更多的苦，受更多的累，竭尽全力把企业经营好。

2. 工作效率高

由于创业者管理所有的业务不会出现管理权分散的现象，他不需要征求别人的意愿和认可，不需要说服别人，不必与别人交涉、商讨彼此的责任与义务。这样，他可以及时、快速地抓住稍纵即逝的发展机遇，获得高效的工作效率。

3. 营运成本低

在企业中，合伙人的管理费用占比较高，独立创业的管理费用会大大降低，这样可以用较低的成本度过艰难的创业期。

4. 具有较大的灵活性

由于独创企业内关系简单，因而创业者可以随时根据自己的独立判断和现实需要，机动灵活地采取各种行动，调整企业的行为，所谓"船小好调头"，就是对独创企业灵活性的写照。

（二）独自创业的缺点

1. 经营规模小、经营方式单一

由于个人投资的资金相对薄弱，独创企业面临的资金压力较大，在发展到一定程度时，就难以攻破其发展的上限，而其规模的相对窄小，也难以取得更好的规模效益。同时，为了将有限的资金投放到较好效益的产品上，企业不得不压缩其他经营品种，从而造成经营的局限性，对企业的持续发展不利。因此，大多数这类企业往往处在较低的生存水平，甚至退出市场。

2. 决策的随意性

独创企业是以创业者的个人意愿而兴办的企业，整个决策都是由创业者个人的意志决定的，这样企业的兴衰荣辱都系于创业者一个人身上。而一个人的思维、能力与才干毕竟有限，存在这样或那样的不足，性格也难免有缺陷，这就可能使企业经营潜伏着种种危机。

3. 创业者处于孤军作战的境地

独自创业是非常辛苦的，几乎所有的事情都由创业者一手操持，无人帮忙，缺乏群策群力，

其身心会面临着巨大的考验,并可能因此耽误事业的顺利发展。正因为如此,独创企业这一形态在企业的发展中,特别是二次创业时,常常被其他的企业形态替代。

二、合伙创业的优缺点

(一)合伙创业的优点

1. 资金较为充足

刚开始创业时,一般会面临资金短缺的压力,如果是合伙创业,大家各出一些,资金问题就得到了很好的解决,容易产生规模效益。

2. 理性决策

"滴水不成海,孤木难成林。"多人合伙创业,可以发挥集体智慧,取长补短,便于事业发展。

3. 互相监督

多元化利益主体会自然形成企业内部监督机制,使企业达到一种理性化、科学化的经营管理状态,在较高的起点上顺利开展经营活动,从而更容易承担市场压力和风险。

(二)合伙创业的缺点

每个合伙人的能力有高有低,对企业的贡献有大有小,分工合作往往会加大差异,容易出现参差不齐的现象,使合伙人在企业管理、业务开展、利润分配等方面产生矛盾,从而影响合伙企业的正常运作和发展。

1. 成就感和吸引力降低

由于是几个人共同创业的,对每一个创业者来说,个人成就感就少了很多;利润要在几个合伙人间分配,也降低了创业经济利益对创业者的吸引力。

三、选择独自创业与合伙创业的建议

(一)根据创业者能力选择独自创业还是合伙创业

创业者在实践中要根据自己的实际情况进行分析、选择。如果你是个全能型"选手",有资金、懂技术、懂经营、善管理,还是选择独自创业比较好;如果你想干大事而且创建的是技术型企业,时常需要做出无数个决定去抓住那些转瞬即逝的机会,要从零开始,创造出更好的产品,那么你一个人创业就会很艰难,最好还是选择合伙创业,因为一个人的能力毕竟有限,要想成就大事,必须与人合作,聚众人之智,这样成功率就会大大增加。

(二)小生意单干,大生意合伙

从总体来看,近年来选择合伙创业的成功率还是较高的,尤其是在高科技和互联网行业,合伙创业比独自创业的成功率高,而且大多数公司已经成功上市。有人曾对100家知名的创业型科技公司进行调查,调查结果显示采取合伙创业的公司占51%,而且有28家公司已上市,其融资和上市的比例均高于独自创业的公司。当然,也有不少人通过"单干"闯出了一片天地,干出了一番大事业。所以,做小生意单干好,干大事合伙好!

(三)某些特殊行业必须采用合伙创业的形式

某些特殊行业要求必须采用合伙创业的形式,由不得你是否愿意与人合伙,除非你不从事这一行。例如,在创办律师事务所、会计师事务所时,如果没有合伙人,就很难开展业务;对资金、技术依赖性强的行业也不适合独自创业。因此,是否选择合伙创业和创业者即要进入的行业有很大关系。一些行业的创业者必须要有合作精神,要建立起合作的团队。著名天使报资人徐小平曾表示："我投资时投的是人，我不会把钱投到一个单打独斗的创业者身上。"

（四）合伙创业的禁忌

1. 合作目的与目标不一致

一定要找跟你有共同价值观、文化底蕴、梦想的联合创始人。只有你的合伙人与你的创业目标一致，对项目的想法和期望才会和你一样。

2. 能力和技术不互补

合作之前要全面了解你的合作者是什么样的性格、能力大小等，合不合适一起做事。你与合伙人之间的能力和技术要互补，不互补可以考虑放弃合伙创业。很多创始人喜欢去找自己过去单位的同事，其实这是不对的，你要找跟你能力差异互补的人，而不是能力完全相同的人，因为那样会产生竞争、分歧和矛盾。有人擅长营销，有人擅长技术，有人擅长产品，这就是能力的差异互补。

3. 与合伙人之间职责不分明

职责不分明，合伙人什么事都要管，反而都管不好。万一出了事，还可能出现互相扯皮、推卸责任的行为。

4. 与合伙人之间的股权分配不清晰

无论跟多好的朋友创业，实力如何，总要有一个出来做领导者。如何用股权机制让朋友之间能更好地合作，这才是关键。股东间级别要有主次，而且一定要先签订书面协议，不要口头约定，所谓"口说无凭"。

微视频 3-1：独自创业与合伙创业该如何选择

在线测验

扫描二维码，测一测你对本任务知识的掌握程度。

创业感悟

创业者在做出创业的决定后一般会遇到这样的问题：是自己单枪匹马走天下，还是与人合伙打天下？现实的情况是，有人单刀独干闯出了一片天地，有人却因独木难支而败下阵来；有人合伙创业却因为"一山难容二虎"，结果令本已形势大好的事业半途而废，甚至与合伙人对簿公堂，反目成仇；有人则因合伙人能"同仇敌忾"，结果"三个臭皮匠赛过诸葛亮"，干出了一番大事业。在独自创业和合伙创业之间如何选择是一个难题，关键在于你自己的判断。

请结合本任务所学知识，完成如表3-1所示的思考笔记。

表3-1 思考笔记

	优点	缺点
独自创业		
	优点	缺点
合伙创业		
如何选择独自创业与合伙创业	如何根据创业者能力选择独自创业或合伙创业	如何根据生意大小选择独自创业或合伙创业
	哪些特殊行业必须采用合伙形式	合伙创业的禁忌有哪些

创业评价

1. 评价内容

根据自己创业项目的特点，确定是独自创业还是合伙创业，并说明理由，同时完成如表3-2所示的创业方式选择表。

表3-2 创业方式选择表

	项目名称：		
选择的创业方式	创业方式	可能面临的问题	你的选择
	独自创业	1	□独自创业 □合伙创业
		2	
	合伙创业	1	
		2	
选择理由	1. 2. 3. ……		

2. 评价标准

（1）独自创业可能面临的问题分析准确（30分）；

（2）合伙创业可能面临的问题分析准确（30分）；

（3）选择理由紧贴项目本身与创业者自身实际情况，条理清晰（40分）。

游戏拓展

1. 游戏名称

三个和尚有水喝。

2. 游戏目标

采用头脑风暴，创新合伙人激励机制，让三个和尚的水多得喝不完。

3. 建议时间

不超过40分钟。

4. 道具准备

动画片《三个和尚》、扑克牌。

5. 游戏规则

（1）将扑克牌作为选票分发给所有成员，将成员进行分组；

（2）所有成员集中观看动画片《三个和尚》，分组讨论为什么会出现三个和尚没水喝的现象；

（3）各组提出合伙人激励机制，面向全体成员开展宣讲活动，争取拿到尽可能多的扑克牌；

（4）统计各小组获得的扑克牌数，赢得数量最多的小组获胜。

任务二　你知道如何组建优秀的创业团队吗

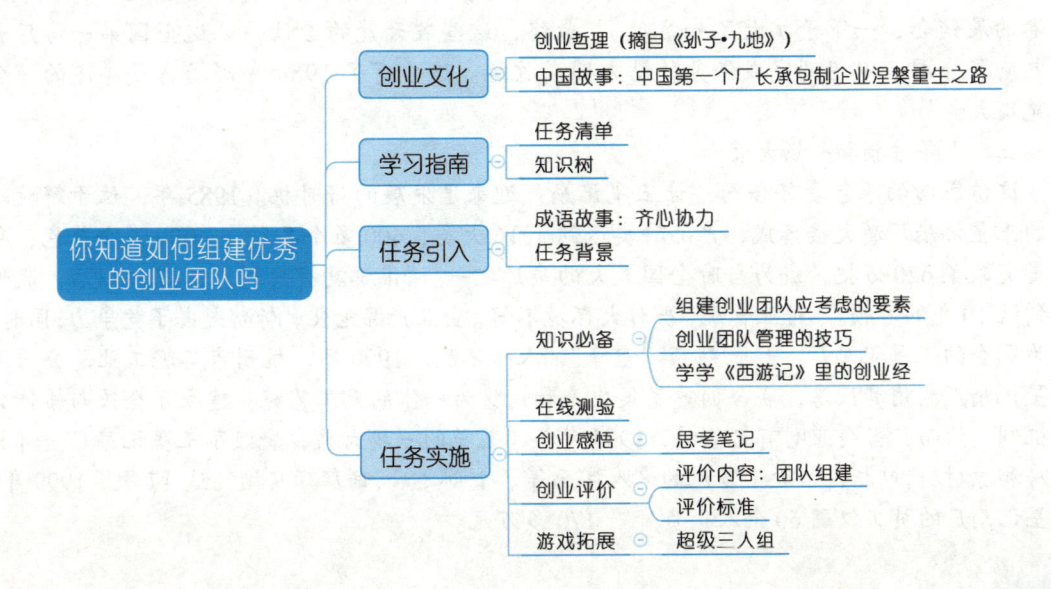

思维导图

你知道如何组建优秀的创业团队吗
- 创业文化
  - 创业哲理（摘自《孙子·九地》）
  - 中国故事：中国第一个厂长承包制企业涅槃重生之路
- 学习指南
  - 任务清单
  - 知识树
- 任务引入
  - 成语故事：齐心协力
  - 任务背景
- 知识必备
  - 组建创业团队应考虑的要素
  - 创业团队管理的技巧
  - 学学《西游记》里的创业经
- 任务实施
  - 在线测验
  - 创业感悟
    - 思考笔记
  - 创业评价
    - 评价内容：团队组建
    - 评价标准
  - 游戏拓展
    - 超级三人组

创业文化

创业哲理

夫吴人与越人相恶也,当其同舟而济,遇风,其相救如也左右手。

——《孙子·九地》

【释义】吴国人和越国人是相互厌恶的,当他们同船渡河,遇风之后,他们却像左右手一样互相救助。

中国故事

中国第一个厂长承包制企业涅槃重生之路

孙亚青是土生土长的杭州人,学校毕业后,她进了扇厂工作:"当时扇厂是公有制企业,很稳定,适合女孩子。"那年是 1976 年,正好是王星记扇厂建厂 100 年。

一、培养年轻骨干应对改革

1979 年,浙江省政府出台了一部《关于扩大国营工业企业经营管理自主权试点的暂行办法》,提出要扩大国营工业企业经营管理的自主权。很快,孙亚青感到了厂里的变化。厂领导通知孙亚青,要调她去檀香扇车间学拉花。当时,与孙亚青一同学习高难度制扇技艺的年轻职工有 9 人。孙亚青记得,那时厂里的领导对这批年轻员工投入了很大精力:"现在回想,一方面是想让年轻人把这些好的技术传承下来,另一方面也是有意识地培养一批新的年轻骨干,以应对改革开放带来的方方面面的变革。"杭州王星记扇厂介绍如图 3-3 所示。

二、签订全国第一份厂长承包责任合同书

杭州王星记扇厂的真正变革发生在 1983 年。那一年,时任杭州王星记扇厂厂长俞剑明,率举国之先,签订了全国第一份厂长承包责任合同书,合同期为一年。在孙亚青印象中,第四任厂长俞剑明是一位干劲十足、很有创新精神的领导。合同书签订后,厂里很快有了动作:首先,经营指标落实到各个部门;其次,打破以往论资排辈的用人机制,选拔一批年轻技术骨干,孙亚青正是其中之一。与此同时,厂里成立了一个新部门:新产品设计研发中心。绢花扇、微风扇等产品就是在那时开发的。"我们还首次参加了中国香港的展销会,一下子扩大了知名度。"最终,这些破天荒的尝试,让这全国第一份厂长承包责任合同,以超额完成任务的结果圆满收尾。这才有了 1984 年那场喜气洋洋的"合同兑现大会"。

三、十年亏损和一场大火

这份成功的承包责任合同,让王星记扇厂迎来了发展的好时机。1985 年,位于解放路上的王星记扇厂新大楼落成,产品种类达到了 16 大类、400 多个品种、3 000 多个花色,年产量突破了 620 万把,成为当时全国最大的扇厂之一。"谁都没有想到,1987 年以后,我们遇到近 10 年的亏损。"孙亚青说,当时大环境不好,企业产品老化,渐渐失去了竞争力;同时,作为国企的王星记扇厂,厂长频频"空降",人心不稳。1990 年,杭州市二轻工业总公司和王星记扇厂利用其厂房,联合创建了集生产和销售为一体的天工艺苑,建立了全民与集体联营机制。然而,当企业刚有起色时,1994 年天工艺苑的一场大火,烧毁了王星记扇厂全部的厂房和原材料,包括价值近千万元的名人字画等。重创之后,扇厂厂房搬迁达 17 次。1999 年,王星记扇厂的员工仅剩 60 余人,负资产 170 多万元。

四、涅槃重生

面对濒临倒闭的王星记扇厂，孙亚青临危受命，挑起了厂长的担子。2000年，杭州市政府推进国有企业老字号王星记扇厂、张小泉、都锦生厂的改制。王星记扇厂由全民所有制企业改制为杭州王星记有限公司，实施了以产权为核心的体制改革和市场化运作的机制改革。孙亚青担任公司董事长兼总经理，她把那些已经退休的老厂长、老艺人请回来，给厂里的新人讲过去的故事，重聚散掉的人心。"大火能烧掉资料，但烧不掉企业精神。"她提拔年轻技术骨干，同时策划"王星记设计大奖赛"，找寻年轻设计师开发新产品。王星记通过培育能工巧匠队伍，把传统文化资源、非遗资源转化为产业资源，国有资产增值到1亿多元。王星记扇厂大楼外观如图3-4所示。

（资料来源：人民网）

图 3–3 杭州王星记扇厂介绍　　　　　图 3–4 王星记扇厂大楼外观

学习指南

任务清单

工作任务	组建团队	教学模式	任务教学法
建议学时	1学时	教学地点	多媒体教室
任务描述	根据自己的创业计划，尝试将自己的项目与他人分享，建立一个团队，并说明理由			
学习目标	知识目标	1. 认识创业团队对创业成功的重要性； 2. 掌握学习组建创业团队的思维方式； 3. 掌握创业团队管理的技巧	
	能力目标	1. 通过查询资料完成学习任务，提高资源搜集的能力； 2. 通过撰写创业报告，提升分析问题的能力； 3. 通过完成学习任务，提高解决实际问题的能力	
	素质目标	1. 树立正确的创业意识； 2. 强化组织执行能力； 3. 培养沟通协调能力	
	思政目标	通过对创业哲理、中国故事和成语故事的解读和讲解，培养学生的文明、平等、和谐、友善的意识	
关键词	独自创业，合伙创业			

91

知识树

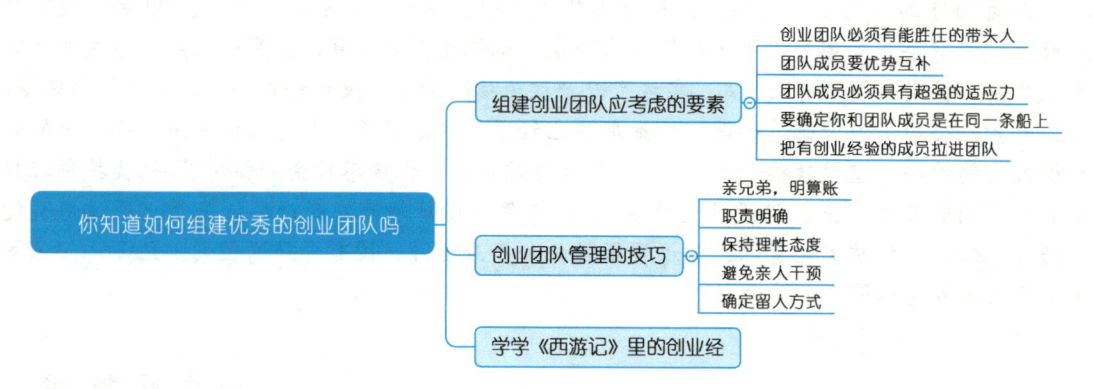

```
你知道如何组建优秀的创业团队吗
├── 组建创业团队应考虑的要素
│   ├── 创业团队必须有能胜任的带头人
│   ├── 团队成员要优势互补
│   ├── 团队成员必须具有超强的适应力
│   ├── 要确定你和团队成员是在同一条船上
│   └── 把有创业经验的成员拉进团队
├── 创业团队管理的技巧
│   ├── 亲兄弟，明算账
│   ├── 职责明确
│   ├── 保持理性态度
│   ├── 避免亲人干预
│   └── 确定留人方式
└── 学学《西游记》里的创业经
```

任务引入

成语故事

"齐心协力"出自《墨子·尚贤》："《汤誓》曰：'聿求元圣，与之戮力同心，以治天下。'"夏朝末年，末代君主夏桀非常残暴，对内实行残酷统治，百姓怨声载道，民不聊生。诸侯小国商的国君汤是一个贤明的君主，他找到大贤人伊尹辅佐，商国实力空前强大，君臣戮力同心，齐心合力，终于灭掉夏朝。

任务背景

欧思琴也想拉上志同道合的伙伴共同创业。在选择创业团队时，欧思琴梳理了几个有意向的合作伙伴：小林跟自己最好，听自己的话，但能力一般；小李能力强，但不怎么听别人意见；小王沟通能力强，但说的多做的少；小赵有资金，但为人高调，大家都不喜欢他……该选谁呢？欧思琴又犯愁了。

任务实施

知识必备

一、组建创业团队应考虑的要素

创业之路本就艰辛，为了成功抵达创业成功的彼岸，创业者更是应该考虑周全，从组建团队时就要未雨绸缪，把创业之路铺垫好。寻找一流的创业伙伴、组建一个优秀的创业团队并不是一件容易的事，组建创业团队应考虑五个要素。

（一）创业团队必须有能胜任的带头人

绝大多数创业团队的核心成员较少，一般是三四人，多也不过十来人。从企业管理角度来看，如此少的团队成员实在是"小儿科"。因为人数太少，几乎每个从事管理工作的人都觉得能够轻松驾驭。但实际上，创业团队成员虽少，但都有自己的想法，有自己的观点，更有一股藏于内心的不服管的信念。因此，我们对创业团队中的每个成员都不能轻视。创业团队中必须有可以胜任的领导者,而这种领导者,并不是单单靠资金、技术、专利来决定的,也不是谁出的点子好谁当头,团队带头人是团队成员在多年同窗、共事过程中发自内心认可的。

(二)团队成员要优势互补

创业团队虽小,但是"五脏俱全"。创业团队成员不能是清一色的技术流成员,也不能全部是搞终端销售的,优秀的创业团队成员各有各的长处,大家结合在一起,正好是相互补充,相得益彰。

(三)团队成员必须具有超强的适应力

在飞速发展的互联网时代,创业团队的成员假如没有很强的适应力,那就一定会拖累整个创业团队的发展。一般而言,适应力强的团队成员至少需要具备可塑性强、情绪稳定、创造力强、服务意识强等优点。

(四)要确定你和团队成员是在同一条船上

要确定你和团队成员是在同一条船上,也就是说,要能够和团队成员风雨同舟。假如创业顺利,你们能共享富贵,假如创业失败,你们也能共同承担后果。在创业团队中,假如有人的报酬是根据利润来决定的,有的人却领的是固定的薪水,那整个创业团队方向就不可能一致;假如有人更注重短期能得到利益,有的人则目光更为长远,那团队的方向也会不一致。这些都是创业者要尽力避免的。简而言之,就是务必让团队成员的目标一致,所受到的待遇也基本一致。

(五)把有创业经验的成员拉进团队

对创业团队而言,不仅要做好项目运作、行业分布、市场现状等务实性的工作,还要完善团队内部的人际关系,做好凝聚团队精神、提高团队协作力和战斗力等方面的工作。这时,如果团队中刚好有一个或几个有丰富创业经验的成员,就可以最大限度地减少不必要的阻力和麻烦,促进整个创业团队的快速成熟。

微视频3-2:组建创业团队应考虑的要素

二、创业团队管理的技巧

(一)亲兄弟,明算账

拟出一个彼此都能接受的"君子协议",将合作以后将要涉及的资金分配、分红等一系列问题,用白纸黑字写明并按协议执行,那么,即使出现无法避免的问题,也可依据处理。

(二)职责明确

股东职责分明,避免胡乱指挥。雇佣员工之后,股东如果还在公司任职,就一定要分清职责,防止出现双重管理,造成混乱。如果说中途有股东需要退出或散伙,需要怎么做,走什么流程都要明确说明。

(三)保持理性态度

如果股东间出现分歧,自己要做好最坏的打算,做到心中有数,处理问题时就会以比较平和的心态理性地去面对,让事情得到圆满解决。在不违反原则的前提下,本着不伤和气、好聚好散的前提处理问题,合作不成还可以继续当朋友。

(四)避免亲人干预

团队创业要避免亲戚、朋友的干预,这种问题合伙人事先也要商量好,形成共识,并且自己约束自己的亲人。无论股东的家庭成员是谁,有多大的本事,或者可以给公司带来多大帮助,都不能成为其家庭成员在公司上班的理由,这是大家合作的根基,不可以动摇。

(五)确定留人方式

公司发展需要很多特殊人才,这些人才的能力特别突出,但不一定适合当股东。我们可以用"高薪+分红"的方式来留人,而不是用股份的方式。

三、学学《西游记》里的创业经

《西游记》是中国古代四大名著之一。全书主要描写了孙悟空出世及大闹天宫后,遇见了唐僧、猪八戒、沙僧和白龙马,西行取经,一路上历经艰险、降妖伏魔,经历了九九八十一难,终于到达西天见到如来佛祖,最终五圣成真的故事。《西游记》不仅是一部伟大的神话小说,也是一部伟大的"创业史"。看起来是师徒四人历经艰难险阻,最终成功到达西天取经的故事,其实背后巧妙地融入了一个创业团队从公司起步到步入正轨的完整过程。那么,从现在的合伙人创业角度来分析,唐僧的取经团队是如何分工协作、经营公司的呢?又是如何克服困难,一起让公司走向成功的呢?

首先,我们来看看团队中占主导地位的重要角色——唐僧。他是团队中的核心成员,有宏大的理想,坚定执着地为达成团队目标而奋斗,丢掉性命都不会眨眼。唐僧曾发下毒誓:"我这一去,定要捐躯努力,直至西天;如不到西天,不得真经,即死也不敢回国,永堕沉沦地狱。"只有像这样拥有说到做到魄力的人,才能让团队其他成员信服。唐僧可谓是担任公司的首席执行官(CEO)的绝佳人选,他在团队成员的分工、结构设计、奖惩制度、文化建设等方面表现得相当出色。话痨的他还画得一手好大饼,不断地给徒弟"灌输"求取真经后就能改变自身命运的理念,才使得团队具有凝聚力,携手并进。

当团队目标明确之后,就需要让公司的力量壮大。这时,取经团队的第二号人物孙悟空登场了。孙悟空师从菩提老祖,有着过硬的学历背景,同时还在天庭、花果山有过丰富的工作经验。神通广大,会七十二般变化,无论是刀山火海,还是上天入地,任何难关都阻挡不了他,个人技术能力极强。虽然孙悟空存在性格耿直、不通人情世故等问题,但是这种性格恰好适合一心研发技术和产品,是公司里可靠的首席运营官(COO)兼首席技术官(CTO)。

取经团队的第三号人物是猪八戒,别看他平时嘻嘻哈哈,贪酒好色,但他担任过一定的公职,性格圆滑,八面玲珑,特别会做人。一路上有好几回孙悟空捏着猪八戒的耳朵骂他是呆子,是蠢货,可他一回也没有生气过,依然是一口一个师兄地叫着。毕竟他知道,关键时刻还是得靠师兄救命。所以猪八戒是团队的销售部经理和公关经理。这种人放出去开拓市场、提升销售量是最好的,他能够凭借自己的人格魅力和复杂的人际关系把销路打开,对于公司利润的提升有很大帮助。

取经团队里最不起眼的人物就是沙僧了,很多人调侃他只是一个挑担子的,殊不知他默默起到了调和团队的重要作用。沙僧一直都和团队里的成员关系很好,而且每次有人提出想散伙，都是他劝大家不要放弃；每次孙悟空与猪八戒、唐僧闹矛盾，也都是他劝的架，是个甘于默默奉献的老好人。性格老实、任劳任怨的沙僧，担任公司首席财务官（CFO）和后勤部经理绰绰有余。遥遥取经路上，他一直精打细算，把行李物品收拾得妥妥当当，解决了大家的很多后顾之忧。

创业非常不容易，唐僧团队的成功主要还是得益于合伙人选得好，师徒几人各司其职，各显其能，这才取得最终的胜利！

微视频 3-3：趣味解读《西游记》里的创业经

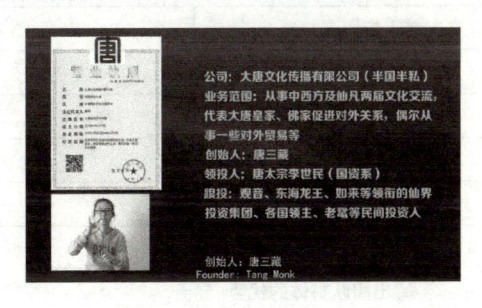

在线测验

扫描二维码，测一测你对本任务知识的掌握程度。

创业感悟

创业团队是由两个以上具有一定利益关系、共同承担创建新企业责任的人组建形成的工作团队。创业维艰，在创业这条路上，能活到最后、笑到最后的永远都不是一个人，比如新东方有"三剑客"，阿里巴巴有"十八罗汉"……像这样团队打天下的例子数不胜数。创业的路到底能走多远，很大程度上取决于人，而一个优秀的团队对于创业而言，就至关重要了，它决定了创业的成败。

请结合本任务所学知识，完成如表 3-3 所示的思考笔记。

表 3-3 思考笔记

组建创业团队应考虑的要素
创业团队管理的技巧

95

创业评价

1. 评价内容

根据自己的项目，完成如表 3-4 所示的团队组建表。

表 3-4 团队组建表

项目名称及团队成员概况		
项目名称：		
团队成员	主要工作职责	特点
写出团队整体的优势		
1.		
2.		
3.		
……		
团队欠缺及解决思路		
1.		
2.		
3.		
……		

2. 评价标准

（1）团队成员主要工作职责明确，特点鲜明（30 分）；

（2）团队整体的优势对创业项目的促进作用明显（30 分）；

（3）团队问题分析准确，解决思路条理清晰（40 分）。

游戏拓展

1. 游戏名称

超级三人组。

2. 游戏目标

了解团队成员的异同点，思考如何充分发挥成员的才能。

3. 建议时间

30～40 分钟。

4. 道具准备

每人一张纸、笔和一枚别针。

5. 游戏规则

（1）准备：让所有学员造句，句型为"我是一位＿＿＿＿＿＿＿＿"。

（2）要求：完成十句完全不同的造句，将答案写在纸上，并用别针将纸固定在自己的衣服上。
（3）开始：
① 学员自由组合，三人一组。
要求：小组成员所造句子的相同点要尽可能多。
时间：3 分钟。
总结：人与人之间的共同点要比我们看到的多。
② 学员自由组合，三人一组。
要求：小组成员所造句子的不同点要尽可能多。
时间：3 分钟。
总结：即使在差异最大的小组中还是存在某些共同点。
如果有小组成员没有一句是相同的，可邀请所有人集体讨论，一起总结出至少十点相似处。
③ 学员们随意组合，三人一组。
要求：共同提出一个有创新精神的创业计划，开办一家公司。要求最大限度地挖掘小组成员的不同能力，充分利用三个人的智慧。
时间：5 分钟。
④ 每个小组详细阐述他们的创业计划。最后大家投票选举最佳创业计划。
总结：善于融合不同的智慧，可以使整体在激烈的竞争中始终处于领先地位。

任务三　你知道如何设计合理的股权结构吗

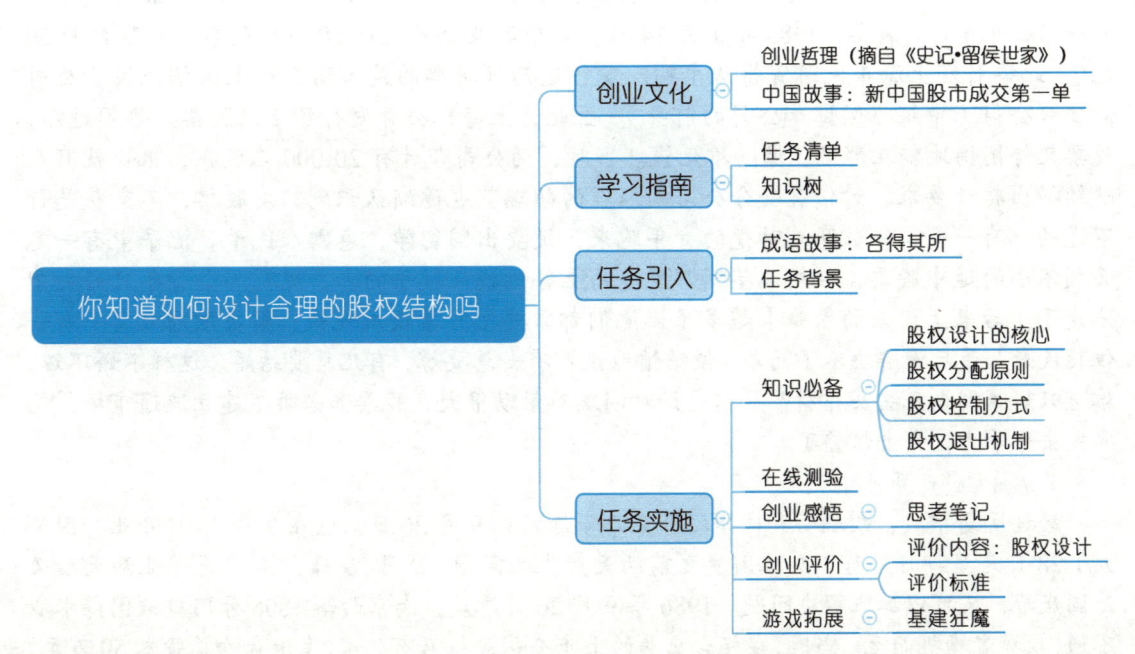

思维导图

你知道如何设计合理的股权结构吗
- 创业文化
  - 创业哲理（摘自《史记·留侯世家》）
  - 中国故事：新中国股市成交第一单
- 学习指南
  - 任务清单
  - 知识树
- 任务引入
  - 成语故事：各得其所
  - 任务背景
- 任务实施
  - 知识必备
    - 股权设计的核心
    - 股权分配原则
    - 股权控制方式
    - 股权退出机制
  - 在线测验
  - 创业感悟：思考笔记
  - 创业评价
    - 评价内容：股权设计
    - 评价标准
  - 游戏拓展：基建狂魔

创业文化

创业哲理

楚兵且破,信、越未有分地,其不至固宜。君王能与共天下,今可立致也。即不能,事未可知也。君王能自陈以东傅海,尽与韩信;睢阳以北至谷城,以与彭越:使各自为战,则楚易败也。

——《史记·留侯世家》

【释义】楚军快被打垮了,韩信和彭越还没有得到分封的地盘,所以,他们不来是很自然的。君王如果能和他们共分天下,就可以让他们立刻前来。如果不能,形势就难以预料了。君王如果把从陈县以东到海滨一带地方都给韩信,把睢阳以北到谷城的地方给彭越,使他们各自为自己而战,楚军就容易打败了。

中国故事

新中国股市成交第一单

1. 什么是股票

股票(stock)是股份公司所有权的一部分,也是发行的所有权凭证,是股份公司为筹集资金而发行给各个股东作为持股凭证并借以取得股息和红利的一种有价证券。股票是资本市场的长期信用工具,可以转让、买卖,股东凭借它可以分享公司的利润,但也要承担公司运作错误所带来的风险。每股股票都代表股东对企业拥有一个基本单位的所有权。同一类别的每一份股票所代表的公司所有权是相等的。每个股东所拥有的公司所有权份额的大小,取决于其持有的股票数量占公司总股本的比重。

2. 两只股票催生交易柜台

1984年11月18日,飞乐音响向社会发行1万股股票(每股票面50元),成为新中国第一只公开发行的股票。1985年1月14日,延中实业公开发行10万股股票(每股票面50元),此举引发上海市民通宵排队争购。发行这两只股票的是工商银行上海信托投资公司静安分公司(申银万国证券公司的前身)。至此,上海已公开发行了2只股票。热闹过后,股票又静悄悄地躺在那里,像一堆死钱。当时,两公司合计有20 000名股东,很快就有人陆续提出转让要求。时任静安分公司副经理的胡瑞荃也逐渐认识到只发股票,不交易是行不通的。有一天,一位穿着时髦的青年跑来,说要出国留学,急需人民币。他手中有一笔面额不小的延中股票,但胡瑞荃到哪里去马上替他找来接手的客户呢?那个青年只好失望地走了。后来上门来的人越来越多了,他们都需要把股票换成现钱,解决燃眉之急。有一位股民老人最后看解决不了问题,便愤愤地说:"有女总要嫁,有儿总要结婚。这样不婚不嫁,难道只好等到老死去买棺材?"这句话对胡瑞荃触动很大,股票如若再不建立流通市场,就要失去生命力,失去信誉了。

3. 9月26日开业讲究多

经过反复推敲,胡瑞荃和同事把开业日子选定在9月26日。选在9月26日开业,因为9月28日是星期日,可以加班解决之前两天产生的问题。9月29日、30日再营业两天后又是国庆节,又可以加班解决问题。1986年9月26日清晨,南京西路1806号门口被围得水泄不通,投资者蜂拥而至。当时,在柜台交易的上市公司股权只有2家,飞乐音响总股本50万元,延中实业总股本 500 万元，总共 550 万元。开市第一天交易到 16 时 30 分收盘，共成交股票 1540 股（当时为 50 元 1 股），成交金额 85 280 元。新中国第一个证券交易柜台就这么开张了。上海飞乐音响公司股票如图 3-5 所示。

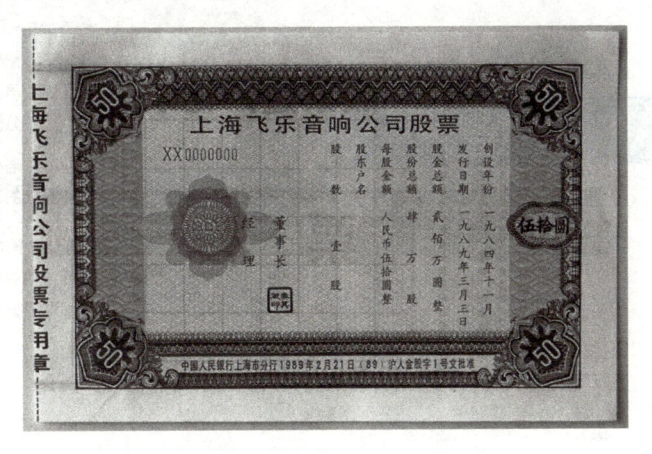

图 3-5　上海飞乐音响公司股票

学习指南

任务清单

工作任务	设计合理的股权结构	教学模式	任务教学法
建议学时	1 学时	教学地点	多媒体教室
任务描述	根据自己的项目和团队实际情况，设计股权结构，并说明理由		
学习目标	知识目标	1. 了解股权设计的核心； 2. 掌握股权分配的原则和控制方式； 3. 掌握股权退出机制	
	能力目标	1. 通过查询资料完成学习任务，提高资源搜集的能力； 2. 通过撰写报告，提升分析问题的能力； 3. 通过完成学习任务，提高解决实际问题的能力	
	素质目标	1. 树立正确的创业意识； 2. 强化组织执行能力； 3. 培养沟通协调能力	
	思政目标	通过对创业哲理、中国故事和成语故事的解读和讲解，培养学生的平等、和谐、友善的意识和法治观念	
关键词	股权分配原则，股权控制方式		

知识树

```
                                  ┌─ 股权设计的核心
                                  │
                                  │                    ┌─ 按贡献和投入高低分配
                                  │                    ├─ 不平均分配股权
                                  ├─ 股权分配原则 ─────┤
                                  │                    ├─ 非全职人员的股权不能太高
你知道如何设计合理的股权结构吗 ──┤                    └─ 要预留部分股权和期权
                                  │
                                  │                    ┌─ 企业股权结构的三种模型
                                  ├─ 股权控制方式 ─────┤
                                  │                    └─ 企业股权的四种控制方式
                                  │
                                  │                    ┌─ 创始人发限制性股权
                                  └─ 股权退出机制 ─────┼─ 股权分期兑现
                                                       └─ 约定回购机制
```

任务引入

成语故事

"各得其所"出自《周易·系辞下》："日中为市，致天下之民，聚天下之货，交易而退，各得其所。"意思是在中午开设市场，召集各地的民众，聚集各地的货物。交易之后，各自得到想要的东西就离开了。常比喻每个人或事物都得到恰当的安排。

任务背景

项羽和刘邦的故事深受大家喜爱。欧思琴思考过一个问题，在整个楚汉战争中，没有一座城池是刘邦攻下来的，没有一个计谋是刘邦策划的，没有一场战争是刘邦指挥的。项羽在垓下之围前还是胜利的一方，刘邦被项羽打得抱头乱窜，躲进固陵。为什么垓下之战取得最后胜利的是刘邦而不是项羽？有人告诉欧思琴，如果从公司股份结构角度看，项羽属于100%绝对控股，导致手下大批优秀人才都跑到竞争对手刘邦那里了。刘邦属于相对控股，对于韩信、彭越和英布等优秀人才舍得放权、让利，甚至送股份，创业伙伴形成了合力，一起发力，让项羽这个最大的竞争对手破产了。看来设计合理的股权结构非常重要。欧思琴准备与四个朋友一起创业。他们五个创业伙伴里面，欧思琴和两个朋友是全职工作，另外一个朋友打算兼职，过一段时间再全职加入，还有一个朋友只出资金。欧思琴对自己这次创业信心十足，但她现在苦恼的是，公司的股权结构应该如何设置？

任务实施

知识必备

合理的股权结构对创业公司的发展至关重要。股权结构一旦确定，特别是已经在工商管理机关登记了，就很难调整，所以，创业公司在一开始就要设置好公司的股权结构。

一、股权设计的核心

假如一个创业公司有三个合伙人，老大出资50万元，老二出资30万元，老三出资20万元，并约定"出多少钱占多少股"。当公司进行到一半时,老二跟老大、老三不和,要求离职。于是,问题出现了——当时老二出资 30 万元占了公司 30% 的股份,怎么办?老二当然不同意退股,理由很充分:第一,这 30% 的股份是自己真金白银花 30 万元买的,退了,不合理;第二,《中华人民共和国公司法》和公司章程都没规定股东离职还要退股,退了,不合法。然后,老大、老三傻了,他们确实没理由把老二的股权收回来!但是,万一到时候公司值钱了,老二跑回来讲这个公司 30% 是自己的,捞白食,怎么办?最后,创始人内部会陷入无穷无尽的股权纠纷之中,投资人碍于股权纠纷也不敢投资……创业公司只会走向灭亡。

此时,老大、老三一看股权调整不出结果,就干脆想了个"破罐破摔"的办法:另开一家公司,赔钱的事交给"老人"去做,赚钱的事由自己新成立的公司做。结果,这种情况很有可能弄成转移公司资产,甚至成为刑事犯罪!创业公司会再次走向灭亡。

通过以上事例,我们大致可以一窥这个创业团队股权分配的特点:合伙人出了钱就不管了,不想未来会不会继续参与这个项目;股权只有进入机制,没有调整机制,也没有退出机制。因此,初创公司股权设计的核心重点是要解决两大问题——怎么分?怎么退?

二、股权分配原则

糟糕的股权结构,可能会直接导致创业团队的分裂和创业项目的失败。针对团队成员为什么离开的问题,有人曾经总结出两个核心原因:钱,给少了;心,委屈了。创业的时候,创始人只有关注了人的欲望和需求,才能激发人的内驱力,让团队一起往前走。

(一)按贡献和投入高低分配

回报和付出要基本相适应,谁的贡献和投入多,谁分配的股权就应当多一些。例如,创始人和联合创始人,每个人投入的资源、每个人的职位和角色的重要程度、每个人投入初始资金的多少、哪个人对项目的成功最关键、谁是全职谁是兼职等都是股权分配中需要考虑的因素。一般来说,创始人肯定是持有最多股权的,因为他付出最多,承担的风险也最大,不过也要考虑其他合伙人的利益。有一些项目,创始团队由四个人组成,但只有创始人有股权,其他三个联合创始人都没有股权,或者创始人占有 97% 的股权,其他三个人每个人只有 1% 的股权,这样的股权结构安排,要么是那三个人对公司并不重要,要么是创始人不愿意把股权分享给合伙人。如果是后者,则另外几位合伙人未来可能会因为得不到合理回报而离开。

假设初创公司有三个合伙人,一个负责技术,一个负责销售,一个负责市场,大家的资历都差不多(这也是大多数创业公司的标准组合),这种情况应该如何分配股权呢?一般来说,技术研发是一个比较长期的过程,而销售通常只在公司初创时能带来短期的资源效应,而市场职能介于两者中间。因此,对于这三种职能的股权分配,应该按照各自职能的综合效应,由高向低依次排序为技术、市场、销售。据此,我们还可以延伸到运营公司过程中的激励比例问题。公司股权激励占比表如表 3-5 所示。

表 3-5 公司股权激励占比表

激励比例	短期(工资、佣金)	中期(年终奖)	长期(企业年金)
技术	低	高	高
市场	高	中	中
销售	高	高	低

（二）不平均分配股权

在实践中，有很多经验不足的创业者，很喜欢平均分配股权。例如，两个人每个人占50%的股权，或者三个人平均分配，或者四个人每个人占25%的股权。这种分配方式并不合适，甚至可以说，平均分配是最差的股权分配方案。平均分配股权有可能带来如下三个恶果：

1. 公司没有明确的领头羊

因为大家股权都是一样的，没有一个人说了算，凡事都得商量着来。但如果公司没有一个明确的带头人，没有一个人可以最终拍板决策，那么公司的运营效率就会很低，也谈不上什么快速发展。

2. 没有人为公司的发展负责

平均分配股权，很可能会使没有一个人有强大的动力坚持下去，为公司最终的发展负责。在公司遇到困难时，其他人都可以退缩、放弃，持有股权最多的创始人一定不能退缩、放弃。可是，如果股权分配很平均，大家都有可能会放弃，也许没有一个人会坚持到最后。

3. 产生公司控制权纠纷

在公司发展到一定规模以后，股权分配过于平均，可能导致股东之间争夺公司的控制权。例如，某快餐店就是因为两位创始人一开始的股权比例都是50%，后来由于特殊原因造成两位创始人对立，并开始争夺公司的股权和控制权，企业的发展受到严重影响。

总之，公司的股权，不应当是平均的；公司的决策权，也不应当是均等的。在一般情况下，早期创业公司应当由股权比例最高的人出任CEO，并实际管理和运营公司。曾经有这样一个项目，团队很强，也有比较丰富的相关行业经验，但是由于种种原因，股权比例最高的创始人没有担任CEO，而是由股权比例第二高的联合创始人担任CEO和公司的法定代表人。在创业过程中，两个人对公司发展方向的意见不一致，产生了争执，直至矛盾激化。最后，公司只好分立为两个项目，各自发展。其实，这个项目如果大股东当CEO，情况会好很多。因为在决策过程中，大股东的发言权自然要重一些。当大股东和CEO不一致时，就容易产生争执。团队中有一个明确做最终决策的人，比"多头管理"要好很多。

（三）非全职人员的股权不能太高

1. 不在公司全职工作的技术发明人一般不占太高的股权比例

很多"硬科技"类的项目，主要是依托某一项技术而开发的产品，例如，某大学教授或某科研院所研究人员提供技术，公司创始团队负责运营。但这些科研人员只提供技术，并不会在公司全职工作。在这种情况下，不建议给技术提供者太高的股权。原因很简单，技术不等于产品，产品也不等于销售。把一个技术变为人们喜爱的产品，首先，有一个把技术转化为产品的"产品化"过程；其次，有一个让人们喜爱产品和愿意为产品付费的"商业化"的过程。没有这两个过程，技术是不可能在创业中实现价值的。很多技术提供者要求在创业公司中占30%，甚至51%以上的股权，这样会导致实际运营公司创始团队成员的股权占比较小，创始团队没有得到充分的激励。同时，名气越大的技术提供者，由于其本职工作繁忙，投入创业公司的精力非常少，如果技术提供者占太高的股权比例，不仅容易造成技术提供者与公司创始团队的矛盾，而且也给公司未来的融资造成了障碍。

举例而言，在荷兰，高等院校或科研人员如果给创业公司提供专利技术，他们通常不占公司的股权，仅仅是在销售中分得0.5%～4%的销售分成。即使在以技术创新而闻名的以色列，仅提供技术而不在公司全职工作的人员，所占的股权比例通常也是很低的。

单纯的技术提供方不能占太高股权比例，有两个有说服力的理由：一是如前面所说，技术提供方不在公司工作，不参与公司的日常运营，对企业的发展并没有决定性的作用，对于创新型企业来说，技术只是一小部分，更重要的是产品化的过程及后续的推广销售等；二是不让技术提供方占太高的股权，避免科研人员通过单一技术革新获得过于巨大的利益，事实上也有利于激励科研人员继续从事研发工作，不断做出新的发明创造。

2. 不要给所谓的"资源方"太高的股权

有很多创业者，喜欢在创业的时候拉一些资源方，给资源方承诺很高的股权，这是有问题的。有资源方固然很好，但强烈依赖资源方创业也很难成功。创业是创业者自己的事情，要对自己高度负责，不能"等、靠、要"。外部人员当然可以帮助你，但外部人员不能取代你。所以，所谓"资源方"的贡献往往是有限的，不是决定性的。此外，创业早期公司经常会调整发展方向，一开始你谈好的资源方，在调整发展方向后，可能不再起作用了。

3. 所有非全职人员占的股权比例之和不超过20%

当然，技术提供者也好、资源方也好，到底应该占多少股权？这是需要根据具体项目确定的，如技术的成熟度、资源方的重要性和是否是独家资源等。一般来说，对创业公司来说，所有非全职人员占的股权比例之和不要超过20%。如果创业公司"流落在外"的股权超过20%，那么这家公司的股权结构就很难是健康的。

（四）要预留部分股权或期权

创业公司是在不断发展的，为了在未来引进优秀的合伙人和骨干人才，公司一定要预留一部分股权或期权。这一点，现在很多创业者都能理解。到底要预留多少呢？对于一家初创公司，一般要预留15%～20%的股权或期权。如果核心团队还不太完整，就应该预留更多的股权或期权。考虑公司未来的发展，公司预留的股权或期权一定不要分得太快。很多后来成功的创业者提到过，早期的时候，创始人为了激励合伙人和骨干员工，承诺了很多股权或期权，但在后来当公司发展了需要引进关键人才时，发现预留的股权或期权不足。因此，对于那些通过从投资机构融资来发展的且已具备了一定规模的创业公司，担任公司CXO角色的管理者，其持有的公司股权最好不超过5%，担任公司VP角色的管理者，其持有的公司股权最好不超过2%——考虑到公司创始人的持股、各轮投资人的持股、公司有若干的CXO和VP，以及员工期权池，这样的股权安排是相对合理的。

微视频3-4：股权分配原则

三、股权控制方式

（一）企业股权结构的三种模型

1. 绝对控股型

这种模型的典型分配方式是创始人占三分之二以上，即67%的股权，合伙人占18%的股权，团队预留15%的股权。该模式适用于创始人投钱最多、能力最强的情况。在股东内部，绝对控股型虽说形式民主，但最后还是老板拍板，拥有一票决定/否决权。

2. 相对控股型

这种模型的典型分配方式是创始人占51%的股权，合伙人团队占34%的股权，员工预留15%的股权。这种模型下，除少数事情（如增资、解散、更新章程等）需要集体决策以外，其他绝大部分事情还是老板一个人就能拍板。

3. 不控股型

这种模型的典型分配方式是创始人占34%的股权，合伙人团队占51%的股权，激励股权占15%。这种模型主要适用于合伙人团队能力互补，每个人能力都很强，创始人只是有战略相对优势的情况，所以合伙人的股权就相对平均一些。

（二）企业股权的四种控制方式

纵观国内外上市且发展良好的创业公司，创始人占股20%左右是较常见的情况。这种情况下大家就会考虑，公司的控制权会不会出问题？事实上，不是说只有控股才能控制公司，不控股的老板也能控制公司，这里就牵涉四种股权控制方式。

1. 投票权委托

该股权控制方式最典型的代表是京东。京东上市之前烧了很多钱，刘强东的股份很少。所以，京东对后来的投资人都有前提条件，就是把投票权委托书写好——刘强东在上市前只有20%的股份，但是有50%的投票权。

2. 一致行动人协议

简单来讲就是，所有事项事先在董事会内部进行民主协商，得到一致意见，否则，就以创始人的意见为主。

3. 持股平台

针对有限合伙，创始人可以把合伙人、员工的股份放在员工持股平台上，以此把合伙人跟员工的股权全部集中到自己手里。因为有限合伙分为普通合伙人和有限合伙人，普通合伙人即使只持有万分之一的股份，这个持股平台里面的股份也都是他的，他可以代理有限合伙人的权利。而有限合伙人主要享有分利的权利，基本是没有话语权的。

4. AB股计划

AB股计划通常把外部投资人设置为一股有一个投票权，而运营团队一股有10个投票权。例如，虽然某创始人持股只占5.1%，但约定一股有10个投票权，这样他最后就有51%的投票权。

四、股权退出机制

设置股权激励机制基本上已经是大部分创业公司的共识，但是事实上，大部分的股权激励机制的效果都不好。原因在于，公司最后要么上市，要么被收购，或者破产。但是，上市对大部分的创业公司来说概率都比较低。因此，如果不设置合理的退出机制，将无法适应创业公司频繁发生人员更迭的情况。事先约定科学的退出机制，可以更合理地解决员工离职问题。常见的股权退出机制有三种。

（一）创始人发限制性股权

限制性股权简单来讲，第一它是股权，可以直接办理工商登记；第二它有权利限制，这种权利限制可以四年去兑现，而且如中间出现股东离职的情况，公司可以按照一个事先约定的价格进行回购。限制性股权的限制性就在于可以分期兑现和回购。无论融资与否、上市与否，都需要套用限制性股权。例如，创始合伙人早期只出资三五万元，拿了20%的股份，干了不到半年，公司做到五千万或者一个亿，创业公司肯定不希望他仅靠一点贡献就拿走一大笔钱，所以我们建议创始人发限制性股权。

（二）股权分期兑现

分期兑现有四种方式：

第一种是约定四年，每年兑现25%；

第二种是任职期满第二年兑现50%，第三年兑现剩余的75%，第四年全部兑完，这是为了预防短期投机行为。小米的员工股权激励就是采用的这种模式。

第三种是逐年增加，第一年兑现10%、第二年兑现20%、第三年兑现30%、第四年兑现40%，也就是干的时间越长，兑现的越多；

第四种是干满一年兑现25%，剩下的在三年之内每个月平均兑现。这种以干满一年为兑现前提，后面每到一个月兑现一点，算得比较清楚。

这几种模式会将团队导向不同的结果，创业企业可以根据实际情况进行选择。

（三）约定回购机制

约定回购机制的关键点是回购价格定多少。有些公司一开始就约定，如果合伙人离职，双方按照协商的价格回购。这里介绍几种约定回购模式：

1. 参照原来购买价格的溢价

例如，原来花10万元买了10%的股份，如果价值到了20万～30万元，那一定得溢价。

2. 参照公司净资产

假如公司运营到第三、第四年的时候资产已经有了一个亿，这时如果按照原来购买的价格溢价，那么人家这几年都白干了。所以，对于此类重资产企业，可以参照净资产来定价格。因为回购是一个买断的概念，相当于把对方未来十几年的财富都断掉了。所以，从公平合理的角度还得有一定的溢价。

3. 参照公司最近一轮融资估值的折扣价

回购为什么要打折呢？基于以下几点考虑：

（1）从公平合理的角度出发，资本本来就是投资公司的未来。5千万、1个亿的估值是认为未来公司值这么多钱，但这个估值是可变的，并不代表你离职的时候就是这个价值。

（2）从公司现金流角度，如果完全按照公司估值，那公司现金流的压力就很大。

（3）从公司团队的导向出发，这个导向就是引导大家长期干。这里面用什么价格是以公司的具体模式为依据的。

4. 做好预期管理

退出机制怎么去落地？首先要在理念层面达成共识，然后再谈"硬邦邦、冷冰冰"的规则。理念层面是大家先沟通到同一个层面，例如，是基于长期投资，还是基于短期投资？未来这个公司能不能做成？能走多远？能做多大？如果股份不回购，对长期参与创业的股东是不是一个公平合理的事情？

总之，所有合伙人要用同一套标准，游戏规则值得所有人尊重。只有在理念层次沟通好了，才能够平和理性地去谈具体的规则条款。

在线测验

扫描二维码,测一测你对本任务知识的掌握程度。

创业感悟

"天下熙熙,皆为利来;天下攘攘,皆为利往。"创业者在创业前一定要合法合理明确地分配好股权。创业者,亲兄弟,明算账,以免日后反目成仇。

请结合本任务所学知识,完成如表 3-6 所示的思考笔记。

表 3–6 思考笔记

股权分配的原则有哪些
股权退出的机制有哪些

创业评价

1. 评价内容

根据自己的项目和团队的实际情况设计股权结构。股权设计表格如表 3-7 所示。

表 3–7 股权设计表格

	项目名称:		
项目及团队情况	团队人员	股权占比 /%	分配或预留的理由
股权结构特点	你的股权结构属于:□绝对控股 □相对控股 □不控股 该种股权结构的特点:		
股权退出机制	描述你设计的股权退出机制:		

2. 评价标准

（1）股权占比合理，符合股权分配原则，分配或预留的理由充分（30分）；

（2）股权结构的选择与股权占比相符，股权结构特点描述正确（30分）；

（3）股权退出机制设计合理，思路条理清晰（40分）。

> 游戏拓展

1. 游戏名称

基建狂魔。

2. 游戏目标

体验企业股权结构中，在绝对控股、相对控股和不控股三种情形下，工作完成效率与质量有什么不同。

3. 建议时间

30分钟。

4. 道具准备

每组吸管30支，胶带一卷，剪刀一把，订书机一个。

5. 游戏规则

（1）成员自由组合，每5人一组。

（2）主持人宣布规则，每个组确定采用哪种股权结构。采用绝对控股的组，只能有1人作为领导进行指挥，其他人不能说话，必须被动服从领导安排；采用相对控股的组，有3人作为领导进行指挥，但3人必须快速协商，统一意见后才能指挥其他人行动，其余人不能说话，必须被动服从3人的集体决定；采用不控股的组，5人都能发声，采用少数服从多数的原则进行决定。

（3）主持人发给每个小组道具，并说明每组要在25分钟之内用这些道具建一座自己认为最漂亮的塔。这座塔的塔高至少50cm，要求外型美观，结构合理，创意第一。

（4）做完之后，每组把塔摆在大家面前，进行评比。速度最快，创意最好的组获胜，胜出的小组谈体会。

6. 温馨提示

每轮游戏结束后，可通过若干改变来重复游戏。例如，内容变化——改建塔为建造房屋等；难度变化——资源越少、时间越短、难度越高；股权结构变化——采用不同的股权结构，上次采用绝对控股，这次采用相对控股或不控股。

项目四

在哪里创业

越来越多的大学生想创业,但对于如何办理营业执照,很多人并不十分清楚。那么,如何办理营业执照呢?需要准备哪些资料呢?本项目包括你知道哪种创业形式更适合你吗、你知道选择哪种企业法律形态更合适吗、你知道如何为你的企业选址吗、你知道如何给企业取一个好名字吗、你知道如何进行企业登记注册吗五个学习任务。完成学习任务之后,学习者能够选择适合自己项目的创业形式,确定合适的市场主体类型,进行公司选址决策,设计公司名称,完成工商注册并申请工商营业执照。

任务一 你知道哪种创业形式更适合你吗

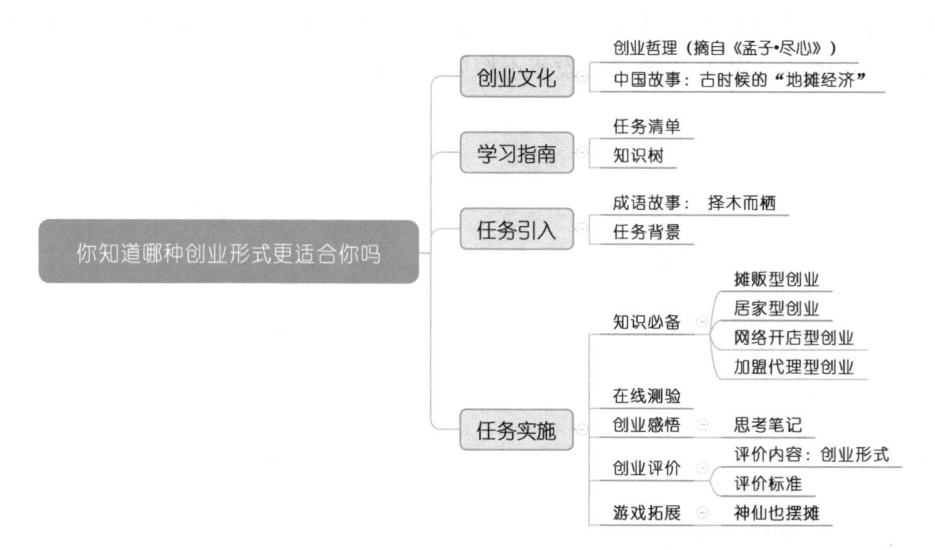

思维导图

你知道哪种创业形式更适合你吗
- 创业文化
  - 创业哲理(摘自《孟子·尽心》)
  - 中国故事:古时候的"地摊经济"
- 学习指南
  - 任务清单
  - 知识树
- 任务引入
  - 成语故事:择木而栖
  - 任务背景
- 任务实施
  - 知识必备
    - 摊贩型创业
    - 居家型创业
    - 网络开店型创业
    - 加盟代理型创业
  - 在线测验
  - 创业感悟 —— 思考笔记
  - 创业评价
    - 评价内容:创业形式
    - 评价标准
  - 游戏拓展 —— 神仙也摆摊

创业文化

创业哲理

莫非命也,顺受其正。是故知命者不立乎岩墙之下。

——《孟子·尽心》

【释义】没有一样不是天命,顺从天命的,接受的是正常的命运。因此懂天命的人不会站立在危墙下面。

中国故事

古时候的"地摊经济"

"地摊经济"经过各大网络媒体的宣扬,最近已经深入人心了,就连在写字楼里吹空调的白领、金领们也跃跃欲试,希望能在这股全民摆摊的热潮中捞到人生的第一桶金。地摊经济在我国存在已久,只是后来由于各种原因被限制或取缔了。那么,最早的"地摊经济"是在什么时候呢?古时的人们对待这种经济形式又是一种怎样的心态呢?

一、最早的集市雏形

古时候的地摊经济叫做集市,这便是赶集的来源。从我国的史料记载可以得知,最先发现有集市雏形的朝代是夏朝,这让大部分人都感到不可思议,毕竟在夏朝的时候交通不便利,人们的生活范围局限大,所生产的物品也很有限,能够发展到"集市"的规模,可见是有一股神奇的力量在推动。这股力量就是殷人。在如今河南偃师二里头夏朝遗址当中,考古学家发掘了许多的绿松石、贝壳、玉石等,这些物品根据夏朝的劳动生产水平来看,绝对不是夏朝当地百姓生产的。在这个地方被发现而且数量还不少,那就证明在当时已经有了规模不小的经济贸易行为,因为当地人喜欢这些东西,所以有人将这些外来物品带到这个地域,通过等价交换,成功进行了交易。但是,翻遍关于夏朝的记载,居然找不出任何关于这类贸易行为的文字,可见在夏朝,这种"地摊经济"也许是不被允许的,百姓没有一个合适的地方进行正式交易,更不要说什么铺面、店面了。当时的"地摊经济"应该只是百姓之间自发产生的一种以物易物的行为,当时并不重视这种方式,也就让夏朝的"地摊经济"昙花一现。

二、最早的"肆"与"商人"

到了商朝的时候,殷人则将这种经济形势改良,最后形成了"肆"。就是我们现在在文言文上看到的酒肆等,由商朝开始延续。因为殷人的经商天赋堪比犹太人,所以在这个时期之后,殷商的后代被称为"商人"。当时的商人并不像现在的"商人",能够通过一些经济行为积蓄资金买到店面。当时的商人最简单的方式就是约定一个时间,在某个地点将自己手上多余的产品放置好,等人们来挑选置换。由于当时生产力的局限,交易最多的往往是一些猪、羊、鸡,或者陶瓷制品,小打小闹。虽然不能发家致富,但是这个时期的地摊经济往来数量多,成交概率高,百姓通过这样自给自足的方式也能够养活一家子。《诗经》当中有记载,有户人家祖父母年迈,父亲常年生病,母亲不擅管家,是家中的三个女儿去采了莲蓬到集市上置换能果腹的食物,来养活一家子。由此可见,在夏商时期"地摊经济"已经成了人们生活的一部分,但是统治者并没有加以干涉,这种自给自足的方式,也给当时的百姓多了一条生存的道路。二里头遗址出土的龙形绿松石与殷商的黑色版贝币如图4-1所示。

■ 创业基础与实践（微课版）

二里头遗址出土的龙形绿松石 　　　　殷商的黑色版贝币

图 4-1　二里头遗址出土的龙形绿松石与殷商的黑色版贝币

学习指南

任务清单

工作任务	选择合适的创业形式	教学模式	任务教学法
建议学时	1 学时	教学地点	多媒体教室
任务描述	根据自己的创业计划，思考选择哪一种创业形式会更好，说明适合自己项目的最优创业形式及理由		
学习目标	知识目标	1. 理解各种创业形式； 2. 根据自身实际情况选择适合的创业形式； 3. 通过讨论分析选择的理由		
	能力目标	1. 通过查询资料完成学习任务，提高资源搜集的能力； 2. 通过辩论，提升对问题的综合分析能力； 3. 通过完成学习任务，提高解决实际问题的能力		
	素质目标	1. 树立良禽择木而栖的创业意识； 2. 强化网络查询的能力； 3. 培养分析沟通能力		
	思政目标	通过对创业哲理、中国故事和成语故事的解读和讲解，培养学生的平等和法治意识		
关键词	独自创业，合伙创业		

知识树

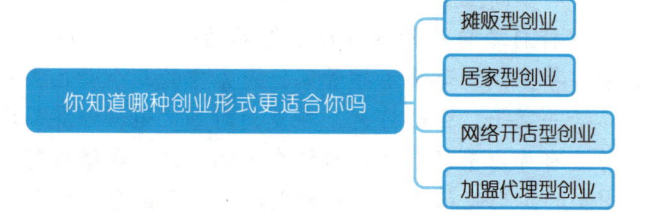

你知道哪种创业形式更适合你吗
- 摊贩型创业
- 居家型创业
- 网络开店型创业
- 加盟代理型创业

项目四　在哪里创业

💬 任务引入

📓 成语故事

"择木而栖"出自《左传·哀公十一年》："孔文子之将攻太叔也，访于仲尼。仲尼：'胡簋之事，则尝学之矣；甲兵之事，未之闻也。'退，命驾而行，曰：'鸟则择木，木岂能择鸟？'"讲的是孔文子（卫国大夫）要攻打太叔（疾），来征求孔子的意见。孔子说："礼乐的事，我曾经学过，至于带兵打仗，我是一窍不通的。"（孔文子）告辞后，孔子就命令学生收拾行李，准备车辆，打算离开卫国，孔子说："只有飞鸟选择树木做巢的，哪有树木选择飞鸟的道理？"原意是指优秀的禽鸟会选择理想的树木作为自己栖息的地方。比喻优秀的人才应该选择能发挥自己才能的好单位和善用自己的好领导。

📓 任务背景

现在，欧思琴对自己的项目越来越有信心，她计划将自己的想法付诸行动，开启创业之旅。这时有人告诉她，要根据不同的创业形式决定是否进行工商注册。有的项目创业形式比较简单，只要办好手续，及时缴纳费用，不需要工商注册，能省下不少麻烦；有的项目创业形式比较复杂，进行工商注册有利于长远发展。欧思琴觉得都有道理，自己该选择哪种创业形式，才能"背靠大树好乘凉"呢？她决定先了解创业形式再做决定。

❓ 任务实施

📓 知识必备

创业的人越来越多，在很多时候，创业者们都面临着很多选择。俗话说，"良禽择木而栖"，选择适合自己的创业形式非常重要。

一、摊贩型创业

消费者对于摊贩绝对不会陌生，这种创业形式通常会出没在人群聚集的地方，如夜市、风景区、车站等。主要类型有两种形式：一种以摊车的形式出现，所售商品以餐饮为主，如烧鸡、熟肉、杂食、早点等；另一种以地摊的形式出现，用大布巾或大箱子，将商品摆在地上或特定的地方陈列出售，此类的商品包罗万象，如衣服、发饰、眼镜、皮具等。要加入摊贩的行列，耳聪目明、身手敏捷是必备的条件。创业者如果还有口吐莲花的本事，相信业绩绝对可以呱呱叫。不过，摊贩经营相当耗费体力，而且要注意商品的流行元素。因此，摊贩所卖商品大多数是以本人手工生产的商品为主。从事摊贩这行业，身强体壮的年轻人比较适合。

微视频 4-1：摊贩型创业情景剧

二、居家型创业

居家型创业最主要的特色是以家为工作地点,所以店面的租金费用就省下来了。只要几万元就可以在家创业的行业,主要有家政、图纸设计、课外辅导、才艺培训班等。这种创业方式最主要的限制,就是一定要有足够的专业能力或技术,如从事文字翻译者,其外语水平一定要高。另外,此种创业类型的工作地点就在自己家中,所以不会有人监督,也不易和人比较,因此对于本身的惰性要有足够的克制力,避免被家中电视、家人的嬉笑玩闹所诱惑而耽误工作。居家型的创业者,必须要自己去开拓客户,随时都会有碰壁或断炊的情形出现,因此必须要有积极乐观的态度。

微视频 4-2:居家型创业情景剧

三、网络开店型创业

网络开店主要有网络拍卖、网络店铺两种。此类创业方式除对计算机、网络运用有基本的认识以外,贩卖的商品也要具有独特性和吸引力。目前,女性服装、女性用品及儿童用品在网络上销售成绩较好。因此,对时尚具有敏感度的青年女性和家庭主妇可以选择在网络上开设一家自己的店铺。

四、加盟代理型创业

这种模式创业最重要的就是要注重服务质量,因为创业者很难掌控商品的品质,相对地,服务品质就重要许多。只有提升服务的附加值,才能吸引新客户,让客户产生信赖感,建立忠诚度。除此之外,此类创业者需要大量的客户来源,因此创业者必须不怕生、善于沟通,还要多参加团体活动来扩大人脉。最后就是要有充足的创业资金,除自用外,还要考虑支付一定的加盟费。当然,如果创业者有属于自己的服务或产品,也可以自己注册公司,这样就不必支付加盟费给别人了。

微视频 4-3:加盟代理型创业情景剧

在线测验

扫描二维码，测一测你对本任务知识的掌握程度。

创业感悟

事实上，很多人都看不起摆地摊的，也看不上地摊货，总觉得地摊货质量差。可是，你知道吗，很多企业家都是从摆地摊开始创业的，是从地摊上获取了人生的第一桶金。

请结合本任务所学知识，完成如表 4-1 所示的思考笔记。

表 4-1　思考笔记

	优缺点	适用范围
摊贩型创业		
居家型创业		
网络开店型创业		
加盟代理型创业		

创业评价

1. 评价内容

根据自己创业项目的特点，完成如表 4-2 所示的创业形式分析表。如果你想到新的创业形式，也请填写在表格中。

113

表 4-2　创业形式分析表

项目名称及创业形式	创业项目名称：		
	创业形式	优点	缺点
	1. 摊贩型创业		
	2. 居家型创业		
	3. 网络开店型创业		
	4. 加盟代理型创业		
	……		
选择创业形式的理由	原来选择的创业形式： 现在选择的创业形式：		
	结合你的项目写出你选择这种创业形式的理由： 1. 2. 3. ……		

2. 评价标准

（1）对四种创业形式优缺点分析正确（30 分）；

（2）至少列举一种新的创业形式，且优缺点分析正确（30 分）；

（3）结合自己的项目选择合适的创业形式，理由充分并合理（40 分）。

游戏拓展

1. 游戏名称

《神仙也摆摊》。

2. 游戏简介

课后休闲时，给大家推荐一款模拟摆地摊的微信小游戏——《神仙也摆摊》，这个小游戏可以让玩家成为一名优秀的摆摊达人。玩家可以在线出售各种商品，选择合适的摆摊场地，策划最佳销售方案，让更多的顾客光临你的摊位。玩家们出售的商品越多，获得的红包奖励就越多。

3. 下载方式

打开微信，在"发现"选项中选择"小程序"选项，搜索"神仙也摆摊"，按照提示操作即可。

4. 友情提醒

（1）抵制不良游戏，拒绝盗版游戏，注意自我保护，谨防受骗上当，适度游戏益脑，沉迷游戏伤身，合理安排时间，享受健康生活。

（2）游戏只能模拟部分创业流程，真实的创业充满艰辛和挑战，只有付出行动者才能体会。

任务二　你知道选择哪种企业法律形态更合适吗

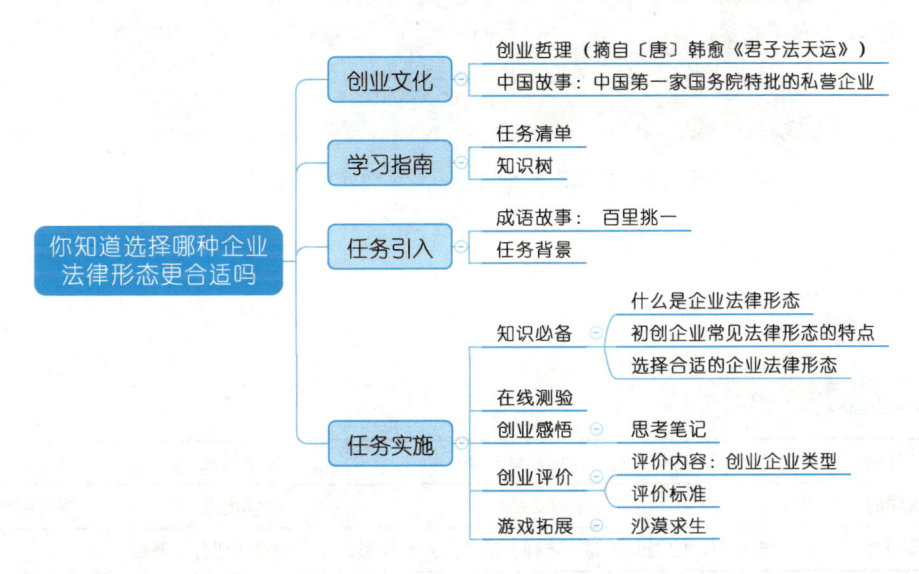

思维导图

你知道选择哪种企业法律形态更合适吗
- 创业文化
  - 创业哲理（摘自〔唐〕韩愈《君子法天运》）
  - 中国故事：中国第一家国务院特批的私营企业
- 学习指南
  - 任务清单
  - 知识树
- 任务引入
  - 成语故事：百里挑一
  - 任务背景
- 任务实施
  - 知识必备
    - 什么是企业法律形态
    - 初创企业常见法律形态的特点
    - 选择合适的企业法律形态
  - 在线测验
  - 创业感悟　思考笔记
  - 创业评价
    - 评价内容：创业企业类型
    - 评价标准
  - 游戏拓展　沙漠求生

创业文化

创业哲理

利害有常势，取舍无定姿。

——〔唐〕韩愈《君子法天运》

【释义】利益与损害总是固定的形势，如何取舍却没有一定脉络。

中国故事

中国第一家国务院特批的私营企业

1980年，姜维30岁，刚从部队转业，被分配到大连市文化局工作。当时正逢大批干部、知青从干校、农村返城，工作岗位十分紧张。姜维在家整整等了八个月，却迟迟没有盼到给他安排具体工作的通知。由于姜维曾学过摄影，兴趣使然，于是动起了自己靠技术挣钱的心思，开了家照相馆。虽说挣了点钱，但当时社会上还是不太瞧得起个体户。一些执法部门也视个体户为洪水猛兽，营业执照说没收就没收。1983年初，姜维的营业执照被没收了，照相馆也不得不关张。

1983年8月30日，姜维一辈子也忘不了那个晚上。当时，电视里播出了中央领导关于私营经济的讲话。讲话让姜维泪流满面，深受鼓舞，他暗下决心，登上了去往北京的汽车。1984年11月9日，由姜维创建的光彩实业有限公司经国务院特批成立，成为国务院特批的第一家私营企业。国务院特批的第一家私营企业营业执照如图 4-2 所示。

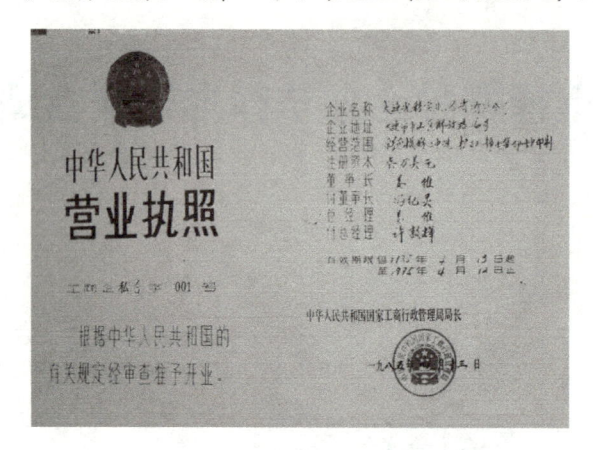

图 4-2　国务院特批的第一家私营企业营业执照

学习指南

任务清单

工作任务	选择合适的企业法律形态	教学模式	任务教学法
建议学时	1 学时	教学地点	多媒体教室
任务描述	根据自己的创业计划，选择合适的企业法律形态，为公司注册打下基础		
学习目标	知识目标	1. 了解各种企业法律形态之间的区别； 2. 理解各种内资企业类型及划分标准； 3. 选择适合自己的企业法律形态	
	能力目标	1. 通过查询资料完成学习任务，提高资源搜集的能力； 2. 通过完成学习任务，提高解决实际问题的能力	
	素质目标	1. 强化自行查找相关信息的能力； 2. 培养分析沟通设计的能力	
	思政目标	通过对创业哲理、中国故事和成语故事的解读和讲解，培养学生的爱国和法治意识	
关键词	企业法律形态及特点		

知识树

你知道选择哪种企业法律形态更合适吗
- 什么是企业法律形态
- 初创企业常见法律形态的特点
- 选择合适的企业法律形态
  - 选择企业法律形态需要考虑的因素和影响
  - 企业类型说明

任务引入

成语故事

"百里挑一"出自《红楼梦》:"都像宝丫头那样心胸儿脾气儿,真是百里挑一的。"意思是一百个里挑选出一个,形容十分出众。

任务背景

欧思琴没想到自己也会面临"四里挑一"的窘境。在确定适合自己的创业形式后,欧思琴打算去申请工商营业执照。她去市场监督管理局咨询,当工作人员问她选择哪种企业法律形态时,欧思琴懵了,不知道什么是企业法律形态。工作人员解释,就是打算注册个体工商户、个人独资企业、合伙企业还是有限责任公司。欧思琴不知道它们之间有什么区别?在工作人员简单介绍后,欧思琴选择注册有限责任公司。可是工作人员又告诉她,有限责任公司也有很多类型。有些她都没有听说过,此外还要提交很多资料才能注册。这下欧思琴可犯愁了,原来申请工商营业执照并不简单,还有很多事情要做,很多资料要准备。然后,又有人告诉她,注册个体工商户要简单些。欧思琴犹豫了,到底该怎样选择呢?

任务实施

知识必备

一、什么是企业法律形态

企业法律形态是指国家法律规定的企业组织形式,即企业在市场环境中存在的合法身份。常见的有个体工商户、个人独资企业、合伙企业和有限责任公司。

不同的企业法律形态有不同的要求,对你的企业也会产生诸多影响。企业法律形态的影响因素如图4-3所示。

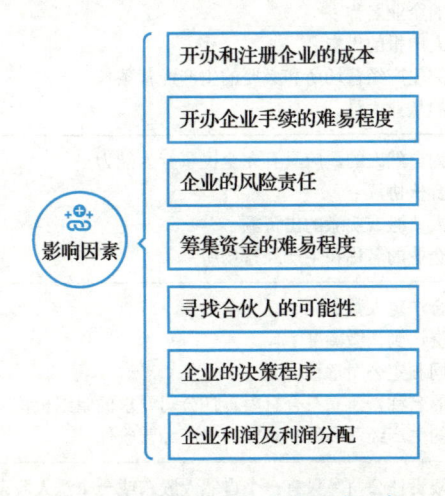

影响因素:
- 开办和注册企业的成本
- 开办企业手续的难易程度
- 企业的风险责任
- 筹集资金的难易程度
- 寻找合伙人的可能性
- 企业的决策程序
- 企业利润及利润分配

图4-3 企业法律形态的影响因素

二、初创企业常见法律形态的特点

不同企业法律形态具有各自的特点，了解这些特点，有助于为自己的企业选择合适的法律形态。不同企业法律形态的业主数量和注册资本、成立条件、经营特征、利润分配和债务责任如表 4-3 至表 4-6 所示。

表 4-3　不同企业法律形态的业主数量和注册资本

法律形态	业主数量和注册资本
个体工商户	业主是一个人或一个家庭； 无注册资本限制
个人独资企业	业主是一个人； 无注册资本限制
合伙企业	普通合伙企业由 2 个以上普通合伙人组成； 无注册资本限制
	有限合伙企业由 2～5 个合伙人组成，其中至少有 1 个普通合伙人； 无注册资本限制
有限责任公司	股东在 50 人以下； 没有最低注册资本要求，注册资本由过去的实缴改为认缴，认缴金额及认缴方式由股东在公司章程中约定

表 4-4　不同企业法律形态的成立条件

法律形态	成立条件
个体工商户	业主应有相应的经营资金； 经营场所各地有具体要求
个人独资企业	投资人是一个自然人； 有合法的企业名称； 有投资人申报的出资； 有固定的生产经营场所和必要的生产经营条件； 有必要的从业人员
合伙企业	合伙人为自然人的，应具有完全民事行为能力； 有书面合伙协议； 有合伙人认缴或实缴的出资额； 有合伙企业的名称和生产经营场所
有限责任公司	股东符合法定人数； 股东出资达到认缴额度； 股东共同制定公司章程； 有公司的名称，建立符合有限责任公司要求的组织机构； 有固定的生产经营场所和必要的生产经营条件
	一人有限责任公司，只有一个自然人股东或一个法人股东的有限责任公司

表 4-5　不同企业法律形态的经营特征

法 律 形 态	经 营 特 征
个体工商户	资产属于私人所有，自己既是所有者，又是劳动者和经营者
个人独资企业	资产为投资人个人所有，业主既是投资者，又是经营管理者
合伙企业	普通合伙企业按照合伙协议的约定或经全体合伙人决定，可以委托一个或数个合伙人对外代表合伙企业，执行合伙事务
	有限合伙企业由普通合伙人执行合伙事务； 有限合伙人不执行合伙事务，不得对外代表有限合伙企业
有限责任公司	公司设立股东会、董事会和监事会； 由董事会聘请职业经理人管理公司业务
	一人有限责任公司不设股东会； 应当在每一会计年度终了时编制财务会计报告，并经会计师事务所审计； 可设一名执行董事

表 4-6　不同企业法律形态的利润分配和债务责任

法 律 形 态	利润分配和债务责任
个体工商户	利润归个人或家庭所有； 由个人经营的，以其个人资产对企业债务承担无限责任； 由家庭经营的，以家庭财产承担无限责任
个人独资企业	利润归个人所有； 投资人以其个人资产对企业债务承担无限责任
合伙企业	普通合伙企业的分配利润、亏损分摊，按照合伙协议的约定办理； 合伙人共同对企业债务承担无限连带责任
	有限合伙企业中的普通合伙人对合伙企业债务承担无限连带责任； 有限合伙人以其认缴的出资额为限对合伙企业债务承担责任
有限责任公司	股东按出资比例分配利润，并以出资额为限承担有限责任
	一人有限责任公司股东不能证明公司财产独立于股东自己财产的，应当对公司债务承担连带责任

微视频 4-4：初创企业常见法律形态的特点

三、选择合适的企业法律形态

（一）选择企业法律形态需要考虑的因素

不同的企业法律形态各有利弊，在选择企业法律形态时，要考虑企业的实际情况及可能产生的影响，同时需要考虑如图 4-4 所示的几个因素。

1.拟创办企业的规模大小

2.创业时所拥有的资金的多少

3.共同创业人数的多少

4.所能承受的风险

5.准备创业的行业的发展前景

6.创业者的价值观念

图4-4　选择企业法律形态时需要考虑的因素

(二) 企业类型说明

在进行工商注册时，前面讲到的企业法律形态还会细分很多不同的企业类型，比如有限责任公司还包括有限责任公司（国有独资）、有限责任公司（外商投资企业合资）等多种企业类型，它们之间的划分标准也必须了解，这样才能选出合适的企业类型。企业类型说明如表4-7所示。

表4-7　企业类型说明

序号	企业类型名称	划分标准
1	有限责任公司（国有独资）	国家单独出资、由国务院或地方人民政府授权本级人民政府国有资产监督管理机构履行出资人职责的有限责任公司
2	有限责任公司（外商投资企业合资）	公司股东在两个以上，均为外商投资企业（外商投资性公司除外）
3	有限责任公司（外商投资企业与内资合资）	公司股东在两个以上，除外商投资企业股东（不包括外商投资性公司）外，还有国内自然人或法人股东
4	有限责任公司（外商投资企业法人独资）	公司股东为一个外商投资企业（外商投资性公司除外）
5	有限责任公司（自然人投资或控股）	公司股东在两个以上，公司全体股东含有国有出资低于50%，如果出资比例各为50%，以拥有企业实际控制权作为判断依据
6	有限责任公司（国有控股）	公司股东在两个以上，公司全体股东含有国有出资超过50%，如果出资比例各为50%，以拥有企业实际控制权作为判断依据
7	有限责任公司（自然人独资）	公司股东为一个自然人股东
8	有限责任公司（自然人投资或控股的法人独资）	公司股东为一个法人股东，该法人股东是由自然人投资或控股的企业，如果出资比例各为50%，以拥有企业实际控制权作为判断依据
9	有限责任公司（非自然人投资或控股的法人独资）	公司股东为一个法人股东，该法人股东是由非自然人投资或控股的企业，如果出资比例各为50%，以拥有企业实际控制权作为判断依据
10	其他有限责任公司	上述有限责任公司类型未包括的其他类型
11	股份有限公司（上市、外商投资企业投资）	公司已上市，公司股东中含有外商投资企业
12	股份有限公司（上市、自然人投资或控股）	公司已上市，公司全部股份中国有股份低于50%，如果出资比例各为50%，以拥有企业实际控制权作为判断依据
13	股份有限公司（上市、国有控股）	公司已上市，公司全部股份中国有股份超过50%，如果出资比例各为50%，以拥有企业实际控制权作为判断依据

续表

序号	企业类型名称	划 分 标 准
14	其他股份有限公司（上市）	上述已上市股份有限公司类型未包括的其他类型
15	股份有限公司（非上市、外商投资企业投资）	公司未上市，公司股东中含有外商投资企业
16	股份有限公司（非上市、自然人投资或控股）	公司未上市，公司全部股份中国有股份低于50%，如果出资比例各为50%，以拥有企业实际控制权作为判断依据
17	股份有限公司（非上市、国有控股）	公司未上市，公司全部股份中国有股份超过50%，如果出资比例各为50%，以拥有企业实际控制权作为判断依据
18	其他股份有限公司（非上市）	上述未上市股份有限公司类型未包括的其他类型
19	全民所有制	全民所有制企业是指企业财产属于全民所有的，并按《中华人民共和国企业法人登记管理条例》规定登记注册的非公司制的经济组织
20	集体所有制	集体企业是指企业资产归集体所有，并按《中华人民共和国企业法人登记管理条例》规定登记注册的经济组织
21	普通合伙企业	普通合伙企业由普通合伙人组成，合伙人对合伙企业债务承担无限连带责任
22	特殊普通合伙企业	特殊的普通合伙企业是指一个合伙人或数个合伙人在执业活动中因故意或重大过失造成合伙企业债务的，应当承担无限责任或无限连带责任，其他合伙人以其在合伙企业中的财产份额为限承担责任的普通合伙企业
23	有限合伙企业	有限合伙企业由普通合伙人和有限合伙人组成，普通合伙人对合伙企业债务承担无限连带责任，有限合伙人以其认缴的出资额为限对合伙企业债务承担责任
24	个人独资企业	个人独资企业是指按照《中华人民共和国个人独资企业法》规定登记注册，在中国境内设立，由一个自然人投资，财产为投资人个人所有，投资人以其个人财产对企业债务承担无限责任的经营实体
25	集团	企业集团是指以资本为主要联结纽带的母子公司为主体，以集团章程为共同行为规范的母公司、子公司、参股公司及其他成员企业或机构共同组成的具有一定规模的企业法人联合体，企业集团不具有企业法人资格

备注：分支机构企业类型按照隶属企业类型确定，外商投资性公司投资设立企业按照外商投资企业登记

微视频 4-5：选择合适的企业类型

在线测验

扫描二维码，测一测你对本任务知识的掌握程度。

创业感悟

大学生自主创业可采用的企业法律形态主要有个体工商户、个人独资企业、合伙企业和有限责任公司等。不同的企业法律形态各有利弊，在选择企业法律形态时，要考虑企业的实际情况及可能产生的影响。

请结合本任务所学知识，完成如表 4-8 所示的思考笔记。

表 4-8 思考笔记

法律形态	区别	
	业主数量和注册资本	成立条件
个体工商户		
个人独资企业		
合伙企业		
有限责任公司		

创业评价

1. 评价内容

选择适合你的内资企业类型并查询其特点，并写出你选择的理由，完成如表 4-9 所示的创业企业类型分析表。

表 4-9　创业企业类型分析表

	创业项目名称：		
	序号	内资企业类型名称	是否适合你的创业项目
创业项目名称及内资企业类型	1	有限责任公司（国有独资）	
	2	有限责任公司（外商投资企业合资）	
	3	有限责任公司（外商投资企业与内资合资）	
	4	有限责任公司（外商投资企业法人独资）	
	5	有限责任公司（自然人投资或控股）	
	6	有限责任公司（国有控股）	
	7	有限责任公司（自然人独资）	
	8	有限责任公司（自然人投资或控股的法人独资）	
	9	有限责任公司（非自然人投资或控股的法人独资）	
	10	其他有限责任公司	
	11	股份有限公司（上市、外商投资企业投资）	
	12	股份有限公司（上市、自然人投资或控股）	
	13	股份有限公司（上市、国有控股）	
	14	其他股份有限公司（上市）	
	15	股份有限公司（非上市、外商投资企业投资）	
	16	股份有限公司（非上市、自然人投资或控股）	
	17	股份有限公司（非上市、国有控股）	
	18	其他股份有限公司（非上市）	
	19	全民所有制	
	20	集体所有制	
	21	普通合伙企业	
	22	特殊普通合伙企业	
	23	有限合伙企业	
	24	个人独资企业	
	25	集团	
选出的内资企业类型、特点及选择的理由	写出最终选出的内资企业类型：		
	写出最终选出的该类型企业特点： 1. 2. ……		
	写出选择该类型企业的理由： 1. 2. ……		

2. 评价标准

（1）内资企业类型选择与项目实际吻合（20分）；

（2）选中的该类型企业特点描述正确（40分）；

（3）选择该类型企业的理由充分合理（40分）。

游戏拓展

1. 游戏名称

沙漠求生。

2. 游戏目标

认识"百里挑一"的重要性。

3. 建议时间

时间不超过20分钟。

4. 道具准备

记分表、计时器。

5. 游戏规则

（1）游戏背景。八月中旬某日上午十时，你所乘坐的飞机在沙漠不幸坠落，飞机损毁，驾驶员和副驾驶员一同遇难，余下你和一伙人幸运地没有受伤。出事前，驾驶员未能通知任何人有关飞机的位置。不过，在事故发生前他指出你们位于最近的市镇西北偏北100千米。该处除仙人掌外，全是荒芜的沙漠，地势平坦。最后的天气预报显示今天的气温将高达43℃，地面温度将达到54℃。你穿着剩余的衣物——短袖衬衫、长裤、短袜及皮鞋，袋中有十多元的硬币、五百多元的纸币、香烟一包、打火机一个和圆珠笔一支。

（2）生存挑战。飞机起火前，你们全体人员可以抢救出15种物品带离飞机，你的任务是根据求生的重要性，排列这15种物品，1为最重要的物品，15为最不重要的物品。列出应取物品的先后顺序，假设全体人员要靠选取的物品才能得以生存。

（3）填写如表4-10所示的计分表。

第一步，根据个人意见列出应取物品的先后顺序（1～15），小组成员间不允许讨论；

第二步，每个人选好后，再进行小组讨论，列出全组应取物品的先后顺序；

第三步，专家给出真实的排序；

第四步，计算个人与小组的差异；

第五步，计算小组与专家的差异；

第六步，计算个人与专家的差异；

第七步，讨论反思。

表4-10 计分表

物品名称	个人排序	全队排序	专家排序	个人与小组的差异	小组与专家的差异	个人与专家的差异
信号灯						
军刀						
该区域的地图						
大号塑料雨衣						

续表

物品名称	个人排序	全队排序	专家排序	个人与小组的差异	小组与专家的差异	个人与专家的差异
磁性指南针						
小型纱布						
手枪						
降落伞						
盐片（1 000片）						
每人1升饮用水						
一本《沙漠可食用动物》的书						
每人1副太阳镜						
2升高度白酒						
每人一件上装						
化妆镜						

任务三　你知道如何为你的企业选址吗

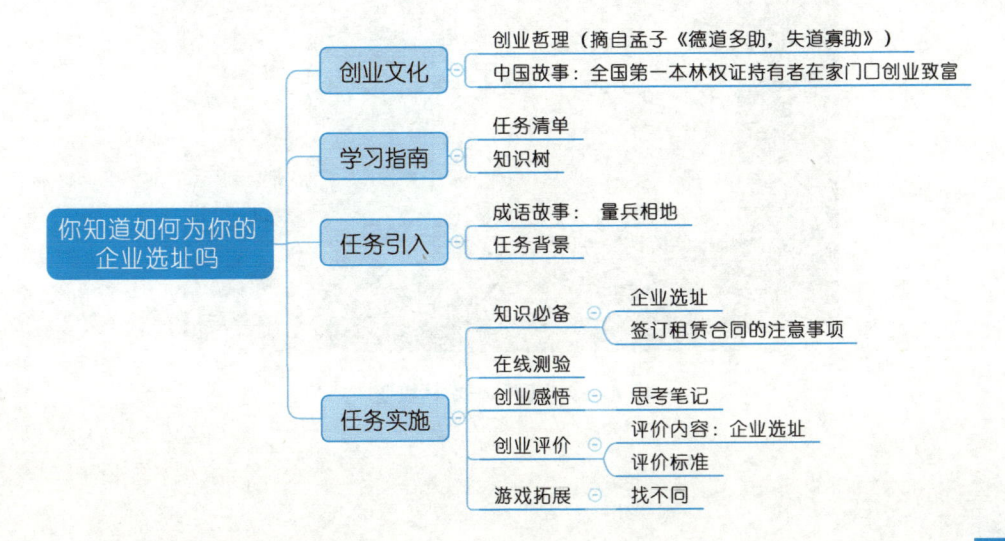

思维导图

你知道如何为你的企业选址吗
- 创业文化
  - 创业哲理（摘自孟子《得道多助，失道寡助》）
  - 中国故事：全国第一本林权证持有者在家门口创业致富
- 学习指南
  - 任务清单
  - 知识树
- 任务引入
  - 成语故事：量兵相地
  - 任务背景
- 任务实施
  - 知识必备
    - 企业选址
    - 签订租赁合同的注意事项
  - 在线测验
  - 创业感悟　思考笔记
  - 创业评价
    - 评价内容：企业选址
    - 评价标准
  - 游戏拓展　找不同

创业文化

创业哲理

三里之城，七里之郭，环而攻之而不胜。夫环而攻之，必有得天时者矣，然而不胜者，是天时不如地利也。

——孟子《得道多助，失道寡助》

【释义】(有一座)内城方圆三里、外城方圆七里的小城，敌人包围并攻打它却不能胜利。(敌人既然来)包围并攻打它，一定是得到了适宜作战的时令、气候，但是却没有胜利，这正是说明有利的时令、气候不如有利的地理形势。

中国故事

全国第一本林权证持有者在家门口创业致富

"拿到这个小本本，林地回了家，就像吃了一颗'定心丸'！"回忆起当年林改那一幕，福建省武平县捷文村村民李桂林仍内心激动。2001年12月30日，他领到了全国第一本林权证。"分山到户那天，村里人的高兴劲儿不亚于当年的分田到户。"李桂林说。通过这次林改，李桂林分到了259亩山林。山定权、树定根、人定心。全家人开垦荒山，种下了毛竹、竹笋、杉木，发展起林下经济。几年下来，一家人告别了贫困，2004年盖起了三层小楼。"每年光笋、竹收入就有两三万元，还有林下的药材，养的鸡鸭、蜜蜂，收入不知翻了多少倍！"集体林权制度改革逐步在全国推开，还山于民、还利于民，农村生产力迎来又一次大解放。截至2018年，全国确权集体林地面积27.05亿亩，发放林权证1.01亿本，1亿多农户直接受益，"活树变活钱、资源变资本"，3 000多万林农在家门口创业就业。中国第一本林权证如图4-5所示。

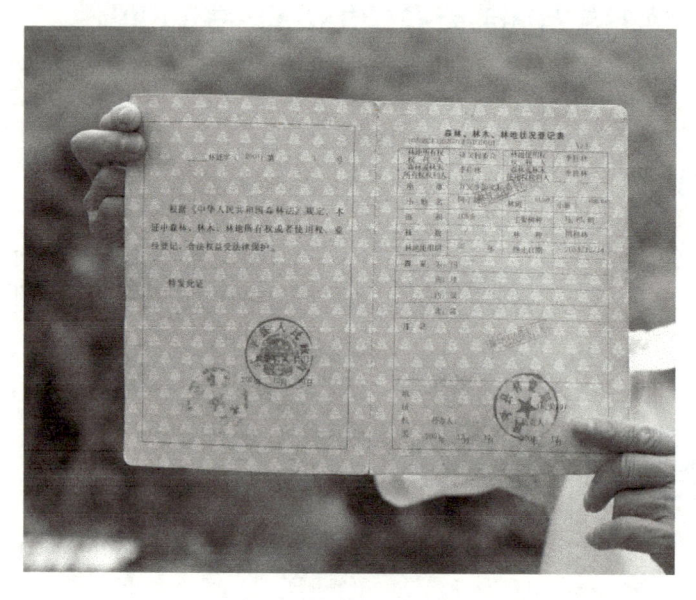

图4-5 中国第一本林权证

项目四 在哪里创业

学习指南

任务清单

工作任务	企业选址及签订租赁合同的注意事项	教学模式	任务教学法
建议学时	1 学时	教学地点	多媒体教室
任务描述	根据自己的创业计划进行企业选址决策,并说明选择该地址的理由,为公司注册打下基础		
学习目标	知识目标	1. 掌握企业选址需要考虑的因素; 2. 结合自身项目特点进行综合分析; 3. 掌握签订租赁合同的注意事项并起草租赁合同	
	能力目标	1. 通过查询资料完成学习任务,提高资源搜集的能力; 2. 通过选址分析,提升分析问题的能力; 3. 通过完成学习任务,提高解决实际问题的能力	
	素质目标	1. 树立企业选址对于企业发展是非常重要的意识; 2. 强化汇报沟通的能力; 3. 培养分析问题的能力	
	思政目标	通过对创业哲理、中国故事和成语故事的解读和讲解,培养学生的诚信、和谐和法治意识	
关键词	企业选址,签订租赁合同注意事项		

知识树

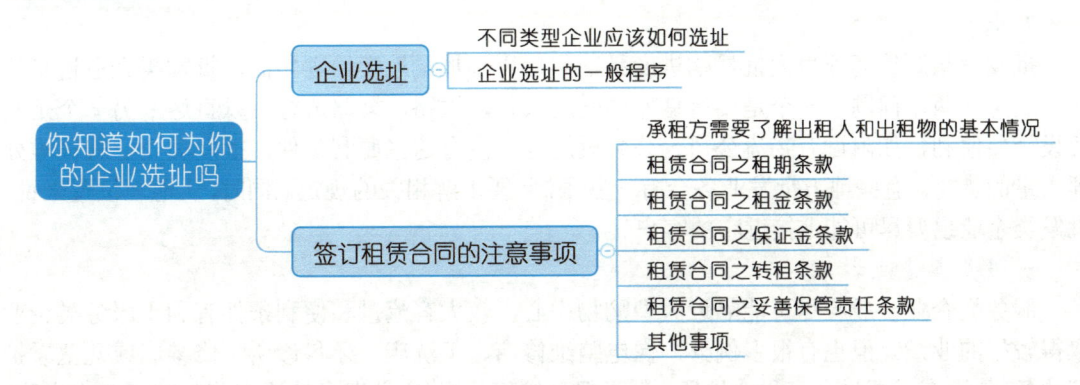

你知道如何为你的企业选址吗
- 企业选址
  - 不同类型企业应该如何选址
  - 企业选址的一般程序
- 签订租赁合同的注意事项
  - 承租方需要了解出租人和出租物的基本情况
  - 租赁合同之租期条款
  - 租赁合同之租金条款
  - 租赁合同之保证金条款
  - 租赁合同之转租条款
  - 租赁合同之妥善保管责任条款
  - 其他事项

任务引入

成语故事

"量兵相地"出自清朝许乃济《武备辑要》卷五:"凡行兵取胜,须量兵相地。兵务多易,兵少务险,要在兵与地相称。"意思是计算兵力,选择地形。

任务背景

欧思琴决定注册有限责任公司(自然人投资或控股),接下来需要确定公司地址。人流量大的地方租金太贵,租金便宜的地方人流量又小,怎样选择呢?欧思琴一时拿不定主意。

127

老师告诉她，选择地址不能只看租金，要结合实际情况，具体问题具体分析，这里面学问大着呢。另外，经营场所选好了，还要和对方签订租赁合同，这份租赁合同既是保障自身权益的凭证，也是注册公司所需的资料之一。"那我要具体了解一下"，欧思琴说道。

任务实施

知识必备

一、企业选址

（一）不同类型企业应该如何选址

企业选址是关系小企业成败的重要因素，需要综合考虑多个方面，既包括定量的成本因素，又包括定性的区位条件因素。对于某些类型的企业来说，位置选择非常重要，像零售商店和服务类企业，如服装店、干洗店等都要靠一定的客流量来生存。这类企业要想成功必须靠近它的顾客。而对另外一些零售商店和服务类企业，以及多数批发类企业，地理位置在吸引客户方面却没有那么重要。

1. 零售类企业

对许多零售类企业而言，停车是否便利和道路交通情况是需要关注的问题。零售店还要考虑周围店铺的业务类型。有研究表明，服装店就不适合设在加油站旁边。路过店铺的步行人数情况也是一个主要因素。可以问问自己路过这里的人是去公共汽车站还是去电影院？去看电影的人停下购买东西的可能性不是很大。

2. 批发类企业

批发商从制造商那里大批量购进商品，然后再小批量地卖给零售商。批发类企业选择位置主要考虑两个问题：一个是要有良好的交通条件，铁路、公路最好可以直达；另一个是配套设施要便利，如附近有物流公司、公共设施等。没有这些便利条件，批发类企业就很难处理大量的货物。有些地方批发业务会有一些限制，要了解相关的规定。同时，从地理位置来说，批发类企业也要尽可能地接近它的客户。

3. 服务类企业

服务类企业一般应尽可能靠近大型购物中心，较大客流量和便利条件有利于服务类企业取得较好的业绩。但也有很多例外，像电脑维修店、干洗店、牙科诊所、修鞋店或儿童看护等业务，就没有必要设在高租金地段。为了得到较好的服务，消费者情愿多花些时间多走点路。所以，这类业务可以选择适当偏僻的位置。某些服务类企业，如会计公司、税务咨询公司等，即便是位于很偏僻的地方，仍然可以实现很高的营业额，因为消费者愿意花时间去寻找这些企业的产品或服务。

4. 制造类企业

制造类企业的选址不同于零售、批发及服务类企业。开办制造类企业时，要考虑交通状况和距离原材料的远近。这类企业一般通过销售人员或广告寻找客户，不太在意用位置吸引客户。在选址的时候，主要考虑的是成本、环境、原材料供应、离客户远近、设施情况及当地的规定等问题。

5. 设计研发类企业

设计研发类企业比较特殊，如果是初创企业，可能没有能力负担太高档办公室的租金，选择性价比高的办公室可以节省很大一笔经营成本。相对于太高档的写字楼，刚开始创业的企业可以在创业园或众创空间租一个场地进行办公。一是这些地方的场地租金较便宜；二是这些地方基本上都能提供公共的会议室、打印机、饮水机等服务设施或设备，对于企业来说，这些都是可以节省成本的。

对于已经具有一定实力的企业来说，高素质的人力资源就是他们最大的需求。对于高层次人才，如专家、技术达人等，他们还会对周边的生活、娱乐配套有较高要求。因此，企业要留住人才，选址就要依据企业的人力资源需求进行考虑。

（二）企业选址的一般程序

企业选址的一般程序如图 4-6 所示。

- 把你认为必要的条件列出来，同时列出你希望的但并非必须的条件
- 找出一定区域内符合你所列条件的所有位置
- 实地考察这些地方，根据初步印象剔除不符合要求的选项，选择 2～3 处比较合适的
- 对剩下的几处再次进行考察，并一一对照事先列出的条件，要特别注意那些关系生意成败的关键因素
- 白天、晚上多去几次初步选出的地方，以便进一步了解其是否合适
- 做客流情况统计，计算每个地点每天各时段通过的人流、车流情况，以便推算消费者数量
- 向有经验的人士和该地区的生意人征询意见
- 综合分析收集到的各种信息和意见，做出企业选址决定

图 4-6　企业选址的一般程序

微视频 4-6：企业选址

二、签订租赁合同的注意事项

租赁是日常生活中常见的一项法律活动，为了尽可能避免包括房屋、场地在内的租赁物在租用过程中产生不必要的争议，在签订合同时一定要注意如下相关事项。

（一）承租方需要了解出租人和出租物的基本情况

（1）作为承租方，应先审查租赁物是否存在法律法规禁止出租的情形，具体包括以下内容：未依法取得租赁物的相关证件；共有租赁物未取得共有人同意；权属有争议。

（2）作为承租方，为了预防欺诈，须在合同中约定：如果承租方是租赁物的所有人，必须提供相关的证明文件；如果承租方不是租赁物的所有人，必须具有转租权。

（3）为了避免争议，在合同中对租赁物的基本信息应进行明确约定，如租赁物的规格、质量、数量等。

（二）租赁合同之租期条款

在合同中，约定租赁物的租赁期限，明确租赁的具体起止日期，如承租方超过租赁期限继续使用租赁物，应支付给出租方超时使用的租金。

（三）租赁合同之租金条款

（1）在合同中，明确约定租金的支付方式，以现金支付或是通过银行转账的方式（采用银行转账须写上户名、银行账号），实行按月、按季还是按年支付等。

（2）在合同中，明确约定租金支付时间，应于每月的具体日期支付租金。如果承租方在一定宽限期内没有按期支付，应支付违约金，或者出租方可解除合同。

（四）租赁合同之保证金条款

在租赁合同订立时，合同双方当事人都应尽量避免风险，预防欺诈。承租方应在合同订立前交给出租方一定的保证金或押金，应根据实际情况在租赁物价值范围内决定押金的数额。同时，对保证金退还的条件应进行明确约定。

（五）租赁合同之转租条款

在合同中明确约定承租方是否可以转租。

（1）作为承租方，经过出租方的同意，可以将租赁物转租给第三方，出租方和承租方原有的租赁关系不因转租而影响。

（2）承租方未经出租方同意，擅自将租赁物转租给第三方的，出租方可以解除租赁合同，因转租造成租赁物损坏的，承租方还应承担赔偿责任。

（六）租赁合同之妥善保管责任条款

在合同中明确约定，承租方在租赁期间，应爱护并合理使用租赁物。如果未尽妥善保管义务，造成租赁物及配套设施损毁、灭失的，应承担赔偿责任；造成损坏的，还应承担修复或赔偿责任。

（七）其他事项

在合同中，建议根据实际情况对双方权利、义务、违约责任、诉讼管辖地等约定清楚，以降低合同履行风险和保证合同顺利履行，并尽可能保障双方的合法、合理利益。

微视频 4-7：签订租赁合同的注意事项

在线测验

扫描二维码,测一测你对本任务知识的掌握程度。

创业感悟

企业选址是建立、组织和管理企业的第一步,也是企业最重要的一项投资决策,对企业的生产经营及发展将产生深远而持久的影响。它不仅关系设施建设的投资和建设的速度,而且很大程度上决定了所提供的产品的成本,从而影响企业的生产管理工作活动和经济效益。企业在选址的过程中需要考虑很多因素,如果是租借的场地,还需要与对方签订租赁合同。

请结合本任务所学知识,完成如表 4-11 所示的思考笔记。

表 4-11 思考笔记

企业类型	应该如何选址
零售类	
批发类	
服务类	
制造类	
设计研发类	

创业评价

1. 评价内容

请先分析你的创业项目的实际情况,然后查找拟选定的地址,并将选择理由写在如表 4-12 所示的企业选址分析表中。

表 4-12 企业选址分析表

创业项目名称及实际情况	创业项目名称:	
	项目概况	创业项目的实际情况
	企业定位	
	经营业务	
	目标客户	
	……	
选择的地址及理由	选择的地址是:	
	写出选择该地址的理由: 1. 2. 3. ……	

2. 评价标准

（1）企业定位、经营业务与目标客户等与选择的地址契合度高（50分）；

（2）地址选择的理由充分合理（50分）。

游戏拓展

1. 游戏名称

找不同。

2. 游戏目标

提高识别场地租赁合同陷阱的能力。

3. 建议时间

不超过30分钟。

4. 道具准备

一份"公平"的正版办公楼租赁合同，若干进行细微修改后的"不公平"的陷阱合同，计时器。

5. 游戏规则

（1）主持人事先准备好一份"公平"的正版办公楼租赁合同，然后在这份正版合同的基础上，对关键信息进行细微修改，每修改一处就成为一份陷阱合同。

（2）将正版合同与陷阱合同混到一起，发给参与人员。

（3）参与人员在对比每份合同不同之处后，尽量在最短时间内找出正版合同，用时最少者获胜。

6. 正版合同附件

办公楼租赁合同

出租方：_____房地产经纪有限责任公司（甲方）

承租方：_____有限责任公司（乙方）

经甲乙双方协商，达成以下租赁协议：

第一条　租赁范围及用途

甲方同意将位于____市____街____号____，在良好及可租赁的状态下租给乙方作为____使用，出租商铺的建筑面积为____平方米。

第二条　租赁期限

租赁期限为____年，自____年____月____日起至____年____月____日止。

第三条　租金、保证金

1. 租金：甲乙双方议定月租金为____元整，租金每年度支付一次。在合同签订之日交清____年____月____日起至____年____月____日止的租金____元整，大写人民币____万____仟____佰____拾____元整，甲方在收到租金后应当给乙方收费凭证。以后每年租金均在当年____月____日前一次性付清。

2. 保证金：为确保出租房屋设施完好，以及租期内相关费用如期结算，乙方在签订本合同之日支付人民币（大写）_____（小写_____元）作为房屋使用保证金。待合同期满后乙方付清本应支付的所有费用后，甲方应将保证金全额退还给乙方（保证金不计算利息）。若乙方未按时支付租金或有其他违约行为，保证金不退。

第四条　设施及费用承担

1. 房屋租赁期间所发生的一切费用（包括房屋租赁税）由乙方负责。

2. 如因乙方保管不当或不合理使用，致使该房屋及其附属物品、设备设施发生损坏或故障，乙方应负责维修或承担赔偿责任。

3. 乙方合同期满后，甲方收回房屋时无须对乙方进行的装修或修缮支付任何补偿。乙方如欲拆除已装修或添附部分，不得破坏房屋原状及其他设施。不得拆除地砖和吊顶。

第五条　甲方责任和义务

1. 甲方保证出租商铺产权清楚，若有纠纷，由甲方负责处理。
2. 甲方在签订合同之时将房屋交给乙方使用。

第六条　乙方责任和义务

1. 乙方应按合同的规定，按时支付租金及其他各项费用，且合法使用房屋，不得从事违法活动。
2. 未经甲方和有关部门书面同意，乙方不得将房屋的结构做任何改动，乙方对该房屋的装饰应以不损坏该房产整体结构和设施为原则。
3. 承租期内，乙方不得擅自将店面进行转租、分租、转让或转借，如果进行转让或转租，必须经甲方同意后方可进行。否则，甲方有权终止合同，收回所租房屋。
4. 承租期内，由被盗、火灾等事故造成损失的，或者由乙方人为造成事故，损害甲方房屋的，由乙方负责。
5. 乙方在未违反租约的前提下，有权优先续租该房屋。如要求续租，在本合同期满前一个月向甲方提出，再由双方另行商议续租事宜。

第七条　合同的解除

本合同除发生下列情形外，合同期内完全有效，不得单方解除。

1. 租赁期届满的。
2. 因乙方过错严重造成房屋毁损的。
3. 出现不可抗力造成房屋毁损达不到使用目的的。
4. 政府强制征收或拆除该房屋的。
5. 乙方迟延交付房租超过 10 天的。

第八条　违约责任

任何一方因违约造成合同终止的，应向对方赔偿合同总值 20% 违约金，并赔偿其他的一切损失和费用。

第九条　补充约定

1. 承租期内，若因国家政策变动或不可抗力因素需要提前终止本合同，甲方应提前半个月通知乙方，乙方必须按通知要求办理终止合同手续，按时退出所租用房屋，甲方不承担此造成的任何损失，但甲方必须负责退还乙方已交房租中但未使用完时间的租金。
2. 甲方应提供产权证（或具有出租时效证明）、身份证明（营业执照）等文件，乙方应提供身份证明文件。双方验证后可复印对方文件备存。所有复印件仅供本次租赁合同使用。
3. 本合同在履行中发生争议，应及时协商解决，协商不成时，任何一方均可向商铺所在地人民法院提起诉讼。
4. 本合同未尽事项，经甲、乙双方协商一致，可订立补充条款。补充条款及附件均为本合同组成部分，与本合同具有同等法律效力。
5. 本合同经双方签章即生效。本合同一式两份，甲、乙双方各执一份。

甲方签字（盖章）：　　　　　　　　　　乙方签字（盖章）：
联系电话：　　　　　　　　　　　　　　联系电话：
　　年　月　日　　　　　　　　　　　　　年　月　日

任务四 你知道如何给企业取一个好名字吗

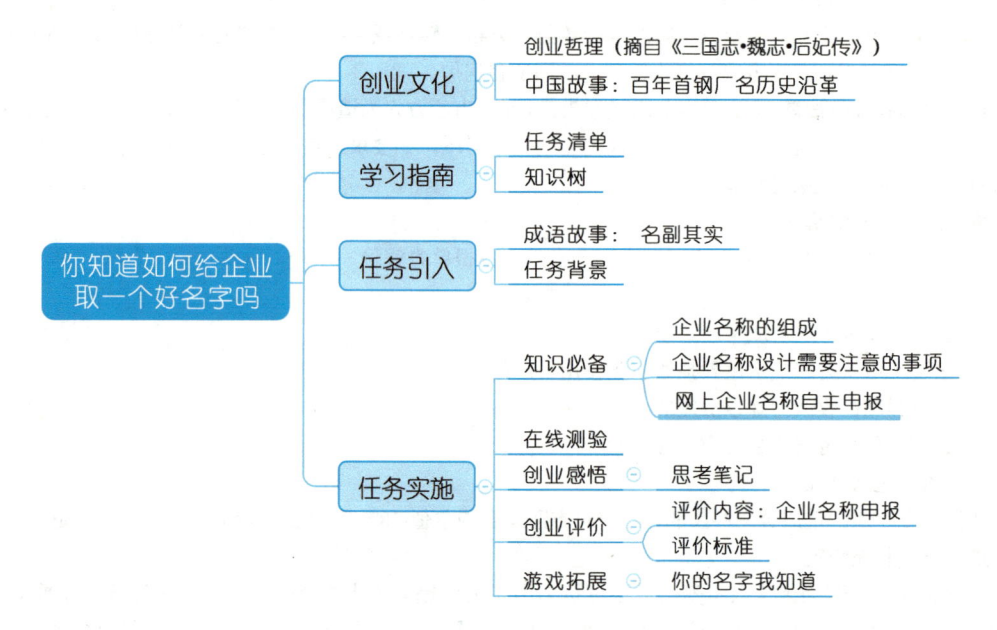

思维导图

- 你知道如何给企业取一个好名字吗
  - 创业文化
    - 创业哲理（摘自《三国志·魏志·后妃传》）
    - 中国故事：百年首钢厂名历史沿革
  - 学习指南
    - 任务清单
    - 知识树
  - 任务引入
    - 成语故事：名副其实
    - 任务背景
  - 任务实施
    - 知识必备
      - 企业名称的组成
      - 企业名称设计需要注意的事项
      - 网上企业名称自主申报
    - 在线测验
    - 创业感悟——思考笔记
    - 创业评价
      - 评价内容：企业名称申报
      - 评价标准
    - 游戏拓展——你的名字我知道

创业文化

创业哲理

并以圣明，流芳上世。

——《三国志·魏志·后妃传》

【释义】好的名声永远流传下去。

中国故事

百年首钢厂名历史沿革

官商合办龙烟铁矿股份有限公司石景山炼厂（北洋政府时期）。1919年初，北洋政府核准成立官商合办龙烟铁矿股份有限公司，并选定在京西永定河畔、石景山东麓筹建我国北方最大的炼铁厂——石景山炼厂。石景山炼厂的炼铁炉如图4-7所示。

更名为石景山制铁所（日伪时期）。1937年7月7日，抗日战争全面爆发。一个多月后，日本侵略者霸占了位于卢沟桥以北约9公里的石景山炼厂。1938年4月，石景山炼厂易名为"石景山制铁所"。日伪时期修筑的厂区大东门碉堡如图4-8所示。

图4-7 石景山炼厂的炼铁炉 　　　　　图4-8 日伪时期修筑的厂区大东门碉堡

更名为石景山钢铁厂（国民党统治时期）。1945年10月，国民政府行政院资源委员会派接收联络员、接收专员准备接收石景山制铁所。11月，成立接收办事处，开始正式接收石景山制铁所，并将其改名为"石景山钢铁厂"（简称"石钢"）。戒备森严的石钢厂门如图4-9所示。

更名为石景山钢铁公司（新中国成立后）。1948年12月17日，石景山钢铁厂获得解放。1958年8月15日，石景山钢铁厂经原冶金工业部批准，改名为石景山钢铁公司（简称"石钢"）。1958年9月建成的3吨侧吹小转炉结束了石钢有铁无钢的历史。侧吹小转炉如图4-10所示。

图4-9 戒备森严的石钢厂门 　　　　　图4-10 侧吹小转炉

更名为首都钢铁公司。1966年9月10日，原冶金工业部下发《关于将石钢改名为首钢的通知》，石景山钢铁公司改称"首都钢铁公司"，简称"首钢"。20世纪60年代职工上班场景如图4-11所示。

更名为首钢总公司。1992年经原国家工商行政管理局特批，由首都钢铁公司更名为首钢总公司。1992年10月新建的首钢厂东门如图4-12所示。

图4-11 20世纪60年代职工上班场景 　　　　　图4-12 1992年10月新建的首钢厂东门

更名为首钢集团有限公司。根据北京市人民政府国有资产监督管理委员会《关于首钢总公司公司制改革方案的批复》(京国资〔2017〕80号),首钢总公司由全民所有制企业整体改制为国有独资公司,企业名称由"首钢总公司"变更为"首钢集团有限公司"。首钢集团有限公司夜景一角如图4-13所示。

图4-13　首钢集团有限公司夜景一角

学习指南

任务清单

工作任务	选择合适的企业名称,学会网上自主申报企业名称	教学模式	任务教学法
建议学时	1学时	教学地点	多媒体教室
任务描述	根据自己的创业计划,为自己的企业设计一个理想的名字,并登录市场监督管理局网站,进行网上企业名称自主申报		
学习目标	知识目标	1.能够理解各种企业名称登记说明; 2.能够为自己的企业设计一个理想的名字; 3.能够在网上自主申报企业名称	
	能力目标	1.通过查询资料完成学习任务,提高资源搜集的能力; 2.通过登录网站,提升对工商局网上办公的认识能力; 3.通过完成学习任务,提高解决实际问题的能力	
	素质目标	1.树立企业名称是企业形象的意识; 2.强化网络查询的能力; 3.培养分析沟通设计的能力	
	思政目标	通过对创业哲理、中国故事和成语故事的解读和讲解,培养学生的文明、和谐、爱国和法治意识	
关键词	企业名称,自主申报		

知识树

```
                           ┌─ 行政区划
                           ├─ 字号
            ┌─ 企业名称的组成 ┤
            │              ├─ 行业（经营特点）
            │              └─ 组织形式
            │
            │                  ┌─ 企业名称不得与同一企业登记机关已登记注册、
            │                  │  核准的同行业企业名称相同
            │                  ├─ 企业名称不得含有有损于国家、社会公共利益的内容和文字
你知道如何给企业 ─┼─ 企业名称设计  ┤
取一个好名字吗    │   需要注意的事项├─ 企业名称不得含有可能对公众造成欺骗或者误解的内容和文字
            │                  ├─ 企业名称中的其他禁止性规定
            │                  └─ 企业名称中的限制性规定
            │
            │                      ┌─ 登录本地市场监督管理局网站
            │                      ├─ 进入企业名称自主申报系统
            │                      ├─ 录入企业名称申报的基本信息
            └─ 网上企业名称自主申报 ─┤
                                   ├─ 录入企业信息
                                   ├─ 录入投资人信息
                                   └─ 预览确认信息并提交
```

任务引入

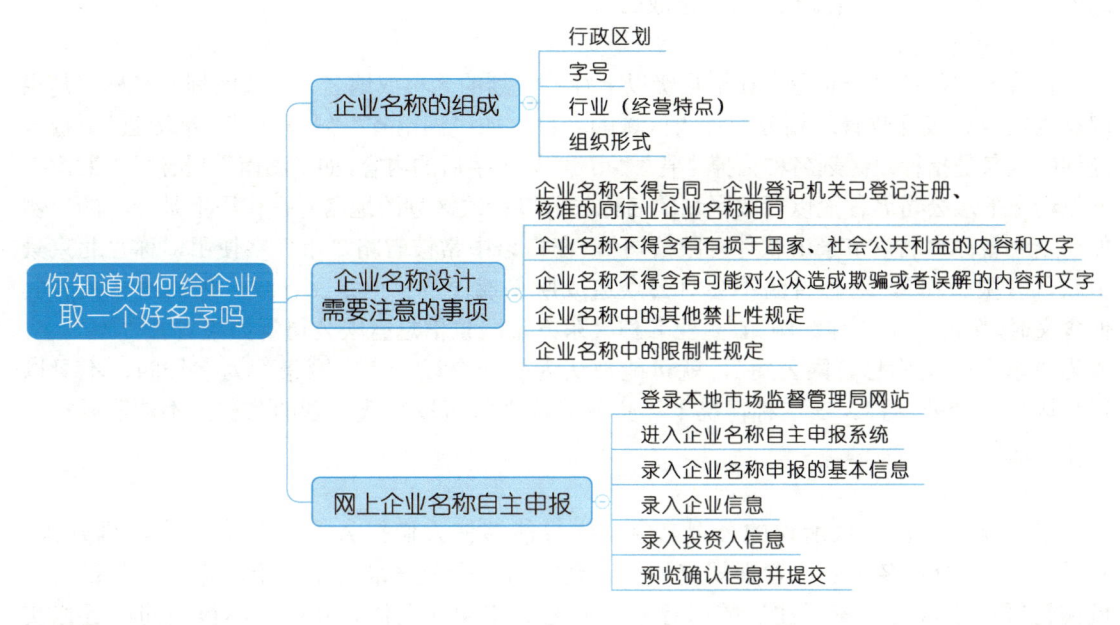

成语故事

"名副其实"出自〔汉〕·曹操《与王修书》："君澡身浴德，流声本州，忠能成绩，为世美谈，名实相符，过人甚远。"意思是您修身养性，名声在本地人人皆知，（您）忠诚且有功绩，被世人所赞赏，名声与实际一致，远超其他人。比喻名声或称谓（号）与实际一致、相符合。

任务背景

欧思琴很开心，经营场所已经选好了，合同也签订了，"我要给公司起个响亮的名字，最好与知名企业相似，这样可以蹭他们的知名度"，欧思琴跟朋友说。不过朋友非常肯定地告诉欧思琴，恐怕不行，如果跟别人的企业名称相同或近似，市场监督管理局是不会核准的。"全国的企业这么多，怎么知道我取的名字会不会跟别人的近似呢？"，欧思琴又犯愁了。

任务实施

知识必备

一、企业名称的组成

企业名称一般由行政区划、字号、行业（经营特点）、组织形式四部分组成。例如，湖

南省携创网信息咨询有限公司,就是由"行政区划(湖南省)+字号(携创网)+行业(信息咨询)+组织形式(有限公司)"组成的。

(一)行政区划

行政区划是指这个企业所在地县级以上行政区划的名称或地名。行政区划的名称,是指国家为实行分级行政管理划分的行政区域的名称,如"湖南省""长沙市""湘潭县";行政区划的地名是指行政区划名称去掉"省""市""县"字后的内容,如"湖南""长沙""湘潭"。一般情况下,公司名称冠以行政区划的名称与冠以行政区划的地名,在作用上是一样的。例如,企业名称"北京市景山软件有限公司",在口语中常被省略"市"字使用,称"北京景山软件有限公司",这种省略不会对公众造成欺骗或误解。但是,行政区划的地名具有其他含义时,情况就不一样。例如,企业名称"东方市网景信息有限公司",如果省去"市"字,成为"东方网景信息有限公司",就可能被认为是一个以"东方网景"为字号的、不冠以行政区划的企业名称。在这种情况下,企业名称必须冠以行政区划的名称,不能冠以行政区划的地名。

(二)字号

字号就是人们一般所说的公司名字。字号能够使人们把A公司与B公司区别开来。对于字号,《企业名称登记管理规定》里明确指出,企业只准使用一个名称,在登记主管机关辖区内不得与已登记注册的同行业企业名称相同或近似。其中,不得相同或近似实际上主要指的就是字号不得相同或近似。企业名称给人印象最深的是字号,如全聚德烤鸭店,在社会公众印象中最深的是"全聚德"三个字。只要提起"全聚德",自然会使人想起全聚德烤鸭店和北京烤鸭。字号作为一种标识,本身不需要有任何意义,它只不过是一种文字的组合,任何一个汉字都可以与另一个汉字组合成字号。但由于汉字具有表意性,不同的汉字组合可以表达出不同的含意。例如,表示美好愿望的,常使用"福瑞""新兴"等字号。

(三)行业(经营特点)

企业名称中的行业(经营特点),是公众了解企业经营范围的最直观途径。即人们常说的"卖什么吆喝什么"。因此,企业名称中的行业(经营特点)用词必须准确,这里所说的准确不是与经营范围绝对一致,而是不应明示或暗示有超越其经营范围的业务。例如,从事国内旅游业务的二、三类旅行社,不得称"国际旅行社",从事国内贸易的企业不得称"国际贸易公司(或中心)"。

(四)组织形式

我国目前企业使用的组织形式较多,根据适用的不同登记法规,可以将它们分为如下两大类:

一是公司类,《中华人民共和国公司法》规定,依照该法设立的企业名称中必须标明"有限责任公司"或"股份有限公司",其中,"有限责任公司"亦可简称"有限公司";外商投资企业一般使用"有限公司"作为组织形式,但中外合作企业中如不以出资为限承担有限责任,不得使用"有限公司"作为组织形式。

二是一般企业类,《中华人民共和国企业法人登记管理条例》没有做明确的规定,从实际情况看用的比较杂乱,如"中心""店""场""城""局""厅""堂""馆""院""所""社""厂""铺""村""屯"等。

微视频 4-8：企业名称的组成

二、企业名称设计需要注意的事项

企业名称设计需要遵守国家相关法律法规，包括企业名称不得与同一企业登记机关已登记注册、核准的同行业企业名称相同，不得含有有损于国家、社会公共利益的内容和文字，不得含有可能对公众造成欺骗或者误解的内容和文字，以及其他禁止性规定和限制性规定。

（一）企业名称不得与同一企业登记机关已登记注册、核准的同行业企业名称相同

这种情况包括：

（1）与同一登记机关已登记，或者已核准但尚未登记且仍在有效期内，或者已申请尚未核准的同行业企业名称相同；

（2）与办理注销登记未满 1 年的同行业企业名称相同；

（3）与同一登记机关企业变更名称未满 1 年的原同行业名称相同；

（4）与被撤销设立登记和被吊销营业执照尚未办理注销登记的同行业企业名称相同。

（二）企业名称不得含有有损于国家、社会公共利益的内容和文字

这种情况包括：

（1）有消极或不良政治影响的，如"支那""黑太阳""大地主"等。

（2）宣扬恐怖主义、分裂主义和极端主义的，如"911""东突""占中"等。

（3）带有殖民文化色彩，有损民族尊严和伤害人民感情的，如"大东亚""大和""福尔摩萨"等。

（4）带有种族、民族、性别等歧视倾向的，如"黑鬼"等。

（5）含有封建文化糟粕、违背社会良好风尚或不尊重民族风俗习惯的，如"鬼都""妻妾成群"等。

（6）涉及毒品、淫秽、色情、暴力、赌博的，如"海洛因""推牌九"等。

（三）企业名称不得含有可能对公众造成欺骗或者误解的内容和文字

这种情况包括：

（1）含有党和国家领导人、老一辈革命家、知名烈士和知名模范姓名的，如"董存瑞""雷锋"等。

（2）含有非法组织名称或者反动政治人物、公众熟知的反面人物姓名的，如"法轮功""汪精卫""秦桧"等。

（3）含有宗教组织名称或带有显著宗教色彩的，如"基督教""佛教""伊斯兰教"等。

（四）企业名称中的其他禁止性规定

企业名称不得含有外国国家（地区）名称、国际组织名称；不得含有政党名称、党政军

机关名称、群团组织名称、社会组织名称及部队番号；不得含有其他法律、行政法规规定禁止的内容和文字。

（五）企业名称中的限制性规定

（1）企业名称不得与同一企业登记机关已登记注册、核准的同行业企业名称近似，但有投资关系的除外。

（2）企业法人名称中不得含有其他非营利法人的名称，但有投资关系或者经该法人授权，且使用该法人简称或者特定称谓的除外。

（3）企业名称中不得含有另一个企业名称，但有投资关系或者经该企业授权，且使用该企业的简称或者特定称谓的除外。

（4）企业名称不得明示或者暗示为非营利组织或者超出企业设立的目的，但有其他含义或法律、法规及国务院决定另有规定的除外。

（5）除国务院决定设立的企业外，企业名称不得冠以"中国""中华""全国""国家""国际"等字样；在企业名称中间使用"中国""中华""全国""国家""国际"等字样的，该字样应是行业的限定语；使用外国（地区）出资企业字号的外商独资企业、外方控股的外商投资企业，可以在名称中间使用"（中国）"字样。以上三类企业名称须经工商总局核准，但在企业名称中间使用"国际"字样的除外。

微视频 4-9：企业名称设计需要注意的事项

三、网上企业名称自主申报

在网上进行企业名称自主申报一共有六个步骤，分别是登录本地市场监督管理局网站、进入企业名称自主申报系统、录入企业名称申报基本信息、录入企业信息、录入投资人信息、预览确认信息并提交。

（一）登录本地市场监督管理局网站

提前设计好 3～5 个企业名称备用，登录本地市场监督管理局网站。我们以公司在湖南省注册为例，登录湖南省市场监督管理局网站，选择导航栏的"服务"选项，如图 4-14 所示，在打开页面的"专题服务"模块，选择"企业注册"选项，如图 4-15 所示，打开"湖南省企业登记全程电子化系统"页面。

图 4-14　湖南省市场监督管理局网站"服务"平台入口

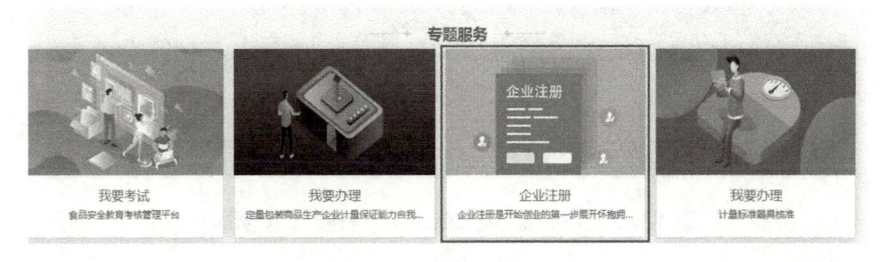

图 4-15 "企业注册"入口页面

（二）进入企业名称自主申报系统

如果是第一次使用，需要先进行注册。注册成功后，在"湖南省企业登记全程电子化系统"页面的"名称登记"模块中选择"名称自主申报"选项，如图 4-16 所示，单击"我要办理"按钮，在打开的"新名称申报"页面中录入企业名称申报的基本信息。

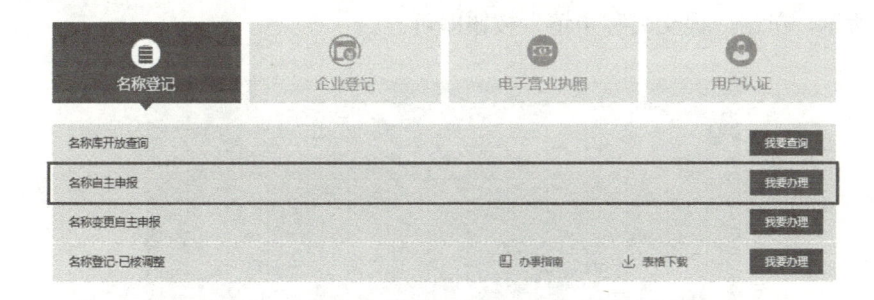

图 4-16 "名称自主申报"入口页面

（三）录入企业名称申报的基本信息

1. 输入行政区划、名称字号、行业（经营特点）和组织形式

进入"新名称"页面后，先输入行政区划、名称字号、行业（经营特点）和组织形式。

如果"名称字号"栏输入不符合要求，则系统会弹出提示信息，需要换其他备用字号。例如，当在"名称字号"栏中输入"旭日"后，系统弹出"禁限用字词检测分析结果"，提示该词限用，如图 4-17 所示。此时需要输入其他备用字号。系统如果没有弹出提示信息，则表明该字号可以使用。

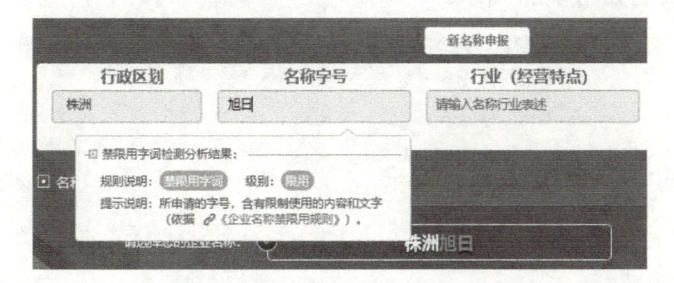

图 4-17 "名称字号"栏"禁限用字词检测分析结果"示例页面

如果"行业（经营特点）"栏输入不符合要求，则系统会弹出提示信息，需要更换其他行业表述。例如，输入"电子科技服务"，系统会弹出"行业表述不准确，请……"的提示，如图 4-18 所示。

141

图4-18 "行业（经营特点）"栏输入示例页面

如果行业表述准确，如修改为"电子科技"，系统会弹出细分选项，选择与自己行业或经营特点最接近的即可。

2. 确定企业名称和登记机关

行政区划、名称字号、行业（经营特点）和组织形式输入无误后，先在"名称确认"模块的"请选择您的企业名称："栏中任选一个企业名称，再根据公司所在地在"请选择登记机关："下拉列表中选择登记机关，然后勾选"我已阅读《名称自主申报须知》"选择框，如图4-19所示，单击"提交名称申请"按钮即可。

图4-19 "名称确认"页面

（四）录入企业信息

在"企业信息"录入页面中分别录入"企业类型""住所（经营场所）所属行政区划""住所（经营场所）所在地址""注册资本""联系电话""邮政编码""拟定经营范围"等相关信息。"企业信息"录入页面如图4-20所示。

图4-20 "企业信息"录入页面

（五）录入投资人信息

在"投资人信息"录入页面中，单击"新增投资人"按钮，根据实际情况选择"投资人类型"。如果是个人投资、城镇户口，则可以选择"自然人股东"和"非农民自然人"。然后分别录入"投资人名称或姓名""证件类型""证件号码"，单击"确定"按钮。"投资人信息"录入页面如图 4-21 所示。

图 4-21 "投资人信息"录入页面

如果需要添加其他投资人，则添加完第一个"投资人信息"后，可在"投资人信息"录入页面中单击"下一步"按钮，录入其他投资人信息，直至所有投资人信息录入完成。

（六）预览确认信息并提交

可以在"预览"页面中预览录入的信息，如图 4-22 所示，确认信息无误后单击"提交"按钮。

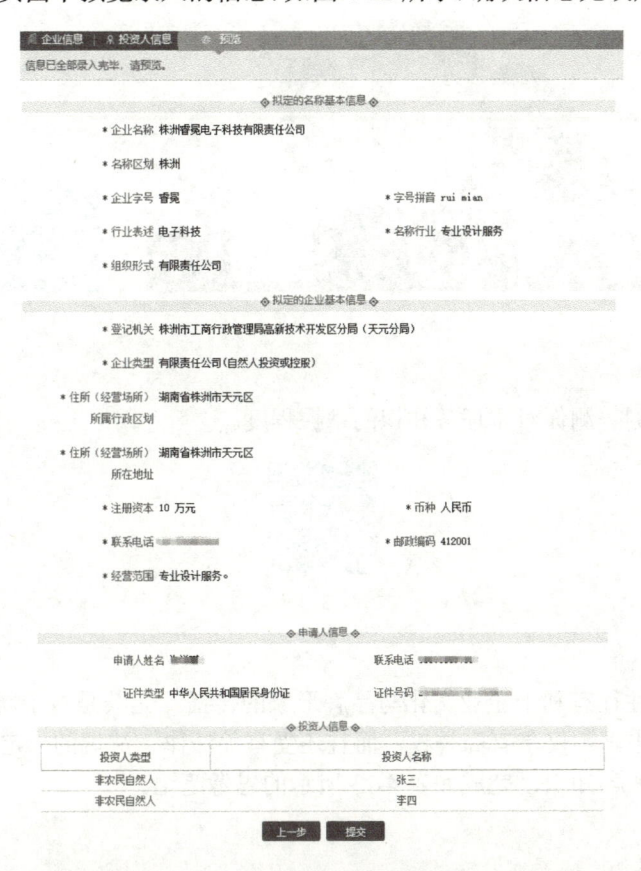

图 4-22 "预览"信息页面

提交成功后，系统会弹出"提交成功"提示页面，如图4-23所示。

图4-23 "提交成功"提示页面

需要注意的是，提交成功后企业名称只保留30天，保留期内如果未提交设立登记申请的，该名称自动失效。对在保留期内自主申报名称，如需调整该名称相关项目，将原申请项目记录调整后重新提交，保留期限仍从首次提交之日起计算为30天，只能申请调整一次；对在保留期内自主申报名称，如需延期的，可申请延期，但只能延期一次，延长期限为30天。

如果选择在网上办理，则直接单击"立即办理全程电子化设立登记"按钮；如果选择现场办理，则需要单击"打印材料"按钮，下载并填好相关资料到登记机关窗口办理。

微视频4-10：网上企业名称自主申报

在线测验

扫描二维码，测一测你对本任务知识的掌握程度。

创业感悟

好的企业名称往往有利于企业文化与品牌形象的传播，尤其是对于新企业而言。公司的名称作为公司的标志，不仅享有商誉权，而且还受有关法律、法规的一定限制。

请结合本任务所学知识，完成如表4-13所示的思考笔记。

表 4-13　思考笔记

企业名称的组成	什么是行政区划	什么是字号
	什么是行业（经营特点）	什么是组织形式
企业名称设计需要注意的事项		
网上企业名称自主申报流程		

创业评价

1. 评价内容

根据自己的创业计划，为自己的企业设计一个理想的名字，登录湖南省市场监督管理局网站，进行网上企业名称自主申报，并将操作过程截图，同时完成如表 4-14 所示的企业名称申报记录表。

表 4-14　企业名称申报记录表

企业名称	
申报信息截图	企业名称申报基本信息截图：
	企业信息截图：
	投资人信息截图：
	预览确认信息截图：
	信息提交成功截图：
个人体会	

项目四　在哪里创业

145

2. 评价标准

（1）设计的企业名称符合规范要求（20 分）；

（2）企业名称申报基本信息填报正确，截图清晰（10 分）；

（3）企业信息填报正确，截图清晰（10 分）；

（4）投资人信息填报正确，截图清晰（10 分）；

（5）预览确认信息填报正确，截图清晰（10 分）；

（6）信息提交成功截图清晰（10 分）；

（7）个人体会填写体现出真实操作过程中的感悟（30 分）。

游戏拓展

1. 游戏名称
你的名字我知道。

2. 游戏目标
熟悉企业名称的规范设计，提升辨别名称是否规范的快速反应能力。

3. 建议时间
每轮时间不超过 10 分钟。

4. 道具准备
电脑、投影仪、计时器、每组一支笔和答题纸若干张。

5. 游戏规则

（1）成员自由组合，每 4 人一组。

（2）主持人宣布规则。主持人首先给出一个规范的企业名称，然后给出一系列变更企业名称的口令，每组根据变更口令，迅速修改企业名称，在答题纸上记录下来，用时最短者获胜（每答错一个增加 5 分钟时间）。

（3）主持人在投影仪上投出一个规范的企业名称，如"株洲旭日电子科技服务有限责任公司"，请各组记住。主持人宣布变更口令 1：

A. "修改行政区划，写出新的公司名称"（答案是只改株洲，其他不变）；

B. "修改字号，写出新的公司名称"（答案是只改旭日，其他不变）；

C. "修改行业（经营特点），写出新的公司名称"（答案是只改电子科技服务，其他不变）；

D. "修改组织形式，写出新的公司名称"（答案是只改有限责任公司，其他不变）。

（4）主持人在投影仪上投出不规范企业名称所属的 A～F 共 6 种选择，要求各组做出选择。主持人宣布变更口令 2：

"企业名称不得含有有损于国家、社会公共利益的内容和文字。我每说出 1 个不规范的企业名称，请各组判断其属于哪种问题。"

A. 有消极或不良政治影响的（如"支那旭日电子科技服务有限责任公司""株洲黑太阳电子科技服务有限责任公司""株洲大地主电子科技服务有限责任公司"等）；

B. 宣扬恐怖主义、分裂主义和极端主义的（如"株洲 911 电子科技服务有限责任公司""东突旭日电子科技服务有限责任公司""株洲占中电子科技服务有限责任公司"等）；

C. 带有殖民文化色彩，有损民族尊严和伤害人民感情的（如"株洲大和电子科技服务有限责任公司""大东亚旭日电子科技服务有限责任公司""福尔摩萨旭日电子科技服务有限责任公司"等）；

D. 带有种族、民族、性别等歧视倾向的（如"株洲黑鬼电子科技服务有限责任公司"等）；

E. 含有封建文化糟粕、违背社会良好风尚或不尊重民族风俗习惯的（如"株洲鬼都电子科技服务有限责任公司""株洲妻妾成群电子科技服务有限责任公司"等）。

F. 涉及毒品、淫秽、色情、暴力、赌博的（如"株洲海洛因电子科技服务有限责任公司""株洲推牌九电子科技服务有限责任公司"等）。

任务五　你知道如何进行企业登记注册吗

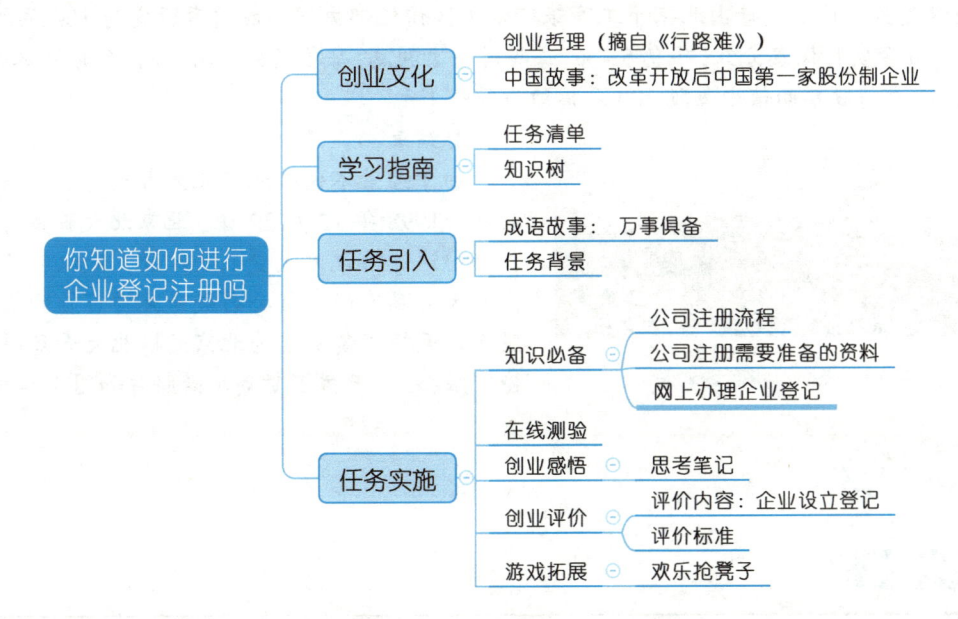

思维导图

你知道如何进行企业登记注册吗
- 创业文化
  - 创业哲理（摘自《行路难》）
  - 中国故事：改革开放后中国第一家股份制企业
- 学习指南
  - 任务清单
  - 知识树
- 任务引入
  - 成语故事：万事俱备
  - 任务背景
- 任务实施
  - 知识必备
    - 公司注册流程
    - 公司注册需要准备的资料
    - 网上办理企业登记
  - 在线测验
  - 创业感悟 — 思考笔记
  - 创业评价
    - 评价内容：企业设立登记
    - 评价标准
  - 游戏拓展 — 欢乐抢凳子

创业文化

创业哲理

乘风破浪会有时，直挂云帆济沧海。

——〔唐〕李白《行路难》

【释义】尽管前路障碍重重，但仍将有一天会乘长风破万里浪，挂上云帆，横渡沧海，到达理想的彼岸。

中国故事

改革开放后中国第一家股份制企业

1. 成立

1953年北京天桥百货股份有限公司始建。北京天桥百货股份有限公司始建于1953年4月，原名为"中国百货公司北京市公司第四批发部"，后定名为"天桥百货商场"。它有着优良的

147

成绩:1958年,成为全国闻名的红旗单位。1958年周恩来总理曾经视察过天桥百货商场。但是,由于在旧的体制下,只能长期维持简单的再生产,企业发展缺乏后劲。当时商场的财务审批权限仅在10元以下。

2. 改制

北京天桥百货股份有限公司寻踪。1984年4月,原国家经济体制改革委员会召开了城市经济体制改革试点工作座谈会。会后下发的座谈会纪要指出,股份制应该成为城市集体企业和国营小型企业进一步放开搞活的一个办法。1984年7月25日,北京天桥百货股份有限公司呱呱落地。章程是参考国外条文,辅以对解放前股份制一鳞半爪的印象闷头写的。股票,是极郑重地抠出5万元到北京印钞厂印刷的,总额300万元。

3. 上市

天桥股票在上海证券交易所上市。天桥股票于1993年5月24日正式在上海证券交易所上市挂牌交易。股票发行由北京市工商银行崇文区信托部办理。股票每股定为100元,5年为一期。股金实行保息分红,年息5.4%,每年付一次利息,每年预分一次红利,到期还本分红。1992年11月将股票面值由每股100元拆细为每股1元。

4. 结束

由于经营不佳被北京北大青鸟有限责任公司收购。1998年12月29日,北京北大青鸟有限责任公司通过协议方式受让法人股,股权转让后北京北大青鸟有限责任公司成为天桥百货的第一大股东。天桥百货更名为北京天桥北大青鸟科技股份有限公司。天桥百货商场老照片如图4-24所示。

图4-24 天桥百货商场老照片

学习指南

任务清单

工作任务	在网上完成企业设立登记	教学模式	任务教学法
建议学时	1学时	教学地点	多媒体教室
任务描述	登录市场监督管理局网站,在网上完成企业设立登记		
学习目标	知识目标	1.能够根据模板撰写企业设立预登记所需的资料; 2.能够为自己的企业设计一个理想的名字; 3.能够在网上完成企业设立预登记	
	能力目标	1.通过查询资料完成学习任务,提高资源搜集的能力; 2.通过登录网站,提升对工商局网上办公的认识能力; 3.通过完成学习任务,提高解决实际问题的能力	
	素质目标	1.树立企业责任意识、诚信意识; 2.强化网络查询的能力; 3.培养分析沟通设计的能力	
	思政目标	通过对创业哲理、中国故事和成语故事的解读和讲解,培养学生的爱国、诚信和法治意识	
关键词	公司注册流程,资料,企业设立登记		

知识树

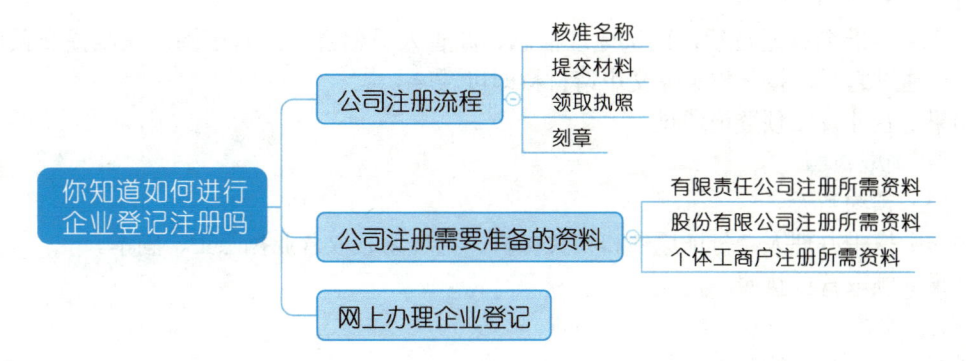

```
                          ┌─ 核准名称
                          ├─ 提交材料
           ┌─ 公司注册流程 ┤
           │              ├─ 领取执照
           │              └─ 刻章
你知道如何进行 │              ┌─ 有限责任公司注册所需资料
企业登记注册吗 ┼─ 公司注册需要准备的资料 ┤ 股份有限公司注册所需资料
           │              └─ 个体工商户注册所需资料
           │
           └─ 网上办理企业登记
```

任务引入

成语故事

"万事俱备"出自〔明〕·罗贯中《三国演义》第四十九回:"孔明索纸笔,屏退左右,密书十六字曰:欲破曹公,宜用火攻;万事俱备,只欠东风。"意思是一切都准备好了,只差东风没有刮起来,不能放火。比喻其他一切准备就绪,只差一个条件,具备了就可成功。

任务背景

欧思琴很高兴,企业名称已经申报成功了,万事俱备,接下来只要完成企业设立登记,就可以去申请工商营业执照了。不过她知道,办理企业设立登记还需要准备很多资料,万万不能马虎。

任务实施

知识必备

一、公司注册流程

一般来说,公司注册的流程包括核准名称→提交材料→领取执照→刻章。公司如果想要正式开始经营,还需要办理以下事项:银行开户→税务报到→申请税控发票→社保开户。

(一)核准名称

时间:1～3个工作日。

操作:确定公司类型、名字、注册资本、股东及出资比例后,可以去现场或在线提交核准名称申请。

结果:如果核准名称失败则需重新提交申请,直至核准名称通过为止。

149

(二)提交材料

时间：5～15个工作日。

操作：核准名称通过后，确认地址信息、高管人员信息、经营范围，在线提交预申请。在线预审通过之后，按照规定递交申请材料即可。

结果：企业设立预登记通过。

(三)领取执照

时间：预约当天。

操作：携带办理人身份证原件和相关材料，到现场领取营业执照正、副本。

结果：领取营业执照。

(四)刻章

时间：1～2个工作日。

操作：凭营业执照，到公安局指定刻章点办理公司公章、财务章、合同章、法人代表章、发票章。

至此，一个公司注册完成。

二、公司注册需要准备的资料

注册不同类型的企业，所需资料是不同的。

(一)有限责任公司注册所需资料

（1）公司法定代表人签署的《公司登记（备案）申请书》。

（2）全体股东签署的《指定代表或共同委托代理人授权委托书》及指定代表或共同委托代理人的身份证件复印件，应标明指定代表或共同委托代理人的办理事项、权限、授权期限。

（3）全体股东签署的公司章程。可以在市场监督管理局网站下载"公司章程"样本，根据实际情况进行修改。章程的最后由所有股东签名，并署名日期。

（4）股东的主体资格证明或者自然人身份证件复印件。

（5）董事、监事、经理的任职文件（股东会决议由股东签署，董事会决议由公司董事签字）及身份证明复印件。

（6）法定代表人的任职文件（股东会决议由股东签署，董事会决议由公司董事签字）及身份证件复印件。

（7）《企业名称预先核准通知书》。

（8）法律、行政法规和国务院决定规定设立有限责任公司必须报经批准的，提交有关的批准文件或者许可证书复印件。

（9）公司申请登记的经营范围中有法律、行政法规和国务院决定规定必须在登记前报经批准的项目，提交有关的批准文件，或者许可证书复印件或许可证明。

（10）《承诺书》。

（11）住所使用证明。住所使用证明材料的准备分为以下三种情况：

● 若是自己的房产，则需要房产证复印件，自己的身份证复印件；

● 若是租房，则需要房东签字的房产证复印件，房东的身份证复印件，双方签字盖章的租赁合同和租金发票；

● 若是租用某个公司名下的写字楼，则需要该公司加盖公章的房产证复印件，该公司营业执照复印件，双方签字盖章的租赁合同，租金发票。

微视频 4-11：有限责任公司设立

（二）股份有限公司注册所需资料

（1）《公司登记（备案）申请书》。

（2）《指定代表或共同委托代理人授权委托书》及指定代表或共同委托代理人的身份证件复印件。

（3）由会议主持人和出席会议的董事签署的股东大会会议记录（募集设立的提交创立大会的会议记录）。

（4）全体发起人签署的，或者出席股东大会或创立大会的董事签字的公司章程。

（5）发起人的主体资格证明或者自然人身份证件复印件：

- 发起人为企业的，提交营业执照复印件；
- 发起人为事业法人的，提交事业法人登记证书复印件；
- 发起人股东为社团法人的，提交社团法人登记证复印件；
- 发起人为民办非企业单位的，提交民办非企业单位证书复印件；
- 其他发起人提交有关法律法规规定的资格证明。

（6）募集设立的股份有限公司提交依法设立的验资机构出具的验资证明，涉及发起人首次出资是非货币财产的，提交已办理财产权转移手续的证明文件。

（7）董事、监事和经理的任职文件及身份证件复印件，依据《公司法》和公司章程的规定，提交由会议主持人和出席会议的董事签署的股东大会会议记录（募集设立的提交创立大会的会议记录）、董事会决议或其他相关材料。其中，股东大会会议记录（创立大会会议记录）可以与第 3 项合并提交，董事会决议由公司董事签字。

（8）法定代表人任职文件（公司董事签字的董事会决议）及身份证件复印件。

（9）《企业名称预先核准通知书》。

（10）募集设立的股份有限公司公开发行股票的应提交国务院证券监督管理机构的核准文件。

（11）法律、行政法规和国务院决定规定设立股份有限公司必须报经批准的，提交有关的批准文件或者许可证件复印件。

（12）公司申请登记的经营范围中有法律、行政法规和国务院决定规定必须在登记前报经批准的项目，提交有关批准文件或者许可证件复印件。

（13）《承诺书》。

（14）住所使用证明。住所使用证明材料的准备分为以下三种情况：

- 若是自己的房产，则需要房产证复印件，自己的身份证复印件；
- 若是租房，则需要房东签字的房产证复印件，房东的身份证复印件，双方签字盖章的租赁合同和租金发票；

● 若是租用某个公司名下的写字楼，则需要该公司加盖公章的房产证复印件，该公司营业执照复印件，双方签字盖章的租赁合同，租金发票。

微视频4-12：股份有限公司设立

（三）个体工商户注册所需资料

（1）经营者签署的《个体工商户开业登记申请书》。

（2）经营者的身份证复印件；申请登记为家庭经营的，以主持经营者作为经营者登记，由全体参加经营的家庭成员在《个体工商户开业登记申请书》经营者签名栏中签字予以确认；提交居民户口簿或者结婚证复印件作为家庭成员亲属关系证明；其他参加经营家庭成员的身份证复印件，对其姓名及身份证号码予以备案。

（3）申请登记的经营范围中有法律、行政法规和国务院决定规定必须在登记前报经批准的项目，应当提交有关许可证书或者批准文件复印件。

（4）经营场所使用证明。个体工商户以自有场所作为经营场所的，应当提交自有场所的产权证明复印件；租用他人场所的，应当提交租赁协议和场所的产权证明复印件；无法提交经营场所产权证明的，可以提交市场主办方、政府批准设立的各类开发区管委会、村居委会出具的同意在该场所从事经营活动的相关证明。

（5）委托代理人办理的，还应当提交经营者签署的《委托代理人证明》及委托代理人身份证复印件。

以上各项未注明提交复印件的，应当提交原件；提交复印件的，应当注明"与原件一致"并由个体工商户经营者或其委托的代理人签字。

微视频4-13：个体工商户注册

三、网上办理企业登记

企业名称申报成功后，可以登录本地市场监督管理局网站办理企业登记手续。我们仍以公司在湖南省注册为例，登录湖南省市场监督管理局网站，选择导航栏的"服务"选项，在打开页面的"专题服务"模块，选择"企业注册"选项，然后在打开的"湖南省企业登记全程电子化系统"页面中的"企业登记"模块选择"企业登记－新设"选项，如图4-25所示，单击"我要办理"按钮，打开"新建申请"页面。

图4-25 "企业登记"页面

1. 进行创建申请

在"创建申请"页面中输入"已核准名称"和"输入股东姓名或名称"，如图4-26所示，单击"下一步"按钮。

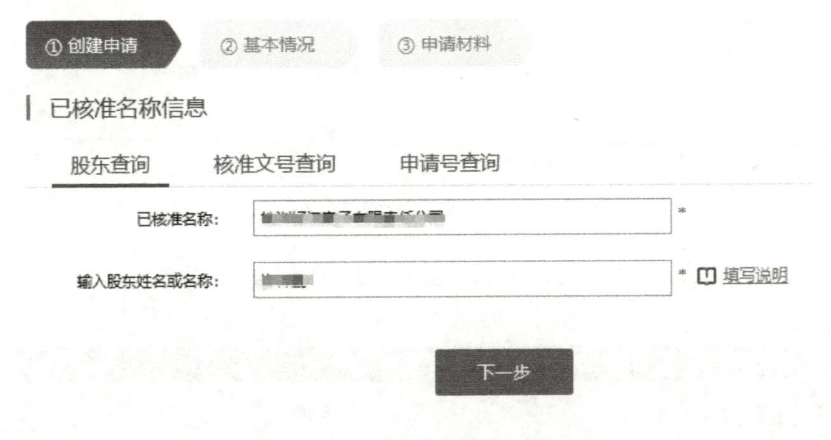

图4-26 "创建申请"页面

2. 录入基本情况

在"基本情况"页面中补充、完善基本信息，如是否需要领取纸质执照、营业执照领取方式、城乡标记、详细地址、住所产权、从业人数、经营期限、经营类别、工商联络员信息、党建信息等。需要注意的是，工商联络员是指由企业的法定代表人或负责人指定或委托，负责办理企业登记注册、年度报告等涉及工商部门事务的企业工作人员。所填写的相关信息，务必真实有效。"基本情况"录入页面如图4-27所示。

3. 录入股东信息

在"股东"页面中的"股东出资信息"列表中单击"编辑"按钮，如图4-28所示，进入"股东"信息编辑页面，如图4-29所示。

153

图 4-27　"基本情况"录入页面

图 4-28　编辑"股东出资信息"入口页面

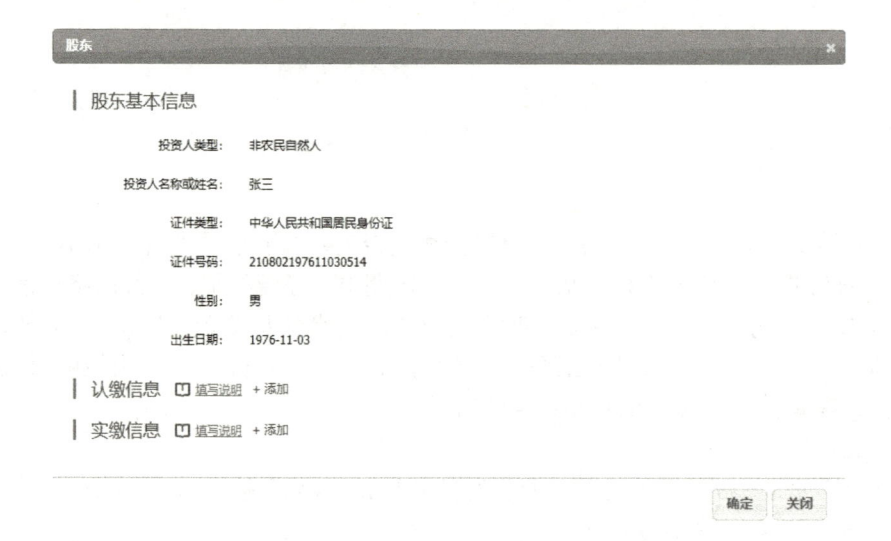

图 4-29　"股东"信息编辑页面

如果需要对"认缴信息"或"实缴信息"进行编辑，根据股东实际出资情况，在"认缴信息"或"实缴信息"后面单击"添加"按钮，录入相关信息即可。"认缴出资信息"页面如图4-30所示。

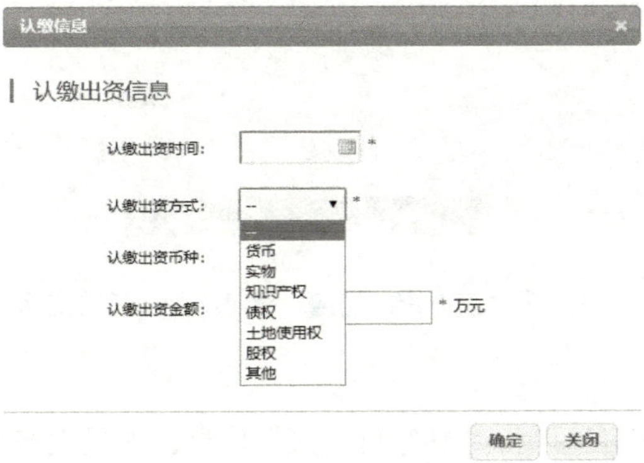

图4-30 "认缴出资信息"页面

说明：认缴出资时间由全体股东约定；实缴出资时间须在设立日期之前；认缴出资币种和金额按实际填写；认缴出资方式可以选择货币、实务、知识产权、债权、土地使用权、股权或其他。

信息录入完成后，单击"下一步"按钮。

4. 录入"董事、监事、经理"信息

"董事、监事、经理"信息栏至少要添加一个法定代表人，如果是有限责任公司，则至少要设一名监事。单击"添加人员"按钮，进行信息录入。其中，基本信息按实际填写即可，任职情况中，如果公司规模较小，只要设一名执行董事和监事即可，任职期限不超过三年。"董事、监事、经理"信息录入界面如图4-31所示。

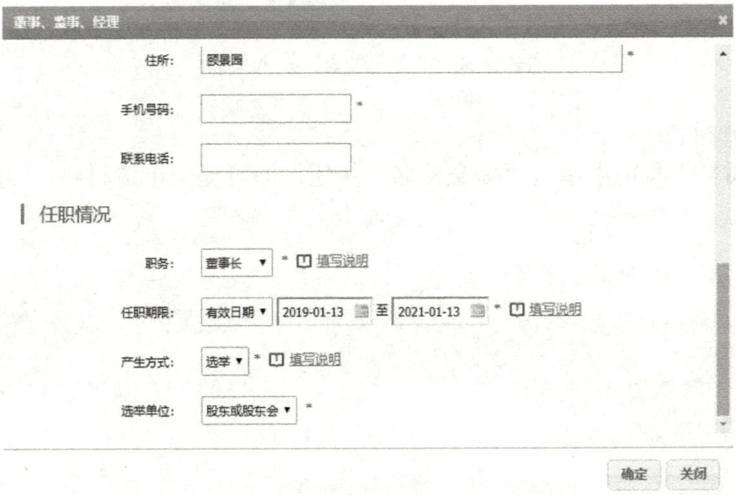

图4-31 "董事、监事、经理"信息录入界面

录入完成后，单元"确定"按钮。录入完成的"董事、监事、经理"信息页面如图4-32所示。确认"董事、监事、经理"信息无误后，单击"下一步"按钮。

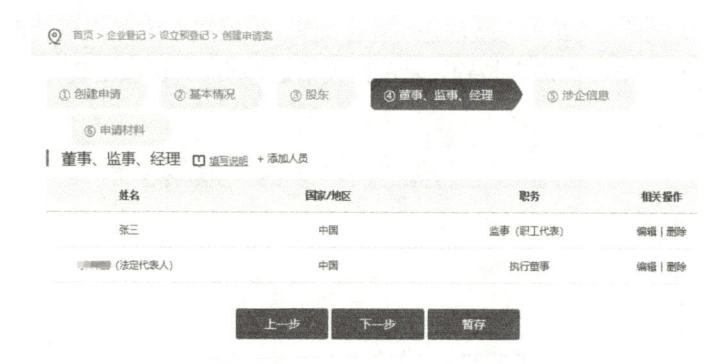

图 4-32　录入完成的"董事、监事、经理"信息页面

5. 录入涉企信息

涉企信息包括"税务信息"和"财务负责人"信息。如果生产经营地址与企业经营场所地址不一致的，需填写实际生产经营地址。"涉企信息"录入页面如图 4-33 所示。

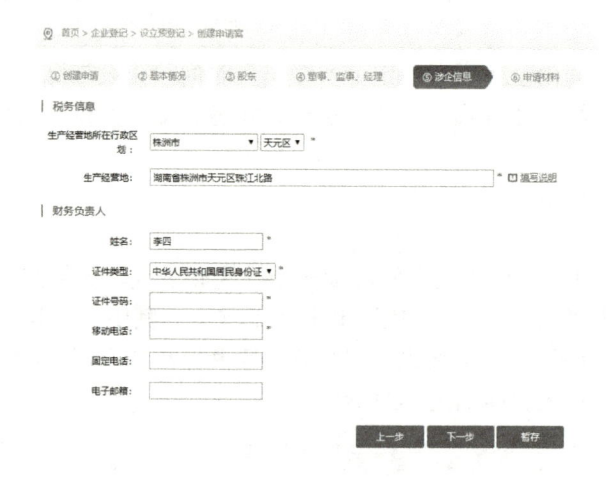

图 4-33　"涉企信息"录入页面

6. 提交申请材料

在"申请材料"页面中单击"提交签名"按钮，即可提交申请材料。"申请材料"页面如图 4-34 所示。

图 4-34　"申请材料"提交页面

项目四　在哪里创业

微视频 4-14：网上办理企业设立预登记

在线测验

扫描二维码，测一测你对本任务知识的掌握程度。

创业感悟

注册资本并非越多越好。2014 年《公司法》出台后，大部分的公司实行认缴制，即公司注册资本为全体股东认缴的出资额，而股东以注册资本承担有限责任，当公司资产不足以清偿公司债务时，股东有义务按照承诺的注册资本清偿剩余债务。倘若写上 1 亿元的注册资本，就要承担 1 亿元限额内的责任，相当于有限责任变成无限责任。所以，注册资本还是要结合公司资金实际情况，谨慎认缴。

请结合本任务所学知识，完成如表 4-15 所示的思考笔记。

表 4-15　思考笔记

企业注册所需资料	有限责任公司
	股份有限公司
	个体工商户
网上办理企业设立登记需要录入的信息	

157

创业评价

1. 评价内容

登录湖南省市场监督管理局网站，在网上完成企业设立登记，并将操作过程截图，同时完成如表 4-16 所示的企业设立登记信息表。

表 4–16 企业设立登记信息表

企业名称及设立登记截图	企业名称：
	创建申请截图：
	基本情况截图：
	股东信息截图：
	董事、监事、经理信息截图：
	涉企信息截图：
	提交申请材料信息截图：
个人体会	

2. 评价标准

（1）企业创建申请信息录入正确，截图清晰（10 分）；
（2）企业基本情况录入正确，截图清晰（10 分）；
（3）股东信息录入正确，截图清晰（10 分）；
（4）董事、监事、经理信息录入正确，截图清晰（10 分）；
（5）涉企信息录入正确，截图清晰（10 分）；
（6）提交申请材料信息录入正确，截图清晰（10 分）；
（7）个人体会填写体现出真实操作过程中的感悟（40 分）。

游戏拓展

1. 游戏名称

欢乐抢椅子。

2. 游戏目标

进一步了解不同类别公司的特征及异同点。

3. 建议时间

每轮时间不超过 10 分钟。

4. 道具准备

椅子（数量根据人数确定）、若干卡片（每张卡片分别标注有限责任公司、股份有限公司、个体工商户）、三类公司相同和相异的特征归类分析表（主持人宣读）。

5. 游戏规则

（1）成员自由组合，每人3张卡片（每张卡片分别标注有限责任公司、股份有限公司、个体工商户）。

（2）主持人宣布规则，游戏开始时先把椅子摆成圆形（按参加人数减1计算，如6人参加则摆5张），然后，每组参赛人员在椅子外面围成一圈，主持人放音乐并宣读公司特征时，参加人员边沿着圆形顺时针或逆时针走动（注意不能插队，听主持人指挥），边思考这是哪种公司的特征。

（3）当音乐暂停时，参赛人员要迅速抢到1张椅子坐下，并把对应的1张卡片举起，没有抢到椅子的参赛人员被淘汰，卡片举对的加10分。

（4）再拿出一把椅子，依此类推。最后，分数最高的参赛人员为胜出者。

游戏场景如图4-35所示。

图4-35 游戏场景

项目五

没钱怎么办

近年来，大学生创业比例连续上升，综合历年来《中国大学生就业报告》的资料，大学生创业者认为"缺少资金""缺乏企业管理经验""市场推广困难"是可能导致创业失败的三大风险。其中，"缺少资金"稳居三大风险中的第一位。本项目包括你知道有哪些渠道和方式可以融资吗、你知道如何写创业计划书吗、你知道参加创业比赛可以赢大奖吗、你知道怎么跟天使投资人"谈恋爱"吗四个学习任务。完成任务之后，学习者能够知道适合大学生创业的融资方式，在修改完善商业计划书的基础上，通过参加创业比赛和项目路演获取创业资金。

任务一 你知道有哪些渠道和方式可以融资吗

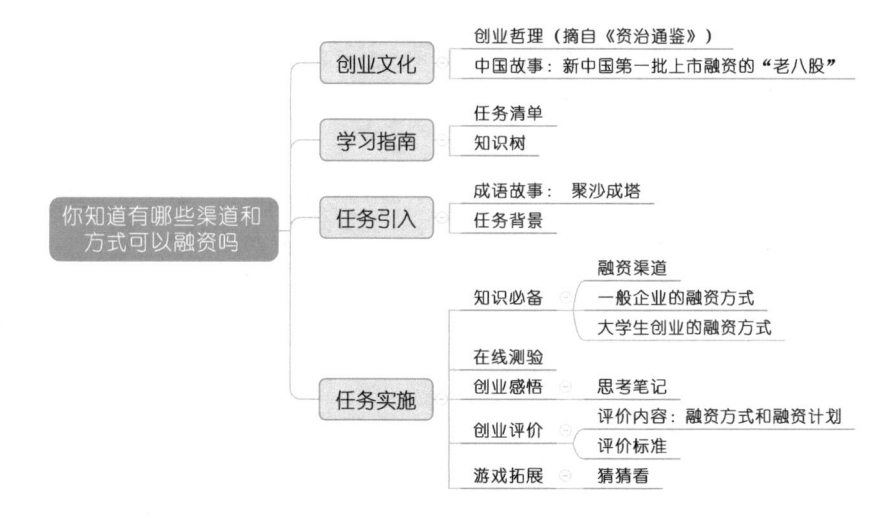

思维导图

你知道有哪些渠道和方式可以融资吗
- 创业文化
  - 创业哲理（摘自《资治通鉴》）
  - 中国故事：新中国第一批上市融资的"老八股"
- 学习指南
  - 任务清单
  - 知识树
- 任务引入
  - 成语故事：聚沙成塔
  - 任务背景
- 任务实施
  - 知识必备
    - 融资渠道
    - 一般企业的融资方式
    - 大学生创业的融资方式
  - 在线测验
  - 创业感悟——思考笔记
  - 创业评价
    - 评价内容：融资方式和融资计划
    - 评价标准
  - 游戏拓展——猜猜看

创业文化

创业哲理

取之有度，用之有节，则常足。

——《资治通鉴》

【释义】要有限度地索取，有节制地使用，这样才能常保富足。

中国故事

新中国第一批上市融资的"老八股"

中国股市，可以说是改革开放中最为抢眼的成果之一。那些存留在人们记忆的激情年代，整夜排队买股票、用麻袋装股票交易凭据、从纸质股票到今天的电子交易，从上海"老八股"到上千家企业上市，股市对于经济和社会发展的影响力是有目共睹的。上海"老八股"指最早在上海证券交易所上市交易的八只股票（1990年12月19日上市），分别为上海申华电工联合公司（600653现为"申华控股"）、上海飞乐股份有限公司（600654飞乐股份）、上海豫园旅游商场股份有限公司（600655现为"豫园商城"）、上海真空电子器件股份有限公司（600602现为"广电电子"）、浙江凤凰化工股份有限公司（600656现为"退市博元"）、上海飞乐音响股份有限公司（600651飞乐音响）、上海爱使电子设备股份有限公司（600652现为"爱使股份"）、上海延中实业股份有限公司（600601现为"方正科技"）。

新中国成立以后，天津和北京的证券交易所在1952年相继关门。此后几十年中，我们的经济体在股权问题上只有两种形式存在：一种是全民所有制，也就是国有企业；另一种是集体企业。改革开放要搞活城市企业，第一道坎便是产权问题。20世纪80年代后期，中国经济体制改革转向城市以后，如何搞活企业成了改革中的头等大事。这八家企业有些比较共同的特点：规模不大，多是集体性质企业，还有的地处城市郊区。例如，上海真空电子器件股份有限公司是上海郊区第一家发行股票的企业，而上海豫园旅游商场股份有限公司前身是老城隍庙商场，是一家集体企业。在当时，中国既没有交易所，也没有真正意义上的股市，"老八股"的出现必然带有很强的试水性质。后来的事实也证明，企业寻求公开上市的好处比人们想象的要多，对我国经济体制改革也大有裨益。从某种程度上讲，股市所具有的巨大融资效应，在很长时间内主导并影响了我国经济体制改革的步骤和方法。例如，"老八股"的试点，实现了通过市场融资渠道解决企业经营困境的目的，这一示范效应也推动了大批国有企业纷纷进入股市，"股市解困说"由此而起。还有，利用或依托资本市场发展推进我国的产权改革。另外，股市发展也成为发展大企业的重要支撑之一，并促使一批大型企业走向海外市场。新中国第一批上市的八张股票如图5-1所示。

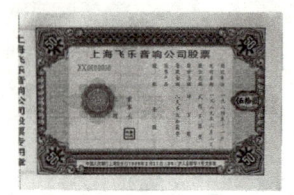

图 5-1 新中国第一批上市的八张股票

学习指南

任务清单

工作任务	选择合适的融资方式	教学模式	任务教学法
建议学时	1 学时	教学地点	多媒体教室
任务描述	本任务要求根据自己的创业计划，选择适合的融资方式，注明选择该融资方式的理由，并写一个简单的融资计划		
学习目标	知识目标	1. 能够掌握各种融资渠道的特点； 2. 能够掌握各种融资方式的特点； 3. 能够选择适合自己的融资渠道与融资方式	
	能力目标	1. 通过查询资料完成学习任务，提高资源搜集的能力； 2. 通过撰写报告，提升分析能力； 3. 通过完成学习任务，提高解决实际问题的能力	
	素质目标	1. 树立通过融资解决生产经营所需资金的意识； 2. 强化汇报沟通的能力； 3. 培养分析问题并撰写分析报告的能力	
	思政目标	通过对创业哲理、中国故事和成语故事的解读和讲解，培养学生的诚信和法治意识	
关键词	融资渠道，融资方式		

知识树

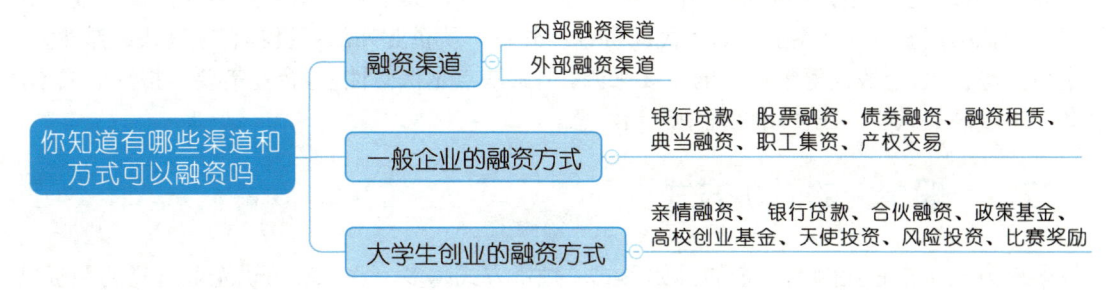

你知道有哪些渠道和方式可以融资吗
- 融资渠道
  - 内部融资渠道
  - 外部融资渠道
- 一般企业的融资方式：银行贷款、股票融资、债券融资、融资租赁、典当融资、职工集资、产权交易
- 大学生创业的融资方式：亲情融资、银行贷款、合伙融资、政策基金、高校创业基金、天使投资、风险投资、比赛奖励

任务引入

成语故事

"聚沙成塔"出自《妙法莲华经·方便品》："若于旷野中，积土成佛庙，乃至童子戏，聚沙为佛塔。如是诸人等，皆已成佛道。"意思是如果有人在旷野中，积聚泥土成为一座佛庙，乃至小孩子游戏玩耍时，聚集沙子成为佛塔。凡是做出以上行为的各种人，他们都已成就佛道。常比喻积少成多。

任务背景

欧思琴注册好自己的公司后很激动，但另一个烦恼随之而来：公司没钱怎么办？她试了很多办法，向家人和亲朋好友借钱，但大家都劝她"务实"一点，早点找个好工作就业，看来这条路走不通。向银行贷款，手续烦琐不说，还需要抵押物。这下可难住"一穷二白"的她了。借高利贷？那可是万万不能的。还能从哪里筹钱呢？欧思琴陷入了沉思。

任务实施

知识必备

一、融资渠道

融资渠道，指企业筹集资金的来源，主要包括内部融资和外部融资两个渠道。其中，内部融资主要是指企业的自有资金和在生产经营过程中的资金积累部分。随着技术的进步和生产规模的扩大，单纯依靠内部协助企业融资已经很难满足企业的资金需求，外部融资成为企业获取资金的重要方式。

（一）内部融资渠道

企业内部融资渠道是指从企业内部开辟的资金来源。从企业内部开辟资金来源有三个方面：企业自有资金、企业应付税利和利息、企业未使用或未分配的专项基金。一般在企业并购中，企业都尽可能选择这一渠道，因为这种方式保密性好，企业不必向外支付借款成本，因而风险很小，但资金来源数额与企业利润有关。

163

（二）外部融资渠道

企业外部融资渠道是指企业从外部开辟的资金来源，其主要包括专业银行信贷资金、非银行金融机构资金、其他企业资金、民间资金和外资。从企业外部筹资具有速度快、弹性大、资金量大等优点，一般是筹集资金的主要来源。但其缺点是保密性差，企业需要负担高额成本，因此产生较高的风险，在使用过程中应当注意。

二、一般企业的融资方式

融资方式是指企业融通资金的具体形式。融资方式越多，意味着可供企业选择的融资机会越多。一般企业常见的融资方式包括银行贷款、股票融资、债券融资、融资租赁、典当融资、职工集资、产权交易等。

（一）银行贷款

银行贷款是企业最主要的融资方式。按资金性质可分为流动资金贷款、固定资产贷款和专项贷款三类。专项贷款通常有特定的用途，其贷款利率一般比较优惠。贷款分为信用贷款、担保贷款和票据贴现。

（二）股票融资

股票融资是指资金不通过金融中介机构，借助股票这一载体直接从资金盈余部门流向资金短缺部门，资金供给者作为所有者（股东）享有对企业控制权的融资方式。股票具有永久性、无到期日、无须归还、没有还本付息的压力等特点，因而筹资风险较小。

（三）债券融资

企业债券，也称公司债券，是企业依照法定程序发行、约定在一定期限内还本付息的有价证券，表示发债企业和投资人之间是一种债权债务关系。债券持有人不参与企业的经营管理，但有权按期收回约定的本息。在企业破产清算时，债权人优先于股东享有对企业剩余财产的索取权。企业债券与股票一样，同属有价证券，可以自由转让。企业债券用途多为新建项目，利息高于同期银行利率，期限为二年至三年。市场上一般大型企业发行的债券较多，中小型企业如果有盈利较高的项目、资金需求量较大，可以采用这种方式融资，关键要解决债券的包销、利息支付、如期偿还等具体问题。

（四）融资租赁

融资租赁是指出租方根据承租方对供货商、租赁物的选择，向供货商购买租赁物，提供给承租方使用，承租方在契约或合同规定的期限内分期支付租金的融资方式。融资租赁有直接购买租赁、售出后回租及杠杆租赁等形式。此外，还有租赁与补偿贸易结合、租赁与加工装配结合、租赁与包销结合等多种租赁形式。

（五）典当融资

典当是以实物为抵押，以实物所有权转移的形式取得临时性贷款的一种融资方式。与银行贷款相比，典当贷款成本高、贷款规模小。但典当也有银行贷款所无法相比的优势。第一，与银行对借款人的资信条件近乎苛刻的要求相比，典当行对客户的信用要求几乎为零，典当行只注重典当物品是否货真价实，而且一般商业银行只做不动产抵押，而典当行可以以动产与不动产质押二者兼为；第二，到典当行典当物品的起点低，千元、百元的物品都可以当，与银行相反，典当行更注重对个人客户和中小企业服务；第三，与银行贷款手续繁杂、审批周期长相比，典当贷款手续十分简便，大多立等可取，即使是不动产抵押，也比银行要便捷许多；第四，客户向银行贷款时，贷款的用途不能超越银行指定的范围，而典当行则不问贷款的用途，钱使用起来十分自由，资金周而复始，可以大大提高资金的使用率。

（六）职工集资

中小企业可以根据公司资产实际，将净资产作为股份划分，采取管理层持股（MBO）、员工持股（ESO）及向特定的股东发售股份的方式募集资金，并实现股份多元化。职工集资在20世纪90年代初期，基本上成为解决资金问题的一大法宝。

（七）产权交易

产权交易在国内方兴未艾，各地都设立了资产、股权交易市场，产权交易比较规范，对出售的资产、股权均有相应的价格评估体系，交易方式基本市场化。中小科技企业为了解决资金紧缺，可将部分股权专利（无形资产）及有形资产在产权交易所挂牌，这样既可以解决企业内部资金紧缺问题，增加现金流，又可以为进一步的资本市场运作打好基础。

微视频5-1：一般企业的融资方式

三、大学生创业的融资方式

创业资金的筹集无疑是阻碍大学生创业成功的一大拦路虎，创业融资的风险是大学生在创业初期不得不慎重考虑的问题。大学生创业的融资方式有如下八种。

（一）亲情融资

亲情融资就是向家庭成员或亲朋好友筹款的方式。该方式的优势是资金筹措速度快，风险小，成本低；劣势是向亲友借钱创业，会给亲友带来资金风险，甚至是资金损失，如果创业失败，就会影响双方感情。

（二）银行贷款

银行贷款被誉为创业融资的"蓄水池"，因为大学生创业融资大多数是无抵押融资，只能是小额贷款。该方式的优势是银行财力雄厚；劣势是手续烦琐，需要经过许多"门槛"，任何一个环节都不能出问题。

（三）合伙融资

合伙融资是指按照"共同投资、共同经营、共担风险、共享利润"的原则，直接吸收单位或个人投资合伙创业的一种融资方式。该方式的优势是有利于对各种资源的利用和整合，增强企业信誉，能尽快形成生产能力，有利于降低创业风险；劣势是很容易产生意见分歧，降低办事效率，也有可能因为权利与义务的不对等而产生合伙人之间的矛盾，不利于合伙基础的稳定。

（四）政策基金

各种政策提供的创业基金通常被称为创业者的"免费皇粮"。其优势是利用各种政策基金，不用担心投资方的信用问题，另外，政府的政策基金一般都是免费的，降低或免除了融资成本；

其劣势是申请政府的创业基金有严格的程序要求，政府每年投入的政策基金有限，融资者需面对其他融资者的竞争。

（五）高校创业基金

高校创业基金和政策基金类似。现在各所高校也在鼓励大学生创业，除减免场地费、一系列孵化园政策支持以外，每所学校或多或少都有一些创业基金。该方式的优势是相对政府的融资来说，这个创业融资基金更容易拿到；劣势是资金规模不大，支撑力度有限，面向的对象不广。

（六）天使投资

天使投资是自由投资者或非正式风险投资机构，对处于构思状态的原创项目或小型初创企业进行的一次性的前期投资。该方式的优势是民间资本的投资操作程序较为简单，融资速度快，门槛也较低；劣势是很多民间投资者在投资的时候总想控股，因此容易与创业者发生矛盾。

（七）风险投资

风险投资是一种融资与投资相结合的投资方式，是指创业者通过出售自己的一部分股权给风险投资者获得一笔资金，用于发展企业和开拓市场。当企业发展到一定规模时，风险投资者出卖自己拥有的企业股权获取收益，再进行下一轮投资。许多创业者就是利用风险投资使企业渡过幼小阶段的。该方式的优势是有利于有科技含量、商业模式创新、有豪华团队背景、现金流良好、发展迅猛的有关项目融资；劣势是融资项目有局限。

（八）比赛奖励

对刚刚起步的创业者来说，参加各类创业比赛获得的收益较多。一方面，有可能直接赢得比赛奖金；另一方面，也会获得免费培训和专家指导的机会，从而减少成本支出。该方式的优势是门槛低，如果准备充分，收获较大；劣势是竞争激烈。

微视频 5-2：大学生创业的融资方式

在线测验

扫描二维码，测一测你对本任务知识的掌握程度。

创业感悟

早期创业企业融资相对可行的渠道有四个：一是说服身边亲戚朋友筹款投资；二是通过众筹平台融资；三是通过银行获得各类贷款，如信用贷款、抵押贷款；四是直接找机构进行

BP 投递，或者去这类融资平台找投资人进行沟通。

请结合本任务所学知识，完成如表 5-1 所示的思考笔记。

表 5-1　思考笔记

大学生创业的融资方式	优点	缺点
亲情融资		
银行贷款		
合伙融资		
政策基金		
高校创业基金		
天使投资		
风险投资		
比赛奖励		

创业评价

1. 评价内容

根据你的项目特点，完成如表 5-2 所示的融资方式和融资计划确定表，并说明资金用途。

表 5-2　融资方式和融资计划确定表

项目名称、融资方式及理由	创业项目名称：		
	大学生创业融资方式	选择该融资方式	理由
	1.		
	2.		
	3.		
	4.		
	5.		
	6.		
	7.		
	8.		

续表

<table>
<tr><td rowspan="5">融资计划步骤及内容</td><td colspan="2">步骤</td><td>内容</td></tr>
<tr><td colspan="2">1.</td><td></td></tr>
<tr><td colspan="2">2.</td><td></td></tr>
<tr><td colspan="2">3.</td><td></td></tr>
<tr><td colspan="2">……</td><td></td></tr>
<tr><td rowspan="6">资金金额及用途</td><td colspan="2">融资金额/元</td><td>用途</td></tr>
<tr><td colspan="2">1.</td><td></td></tr>
<tr><td colspan="2">2.</td><td></td></tr>
<tr><td colspan="2">3.</td><td></td></tr>
<tr><td colspan="2">……</td><td></td></tr>
<tr><td colspan="2">合计</td><td></td></tr>
</table>

2. 评价标准

（1）创业融资方式选择理由描述准确（40分）；

（2）融资计划步骤思路清晰，可行性高（30分）；

（3）资金使用描述清晰，用途合理（30分）。

游戏拓展

1. 游戏名称

猜猜看。

2. 游戏目标

深入了解大学生创业各种融资方式的优缺点。

3. 建议时间

每组展示时间不超过3分钟。

4. 道具准备

大学生创业融资方式表、若干写有各种融资方式优缺点关键词的卡片、计时器。

5. 游戏规则

（1）每两人组合一组，甲负责拿卡片向乙展示关键词，乙负责猜是哪种融资方式。

（2）主持人提前将写有各种融资方式优缺点关键词的卡片混合在一起，向甲指出大学生创业融资方式表中的任意一种融资方式，并开始计时。

（3）甲根据该融资方式，从中挑选符合其特征的关键词卡片向乙展示，全程不能说话。

（4）乙根据关键词卡片只有一次机会猜是哪种融资方式，如果猜不出，可以要求甲提供更多关键词卡片，也可以直接选择跳过，主持人重新向甲指出一种新的融资方式，甲重复步骤3。

（5）规定时间内猜中最多的为胜利者。

任务二　你知道如何写创业计划书吗

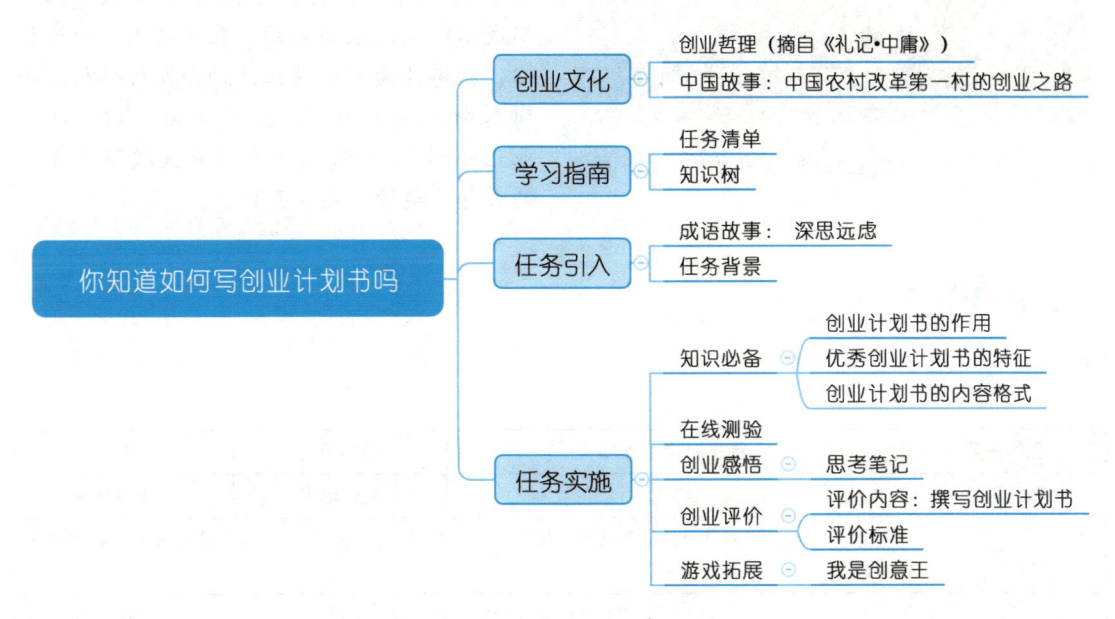

思维导图

- 你知道如何写创业计划书吗
  - 创业文化
    - 创业哲理（摘自《礼记·中庸》）
    - 中国故事：中国农村改革第一村的创业之路
  - 学习指南
    - 任务清单
    - 知识树
  - 任务引入
    - 成语故事：深思远虑
    - 任务背景
  - 任务实施
    - 知识必备
      - 创业计划书的作用
      - 优秀创业计划书的特征
      - 创业计划书的内容格式
    - 在线测验
    - 创业感悟：思考笔记
    - 创业评价
      - 评价内容：撰写创业计划书
      - 评价标准
    - 游戏拓展：我是创意王

创业文化

创业哲理

凡事豫（预）则立，不豫（预）则废。言前定则不跲，事前定则不困，行前定则不疚，道前定则不穷。

——《礼记·中庸》

【释义】任何事情，事前有准备就可以成功，没有准备就要失败。说话先有准备就不会词穷理屈站不住脚，做事先有准备就不会遇到困难挫折，行事前计划先有定夺就不会发生错误后悔的事，做人的道理能够事先决定妥当就不会行不通。

中国故事

中国农村改革第一村的创业之路

1978年，18位小岗村农民按下红手印，以"托孤"的形式立下生死状，签订大包干契约，将土地承包到户。小岗人从此摆脱了饥饿和困苦，也由此拉开中国农村改革的大幕。1979年，实行"大包干"的小岗村粮食年产量相当于1955年到1970年的总和，油料年产量是过去20多年的总和。改革使小岗人一年翻身，梦想成真。

作为中国农村改革的发源地，小岗村改革的脚步一直未停。如今的小岗人依靠勤劳的双手和"敢为人先"的精神，鼓了腰包，美了家乡，走出一条从"大包干"到"众创业"发展的新路子。小岗村在安徽省率先开展集体经营性资产股份合作制改革，经过成立组织、清产

■ 创业基础与实践（微课版）

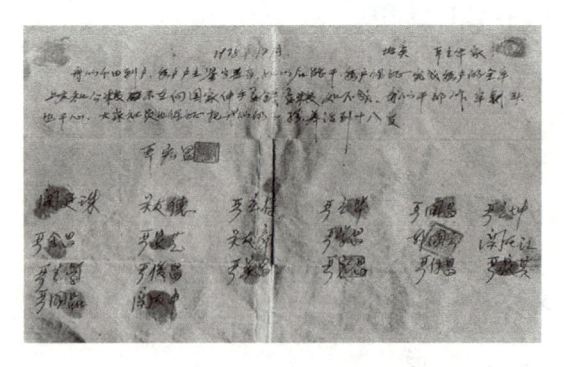

图 5-2　小岗村十八位农民按下红手印的大包干契约

核资、成员身份界定、配置股权，成立集体资产股份合作社并发放股权证，村民从"户户包田"实现了对村集体资产的"人人持股"。2020年，小岗村农业综合生产能力显著增强，农作物良种覆盖率100%，农机综合水平79%，高出安徽全省10个百分点；初步形成以特色农业为基础、农产品加工业为核心、旅游业为重点的三产融合发展格局。小岗村由此被评为"2020年全国乡村特色产业亿元村"。小岗村十八位农民按下红手印的大包干契约如图5-2所示。

学习指南

任务清单

工作任务	撰写创业计划书	教学模式	任务教学法
建议学时	2学时	教学地点	多媒体教室
任务描述	本任务要求根据自己的创业计划，撰写一份完整的计划书，用于向潜在伙伴展示，寻求合作或融资		
学习目标	知识目标	1. 能够将前面掌握的知识融入计划书中； 2. 能够通过查找资料修改、补充并完善计划书； 3. 能够提炼特色	
	能力目标	1. 通过查询资料完成学习任务，提高资源搜集的能力； 2. 通过撰写报告，提升分析能力； 3. 通过完成学习任务，提高解决实际问题的能力	
	素质目标	1. 树立通过向潜在伙伴展示并寻求合作或融资的意识； 2. 强化汇报沟通的能力； 3. 培养分析问题并撰写分析报告的能力	
	思政目标	通过对创业哲理、中国故事和成语故事的解读和讲解，培养学生的诚信和敬业意识	
关键词	创业计划书，内容，格式		

知识树

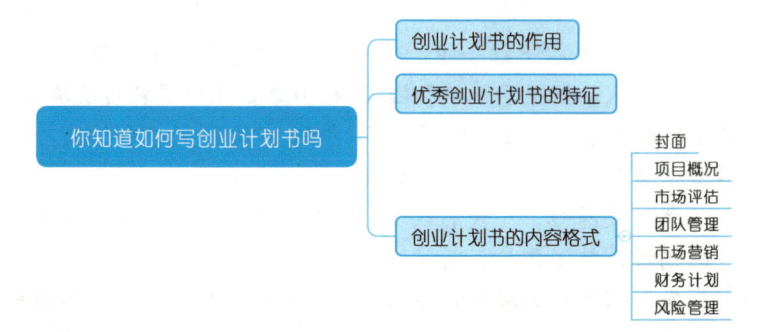

你知道如何写创业计划书吗
- 创业计划书的作用
- 优秀创业计划书的特征
- 创业计划书的内容格式
  - 封面
  - 项目概况
  - 市场评估
  - 团队管理
  - 市场营销
  - 财务计划
  - 风险管理

170

项目五 没钱怎么办

任务引入

成语故事

"深思远虑"出自《后汉书·孝和孝殇帝纪》:"先帝即位,务休力役,然犹深思远虑,安不忘危,探观旧典,复收盐铁,欲以防备不虞,宁安边境。"意思是谋划周密,考虑长远,计划周到,具有远见。

任务背景

欧思琴了解到至少有八种适合大学生创业的融资方式,权衡之后,她比较青睐参加创业比赛赢得奖金。但经过咨询得知,参加创业比赛必须要有创业计划书。创业计划书如何写呢?欧思琴陷入了沉思。

任务实施

知识必备

一、创业计划书的作用

创业计划书是关于创业者的创业项目和创业行动的规划文件,也是指导创业者创业实践的方向指南。写好创业计划书,可以厘清创业思路,完整地勾画出创业蓝图,并做出相应的战略规划和部署。因此,一份优秀的创业计划书对创业者来说十分重要。

写创业计划书的作用一般有两个:一是创业融资,即利用创业计划书向外部的投资者寻求投资;二是做好发展规划,为自己的企业或项目规划详细的前进路线。

二、优秀创业计划书的特征

一份优秀的创业计划书首先要能够吸引投资者。大学生创业最缺的是资金,企业家、投资者往往通过创业计划书来了解你的项目,优秀的创业计划书总是让投资者眼前一亮。即便是申请贷款,大学生创业者也需要有一份优秀的创业计划书。优秀的计划书一般有四个特征:一是标题醒目;二是填写规范;三是图表工整;四是重点突出。优秀计划书的特征如图5-3所示。

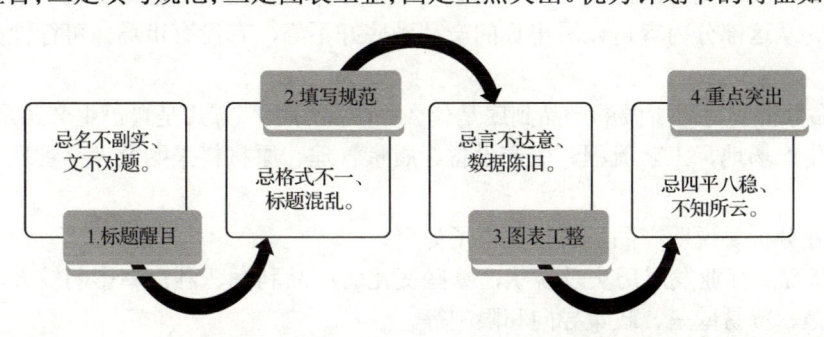

图 5-3 优秀计划书的特征

171

微视频 5-3：创业计划书概述

三、创业计划书的内容格式

创业计划书并没有统一的格式，但一般应包括封面、项目概况、市场评估、团队管理、营销策略、财务计划、风险管理等内容。

（一）封面

一个好的封面可以给投资者好的印象，这就为你的成功跨出了一小步了。一个计划书的封面要美观，有艺术性，在计划书的封面上应该带有创业团队的基本信息，如地址、联系方式、法人姓名等。

微视频 5-4：创业计划书封面设计

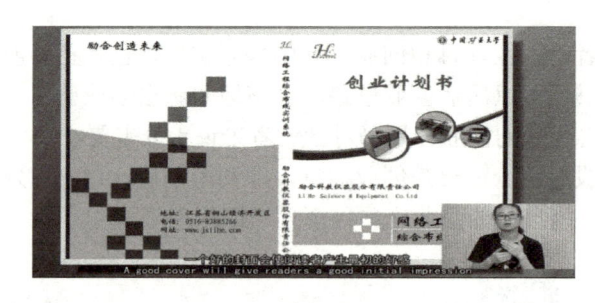

（二）项目概况

这一内容应该浓缩创业计划的精华，概括整个创业计划的要点，可以包括项目名称、主要产品或服务、项目所需投入资金、组织机构、主要业务等，但表述应尽量简洁，让人一目了然。

（三）市场评估

市场评估主要包括对产品、行业、竞争对手进行分析，这些内容是计划书的重点，应详细说明。因为从这部分内容可以看出你的产品到底好不好，有没有市场，可行性如何，是否值得投资。

（1）产品分析要写明所做的产品到底是什么？产品的生产方式是自己生产还是委托加工，生产规模、生产场地、工艺流程、生产设备、质量管理、原材料采购及库存管理等内容也要进行说明。

（2）行业分析要说明产品所属行业市场如何？

● 行业状况：行业发展历史及现状，哪些变化对产品利润、利润率影响较大，进入该行业的技术壁垒、贸易壁垒、政策导向和限制等。

● 市场前景与预测：行业销售发展预测并注明资料来源或依据。

●目标市场：对产品或服务所面向的主要用户种类进行说明。
（3）谁是你的竞争者及他们的业务状况。
●主要竞争对手：行业内主要竞争对手的情况。
●销售市场的竞争对手：描述在主要销售市场中的竞争对手，他们所占市场份额，竞争优势和竞争劣势。
●竞争风险及对策：竞争者给本企业带来的风险及本企业所采取的对策。

微视频 5-5：市场评估

（四）团队管理

对于一个企业来说，人是最重要的资源，所以在创业计划书中应该对团队成员进行阐述，明确团队的发展计划和团队的管理模式。

微视频 5-6：人员结构组成及团队管理

（五）营销策略

制定市场营销策略就是要知道你的产品到底可以卖给谁？市场在哪里？真正的顾客在哪里？要用哪种营销手段？一般是从产品、价格、地点、促销四个基本策略的组合入手。

微视频 5-7：营销策略

(六)财务计划

进行财务分析,制订财务计划可以让你对自己的资金有一定的了解。可以分别从投资数量和权益、资金用途和使用计划、投资回报、财务预测等方面进行分析。

(1)投资数量和权益:创业资金来源和额度,希望其他投资方参股本项目的数量,以及各投资参与者在公司中所占权益。

(2)资金用途和使用计划:详细说明投资后项目实施和资金使用计划,包括资金的用途、投入进度、效果和起止时间等。

(3)投资回报:说明投资后未来2～3年平均年投资回报率及有关依据。

(4)财务预测:提供投资后未来2～3年项目预测的资产负债表、损益表、现金流量表及相关依据。

微视频5-8:财务计划

(七)风险管理

风险管理是指对企业在其生产经营活动的各个环节可能遭受的损失、威胁采取防范的措施。企业风险按其内容不同可分为市场风险、产品风险、经营风险、投资风险、外汇风险、人事风险、购并风险、自然灾害风险等。如何识别和防范这些风险,对创业者来说尤为重要。

在线测验

扫描二维码,测一测你对本任务知识的掌握程度。

创业感悟

创业计划书是创业者叩响投资者大门的"敲门砖",一份优秀的创业计划书往往会使创业者达到事半功倍的效果。

请结合本任务所学知识,完成如表5-3所示的思考笔记。

表5-3 思考笔记

创业计划书的作用

续表

优秀的计划书的特征

创业评价

1. 评价内容

请结合自己的创业计划，按照给出的参考目录，撰写一份完整的创业计划书。注意提炼、总结，要求图文并茂。

参考目录

一、项目概况
1. 项目名称
2. 主要产品或服务
3. 项目所需投入资金
4. 组织机构（可以用图来表示）：
5. 主要业务（说明准备经营的主要业务）：

二、行业及市场分析
1. 行业状况
2. 市场前景与预测
3. 目标市场

三、竞争对手分析
1. 主要竞争对手
2. 销售市场的竞争对手
3. 竞争风险及对策

四、营销策略
1. 价格策略
2. 行销策略

五、产品生产或服务
1. 产品生产或服务提供
2. 人力资源配备及管理

六、财务计划
1. 投资数量和权益
2. 资金用途和使用计划
3. 投资回报
4. 财务预测

七、行政审批及相关环节说明
说明创业过程中所需的各行政审批环节

八、风险及对策
1. 主要风险
2. 风险对策

2. 评价标准

（1）可行性（25分）。一是作品是否立足地方经济社会发展的重点领域，是否立足地方产业结构调整的要求，向先进装备制造、新材料、文化创意、生物、新能源、信息、节能环保等七大战略性新兴产业倾斜；二是作品是否对技术水平、市场反响等方面进行调查研究和分析比较，并提出投资建议。

（2）创新性（25分）。作品是否具有一定的技术含量，或者具有低碳、环保、节能等方面的特色，内容、理念是否新颖。

（3）专业性（25分）。作品涉及的内容与团队成员所学和擅长的专业、个人特长、爱好是否紧密结合，团队的组合搭配和分工在知识结构上是否科学合理。

（4）实践性（25分）。团队是否具备融资、抵御风险、公司管理等能力，是否有能力将规划付诸实践。

游戏拓展

1. 游戏名称
我是创意王。

2. 游戏目标
加强学生对创业计划书结构的了解。

3. 建议时间
每组游戏时间不超过5分钟。

4. 道具准备
若干写好关键词的可粘贴的卡片（磁贴）、计时器、评分表。

5. 游戏规则

（1）全班分为若干组，每组选出一个组长，也就是本组的"创意王"。组员从写有创业计划书内容关键词（如组织结构、目标客户、风险分析等）的卡片中挑选出最适合本组项目的卡片，组合成自己创业计划书的结构（至少要有一级标题和二级标题）。

（2）主持人提示游戏开始并开始计时，每组的"创意王"按照本组拟定的创业计划书的结构，用卡片（磁贴）粘贴在黑板上，展示本组的创业计划书。

（3）主持人根据创业计划书的内容，从完整性（40%）、逻辑性（30%）、创新性（30%）三个维度给每个小组打分，得分最高者获胜。

任务三　你知道参加创业比赛可以赢大奖吗

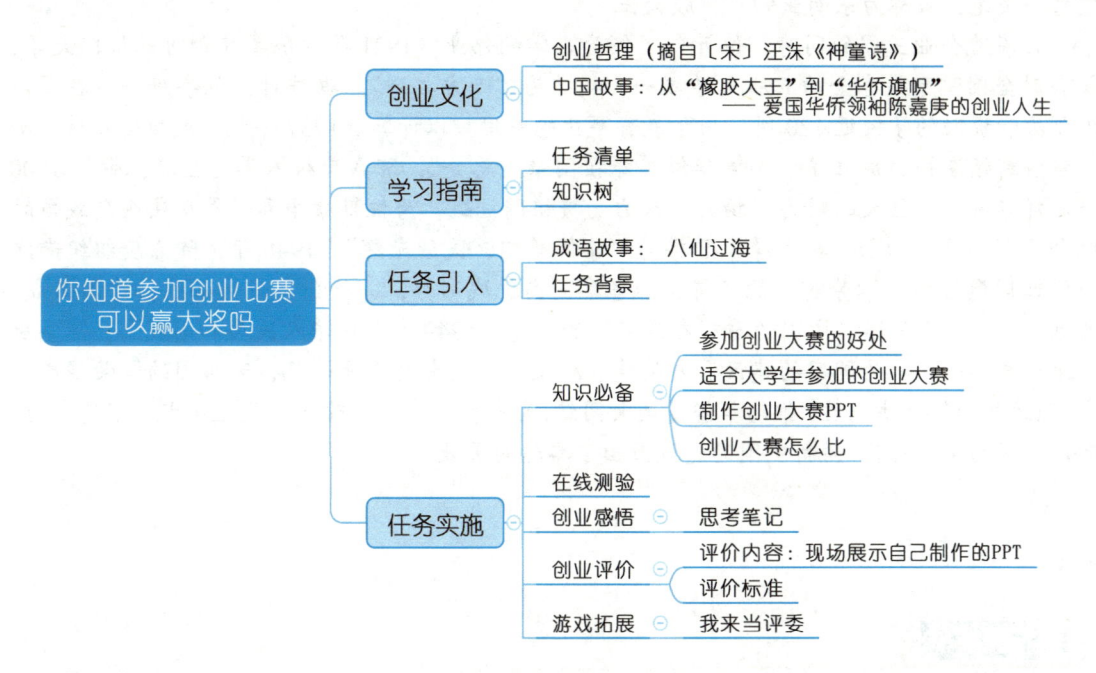

思维导图

- 你知道参加创业比赛可以赢大奖吗
  - 创业文化
    - 创业哲理（摘自〔宋〕汪洙《神童诗》）
    - 中国故事：从"橡胶大王"到"华侨旗帜"——爱国华侨领袖陈嘉庚的创业人生
  - 学习指南
    - 任务清单
    - 知识树
  - 任务引入
    - 成语故事：八仙过海
    - 任务背景
  - 任务实施
    - 知识必备
      - 参加创业大赛的好处
      - 适合大学生参加的创业大赛
      - 制作创业大赛PPT
      - 创业大赛怎么比
    - 在线测验
    - 创业感悟——思考笔记
    - 创业评价
      - 评价内容：现场展示自己制作的PPT
      - 评价标准
    - 游戏拓展——我来当评委

创业文化

创业哲理

将相本无种，男儿当自强。

——〔宋〕汪洙《神童诗》

【释义】王侯将相本来不是天生的元帅，想当元帅的孩子发奋努力，也可以成为栋梁之材，好男儿应当发愤图强。

中国故事

从"橡胶大王"到"华侨旗帜"——爱国华侨领袖陈嘉庚的创业人生

1874年10月，陈嘉庚出生于福建省同安县集美社。父亲陈杞柏早年南渡经商。1890年，陈嘉庚应父召，前往新加坡学习经商，初步显露了他的经商才能。在经历了父亲的实业由鼎盛到衰败的历程后，陈嘉庚决心从头做起，独立创办实业。从黄梨罐头加工业入手，赚得了人生的第一桶金。为了规避经营单一行业的风险，陈嘉庚进一步扩大经营范围，试种橡胶，开拓米业。独立创业的七年间，他兢兢业业地经营生意，胆大心细，不但偿还了父亲欠下的债务，还因其黄梨罐头产量约占全新加坡产量的一半而赢得了"菠萝苏丹"的美称，拥有4家菠萝厂、2家米厂和2处橡胶园，初步探索出种植橡胶的经验，已称得上有一定实力的华侨实业家。1914年，第一次世界大战爆发，极大地影响了新加坡的出口业和制造业。陈嘉庚发现了新的商机,果断决定经营航运业,从租船起步,再调整经营模式,购买多艘轮船出租。战争过后,他意识到航运业的短暂性和危险性,继续扩展自己的橡胶王国。1916年起,陈嘉庚逐渐将黄梨种植改为橡胶种植,将黄梨罐头厂和熟米厂改为橡胶制造厂,并收购各地运往新加坡的生胶片,经轧制、烟熏等工序,加工成为熟胶片,外销欧洲。1919年,陈嘉庚对原有企业进行整合,组建陈嘉庚公司,研发、生产质量过硬的橡胶成品,实现橡胶种植、生产、销售一条龙,被称为东南亚的"橡胶大王"。

在缔造企业王国的同时,他开创了倾资兴学的伟业。1921年,陈嘉庚创办的厦门大学,是当时全国院系最齐全的五所大学之一,被誉为"南方之强"。据统计,陈嘉庚一生在国内外创办和资助的学校近120所,用于教育事业的费用难以计算。1937年抗日战争爆发后,南洋华侨群情激愤,成立了"南洋华侨筹赈祖国难民总会",陈嘉庚被推举为主席,带领1000万南洋华侨,以巨大的财力、物力、人力支援祖国抗战,为抗日战争和世界反法西斯战争的胜利立下卓著的功勋,被毛泽东赞誉为"华侨旗帜,民族光辉"。1940年,陈嘉庚组织南洋华侨回国慰劳团,慰劳前方抗日将士,考察国内抗战形势,并得出"抗战必胜,建国必成"的结论,向世人传递"中国的希望在延安"的信息。1949年,中华人民共和国成立,陈嘉庚应邀回国参政,他为国家的建设和发展建言献策;参观考察各地情况,为祖国的繁荣强盛而奔波;维护华侨合法权益,推动华侨爱国大团结;为家乡的建设和改善人民生活水平不遗余力。回国定居的12年间,为新中国的建设做出了卓越的贡献。

学习指南

任务清单

工作任务	模拟参加创业比赛	教学模式	任务教学法
建议学时	2学时	教学地点	多媒体教室
任务描述	本任务要求将前面撰写的计划书高度提炼,按照创业比赛的要求,制作展示PPT、资料和产品等。每组组员进行分工,共同完成现场展示过程,并能回答评委的提问		
学习目标	知识目标	1. 能够理解参加创业比赛的好处; 2. 了解目前主要适合大学生参加的创业大赛; 3. 能够根据已有的计划书等资料,制作文字精简、图文并茂的PPT; 4. 能够根据项目类别对成员进行合理的任务分工; 5. 能够根据做好的PPT进行现场展示; 6. 能够简要回答评委的提问	
	能力目标	1. 通过查询资料完成学习任务,提高资源搜集的能力; 2. 通过制作PPT,提升常用办公软件制作的能力; 3. 通过完成学习任务,提高解决实际问题的能力; 4. 通过回答评委提问,提升对本项目创业风险的思考能力	
	素质目标	1. 树立通过向潜在伙伴展示并寻求合作或融资的意识; 2. 强化汇报沟通的能力; 3. 培养分析问题并制作PPT的能力	
	思政目标	通过对创业哲理、中国故事和成语故事的解读和讲解,培养学生的诚信和敬业意识	
关键词	创业比赛,好处		

知识树

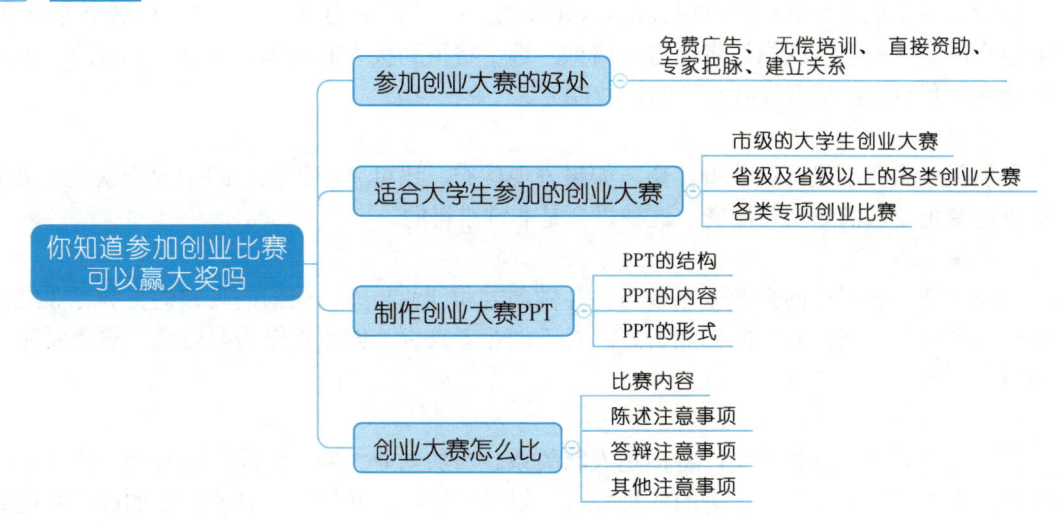

你知道参加创业比赛可以赢大奖吗
- 参加创业大赛的好处 — 免费广告、无偿培训、直接资助、专家把脉、建立关系
- 适合大学生参加的创业大赛
  - 市级的大学生创业大赛
  - 省级及省级以上的各类创业大赛
  - 各类专项创业比赛
- 制作创业大赛PPT
  - PPT的结构
  - PPT的内容
  - PPT的形式
- 创业大赛怎么比
  - 比赛内容
  - 陈述注意事项
  - 答辩注意事项
  - 其他注意事项

任务引入

成语故事

"八仙过海"出自明朝无名氏《八仙过海》第二折:"则俺这八仙啊过海神通大,方显这众圣归山道法强,端的万古名扬。"比喻各自拿出本领或办法,互相竞赛。

任务背景

在老师和企业专家的指导下,欧思琴的创业计划书完成了。在这个过程中,她对自己的创业项目越来越有信心。但有哪些创业比赛可以参加?比赛到底比什么?还有哪些工作要准备呢?欧思琴都不知道。看来,找个明白人咨询一下是必不可少的。

任务实施

知识必备

一、参加创业大赛的好处

能否快速、高效地筹集资金,是创业站稳脚跟的关键。目前,国内创业者的融资渠道虽然较多,但适合大学生创业的却寥寥可数。创业初期需要花钱的地方比较多,通过参加各类创业比赛,可以获得免费广告、无偿培训、直接资助、专家把脉、建立关系等诸多好处。

1. 免费广告

正规的创业大赛由政府牵头,多家企业、大学、协会参与主办。电视、报纸、网络的大量宣传,都是对创业者和创业项目进行宣传的大好机会。通过这些平台,为创业者的创业项目做了高品质的免费广告,帮创业者省下了宣传费用。

179

2. 无偿培训

创业大赛要求选手进行商业模式设计、完成创业计划书、进行项目介绍等。在这个过程中，组委会会派出经验丰富的指导老师进行培训，选手将得到极大的锻炼，并学习到实战、实用的创业知识和技能，从而提升自己的创业能力。

3. 直接资助

参加创业大赛不仅可以获得奖金，如果表现优秀，还可以得到免息的创业贷款，甚至是投资机构及企业家们的创业投资，这种机会是非常难得的。

4. 专家把脉

创业大赛有各行业的企业专家参与，并做评委和创业导师，他们的真知灼见和专业经验将给创业者提供"高营养"的创业智慧。对于创业者来讲，创业不仅需要资金，更需要能力和智慧。

5. 建立关系

创业者需要建立各种关系，特别是人脉关系。参加创业大赛，你能得到社会和相关部门的关注，更能建立与你创业相关的各种关系。很多时候，良好的关系能使创业的成功率提高很多。

微视频 5-9：参加创业大赛的好处

二、适合大学生参加的创业大赛

（一）市级的大学生创业大赛

市级的大学生创业大赛一般由市人力资源和社会保障局、市教育局、市财政局等联合主办，主要面向本市在校大学生，或者规定年限内毕业的大学生。各地的比赛奖金差异较大，如"深圳逐梦杯大学生创新创业大赛"的一等奖奖金高达 50 万元。

微视频 5-10：市级的大学生创业大赛

（二）省级及省级以上的各类创业大赛

目前，省级及省级以上的各类创业大赛较多，但影响力比较大的主要包括以下几个：

1. 中国"互联网+"大学生创新创业大赛

中国"互联网+"大学生创新创业大赛是目前国内规格最高的大学生创新创业大赛。由教育部、中央统战部、中央网络安全和信息化委员会办公室、国家发展和改革委、工业和信息化部、人力资源社会保障部、农业农村部、中国科学院、中国工程院、国家知识产权局、国家乡村振兴局、共青团中央等共同主办。根据参赛项目所处的创业阶段、已获投资情况和项目特点，大赛分为"高教主赛道""职教赛道""红色筑梦之旅赛道""国际赛道""萌芽板块"等。不同的组别对工商登记注册时间和申报人有严格要求。参赛申报人须为团队负责人或企业法人代表，须为普通高等学校在校生（可为本专科生、研究生，不含在职生），分为全国和省级两级赛事。

微视频5-11：中国"互联网+"创业大赛

2. "创青春"全国大学生创业大赛

"创青春"全国大学生创业大赛由共青团中央、教育部、人力资源和社会保障部、中国科学技术协会、中华全国学生联合会和省级人民政府主办，下设大学生创业计划竞赛、创业实践挑战赛、公益创业赛三项主体赛事。创业计划竞赛面向正式注册的全日制非成人教育的各类高等院校在校专科生、本科生、硕士研究生和博士研究生（均不含在职研究生），以商业计划书评审、现场答辩等作为参赛项目的主要评价内容；创业实践挑战赛面向高等学校在校学生或毕业未满三年的高校毕业生，且应已投入实际创业三个月以上，以盈利状况、发展前景等作为参赛项目的主要评价内容；公益创业赛面向高等学校在校学生，以创办非盈利性质社会组织的计划和实践等作为参赛项目的主要评价内容，分为全国和省级两级赛事。

微视频5-12："创青春"全国大学生创业大赛

3. "挑战杯——彩虹人生"全国职业学校创新创效创业大赛

"挑战杯——彩虹人生"全国职业学校创新创效创业大赛由共青团中央、教育部、人力资源和社会保障部、中国科学技术协会、中华全国学生联合会主办。大赛设中职组和高职组两个参赛组别,每两年举办一届,分为全国和省级两级赛事。

4. 黄炎培职业教育创新创业大赛

黄炎培职业教育创新创业大赛由中华职业教育社主办。大赛设中职组和高职组两个参赛组别,初评以申报评审书为主,决赛以现场答辩为主,每年举办一届,分为全国和省级两级赛事。

5. 广东"众创杯"创业创新大赛

广东"众创杯"创业创新大赛由广东省人力资源和社会保障厅、广东省教育厅、广东省科学技术厅、广东省财政厅、共青团广东省委员会、广东省妇女联合会主办,分科技海归领航赛、博士博士后创新赛、大学生启航赛、技能工匠争先赛、残疾人公益赛、大众创业创富赛、农村电商赛七个单项赛事,主要面向广东省内的大中专院校学生和企业员工。

(三)各类专项创业比赛

专项创业比赛一般面向某一类特定专业领域或特定群体开设。例如,中国大学生服务外包创新创业大赛,是响应国家关于鼓励服务外包产业发展、加强服务外包人才培养的相关战略举措与号召举办的每年一届的全国性竞赛。大赛由中华人民共和国教育部、中华人民共和国商务部和无锡市人民政府联合主办,由国家服务外包人力资源研究院、无锡市商务局、无锡市教育局、江南大学承办。学历层次以本科生为主,可以自由组队。

三、制作创业大赛 PPT

一个好的 PPT 应特别关注三个方面的内容:一是 PPT 的结构,要求逻辑清晰,结构合理,层次分明,架构合理,重点突出,思路清晰;二是 PPT 的内容,要求主题明确,重点难点突出,内容可靠,最好用数据说话;三是 PPT 的形式,要求文字精练,图文并茂,界面简单整洁。

(一) PPT 的结构

(1)产品与技术。产品与技术如何转化为利润是创业的根本,而这部分内容主要也是通过讲解与 PPT 演示的形式展示给评委的,是项目展示中的重点内容之一。

(2)市场机会。良好的市场机会意味着可以获得更多的利润,是评委考虑的首要因素,也是产品与技术盈利的环境因素。

(3)管理。一支优秀的管理团队是企业发展的保证,合作性、实施能力、专业能力、激情等都是投资者的关注点。

(4)资金。资金是企业运营的基础,评委需要通过了解项目,需要与企业家商讨完主要融资条件之后才能得出结论。因此,资金是企业经营的基础,但不应是展示中的重点内容。

(二) PPT 的内容

(1)突出重点内容。由于 PPT 所展示的内容应该是创业计划书的精华,商业模式、盈利模式、财务预测、市场竞争等对投资者有吸引的内容都可以作为重点说明的内容。项目本身独特的、有创意的优势与投资点,一定要重点体现出来。一般 PPT 可以展示如下内容,但切记不可平均分配,重点内容篇幅应占较大比例。

- 业务或产品(是什么?满足及解决什么问题)。
- 商业模式(如何赚钱?客户是谁?研、产、销的思路及策略)。
- 市场需求及发展趋势的竞争优势(与竞争对手相比有什么优势)。
- 目前发展状况(具备哪些资源或条件,进展到什么样的阶段,取得什么样的业绩)。

- 融资金额及用途。
- 经营团队。
- 投资（财务）。
- 效益分析。
- 风险防范。

项目 PPT 的内容重点如图 5-4 所示。

图 5-4　项目 PPT 的内容重点

（2）数据比说话更有说服力。预测的数据要有依据，不能跟着感觉走，而是要有实实在在的数据。事实上，你得出什么样的结果并不重要，重要的是你的数据会让台下的评委知道是怎么提取出来的，让他们感觉踏实，这不仅仅是做好财务报表的问题，还关乎你的诚信。

（三）PPT 的形式

PPT 一定要文字精练，逻辑清晰，图文并茂，专业美观。如果需要拍摄视频，或者 PPT 制作水平有限，谨记专业的事情交给专业的人做。下面以 PPT 修改前后的对比进行具体的说明。

（1）修改前的 PPT。修改前的 PPT 色彩单调，没有层次感，色彩搭配也不协调，目录中的标题比较常规。修改前的 PPT 封面和目录如图 5-5 所示。

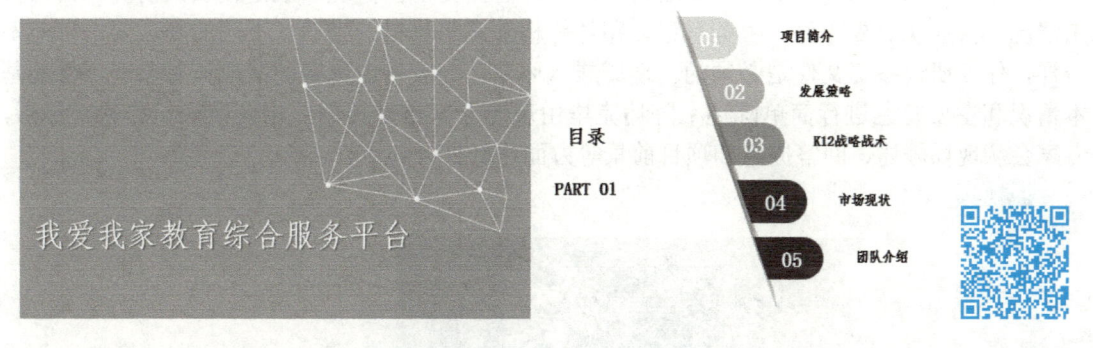

图 5-5　修改前的 PPT 封面和目录

（2）修改后的 PPT。修改后的 PPT 层次感十足，整体属于一种风格，色彩搭配协调，目录中的标题站在符合倾听者的角度进行设计，便于听众理解。修改后的 PPT 封面和目录如图 5-6 所示。

图 5-6　修改后的 PPT 封面和目录

微视频 5-13：创业大赛 PPT 的制作原则

四、创业大赛怎么比

（一）比赛内容

绝大多数的创业比赛都是以创业计划书评审和现场展示为竞赛形式的，要求参赛项目内容健康、合法，无任何不良信息。参赛项目所涉及的发明创造、专利技术、资源等必须拥有清晰合法的知识产权。对于已注册运营的项目，需提交单位概况、法定代表人情况、公司员工情况、营业执照复印件、税务登记复印件等相关证明材料。当然，不同的赛项要求可能不一样，仔细研读参赛文件是必须的。现场展示环节，一般先由参赛团队成员对参赛项目的基本情况和主要特色进行简单陈述；陈述完毕由现场专家进行提问，由团队成员作答；最后，专家会从现场陈述、回答提问和项目前景等方面进行打分和点评。

微视频 5-14：创业比赛怎么比

（二）陈述注意事项

（1）重点要突出。现场展示不可能面面俱到，PPT 制作要有重点，陈述时更要详略得当。
（2）激情但不吹嘘。激情能使自己即使面临困境，也能坚持到底。答辩陈述时要有一定的激情，但绝不能吹嘘，以免给评委留下傲慢的坏印象。

（3）精通业务，坦白直率。项目本身质量是创业的关键，精通自己所从事的业务，正视自己项目的优势与劣势，不欺骗、不作假。

（4）团队分工。分工明确，配合默契。

（5）时间管理。控制到位，合理分配。

（6）语句陈述。自信积极，语句简练。

（三）答辩注意事项

（1）赛前有准备。对可能的问题有预测；对相应的回答有准备。

（2）回答基本原则。针对问题作答，不争论、不跑题，回答准确、敏捷、简练。

（3）团队合作。根据问题类型分工合作，精彩应答的同时体现团队的价值，以增强投资者的信心。

（四）其他注意事项

（1）着装与礼仪。

A. 良好的形象有助于成功：穿着整齐干净的正装，适当的妆容。

B. 站姿得体，肢体语言适当：站姿得体，不左摇右晃，适当合理的肢体动作有利于表达陈述。

C. 参赛礼仪：尊重评委、老师、观众与其他参赛者，上场下场时有相应的参赛礼仪。

（2）关注你的观众。制作 PPT 时要从"观众"角度出发，理解其所想了解的，道出其所愿意倾听的；演讲 PPT 时从"观众"出发，陈述里有适当的眼神、肢体语言的交流。

（3）沉着应对突发事件。比赛中由于个人、其他团队成员或大会组织等原因，可能会出现一些突发事件，这时不要慌张，沉着应对将会给评委留下更为深刻的印象。

在线测验

扫描二维码，测一测你对本任务知识的掌握程度。

创业感悟

参加创业大赛能获得什么？一是锻炼自己的表达能力和演讲能力；二是增长知识，同时寻找自己的创新灵感；三是获得品牌曝光，向现场观众、媒体和风险投资家展示产品，来一轮免费的公关；四是得到投资人点评，获取投资人的建议；五是走进属于自己的行业圈子；六是获取大赛奖金或政府扶持和创业服务；七是寻求融资机会。

请结合本任务所学知识，完成如表 5-4 所示的思考笔记。

表 5-4　思考笔记

参加创业大赛的好处	

续表

举例说明适合大学生参加的创业大赛	
参加创业大赛陈述环节需要注意什么问题	

创业评价

1. 评价内容

阶段一：PPT 制作。

将前面撰写的计划书进行高度提炼，制作创业比赛 PPT，要求 PPT 一定要文字精练，逻辑清晰，图文并茂，专业美观。

阶段二：模拟现场展示。

根据制作的创业比赛 PPT，组员进行分工，共同完成现场展示过程，并回答评委的提问（指导老师和其他组同学作为评委）。评委根据现场展示评分表进行现场打分。

2. 评价标准

现场展示评分表如表 5-5 所示。

表 5–5 现场展示评分表

内容	指　　标	分值	得分
现场展示（50分）	阐述创业构想思路明确，重点突出，能全面客观地介绍项目的性质、特点	10	
	市场分析全面，营销策略科学，财务分析严密，财务报表完备	10	
	融资方案切实可行，项目回报率明确合理，关键风险把握较准，有问题分析及应对策略	10	
	熟知团队经营管理的特点，有明确的公司组织结构	10	
	PPT 展示重点突出，层次分明	5	
	整体展示时间把握精准	5	
答辩（50分）	准确理解并有针对性地回答评委提问	10	
	回答提问及时，自信	10	
	回答提问有理有据，逻辑性强	10	
	能够对评委的提问进行延伸性回答	20	
总得分			

> **游戏拓展**

1. 游戏名称

我来当评委。

2. 游戏目标

换位思考，站在评委角度对创业项目进行分析评比，并反思自己的创业项目。

3. 建议时间

不超过 30 分钟。

4. 道具准备

3～5 组真实创业比赛项目现场录像视频，现场展示评分表。

5. 游戏规则

（1）主持人播放以往真实创业比赛项目现场录像视频。
（2）其他人以评委的身份根据参赛队伍表现在现场展示评分表上进行打分。
（3）主持人收齐现场展示评分表后，宣布现场比赛的评比结果。
（4）最接近评比结果的为胜利者。

任务四　你知道如何跟天使投资人"谈恋爱"吗

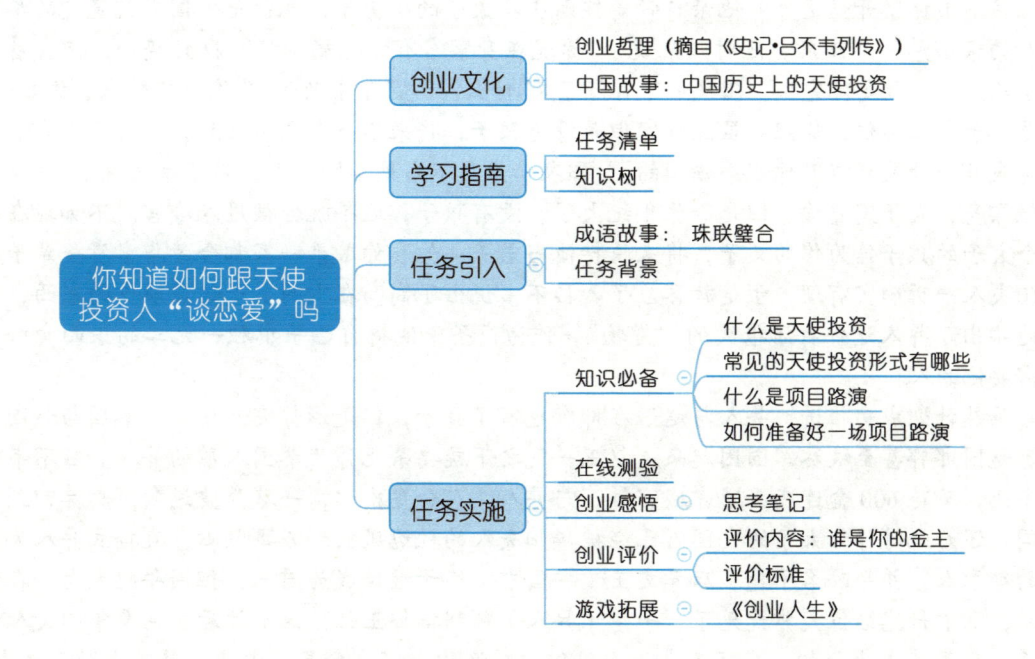

思维导图

你知道如何跟天使投资人"谈恋爱"吗
- 创业文化
  - 创业哲理（摘自《史记·吕不韦列传》）
  - 中国故事：中国历史上的天使投资
- 学习指南
  - 任务清单
  - 知识树
- 任务引入
  - 成语故事：珠联璧合
  - 任务背景
- 任务实施
  - 知识必备
    - 什么是天使投资
    - 常见的天使投资形式有哪些
    - 什么是项目路演
    - 如何准备好一场项目路演
  - 在线测验
  - 创业感悟
    - 思考笔记
  - 创业评价
    - 评价内容：谁是你的金主
    - 评价标准
  - 游戏拓展
    - 《创业人生》

创业文化

创业哲理

吕不韦贾邯郸，见（子楚）而怜之，曰"此奇货可居"。

——《史记·吕不韦列传》

【释义】吕不韦到邯郸做生意，看见子楚而怜惜他，说"这真是稀罕的宝货，可以存积着卖大价钱"。

中国故事

中国历史上的天使投资

秦国有个大商人叫吕不韦，他眼光独到，最早开始就是经商起家的。他平日靠买卖粮食、器物，游走于各个城池国家之间，积累了不少身家财富。有一天，他刚回到自己在邯郸的家，就听说了一件事，秦王有个孙子在这里当人质，过的不但穷困潦倒，而且还被不少人嘲笑谩骂。吕不韦好奇，过去一瞧，果然见一小伙子破衣烂衫，正在被人指指点点。吕不韦却没有同其他人一样，而是心中仿佛打开了一座宝藏的大门。常年做生意的他知道，生意就是互通有无，而越少的东西也许就会价值越高。眼前这小伙子虽然潦倒，但是秦王的孙子全天下也就二十多个，如果好好运作，把他变成唯一一个，将来他的价值肯定是不可估量的！计上心头，晚上就去找这个叫异人的小伙子聊天。吕不韦说："我能帮你大展宏图。"异人奇怪地说："你咋不自己大展个宏图试试？"吕不韦却说："只有你成就伟业，我才能崛起。"两人一下子明白了，相互可以利用各自的优势进行合作。

吕不韦抓紧开始运作，他亲自带着钱财去找太子的小舅子，也就是安国君最宠爱的华阳夫人的亲弟弟——阳泉。他对阳泉说："你现在身家富有、吃喝不愁、权大势强，但我看用不了几天，你就要玩完！"阳泉一下冒汗了："什么？"吕不韦又说："你现在全依靠你姐姐，但是太子一旦继位，你姐姐虽然得宠但是没有孩子，将来不一定立为王后，注定逐渐衰落！但是我有一计策可以助你姐弟稳稳的。"阳泉忙带吕不韦见华阳夫人，吕不韦又说："你现在年轻漂亮，太子宠爱你。但是等你年纪大了，没有孩子，迟早就会被甩入冷宫。不如现在挑一个太子的孩子作为你的义子，将来扶持他当君王，你和你弟弟一家都会荣华富贵一辈子。"华阳夫人一听确实有理，于是就答应了。吕不韦说出了高高在上的太子妃最缺少的东西，适时地推出了异人这件存了很久的"货物"。作为商圣，他把自己手中独一无二的东西卖给了最需要他的人！

虽然计划成功推进，异人与赵姬在邯郸也有了孩子，但是形势突然变化，秦国与赵国开战。赵国邯郸甚至被秦军围困起来，赵王一气之下就要杀死作为秦国人质的异人。吕不韦吓得半死，又花600金连夜买通守城官员，与异人二人仓皇出逃，一路奔波逃命，总算回到了秦国。还好此时作为太子的安国君已经被华阳夫人的枕边风吹到万事顺心，直接立异人为自己的继承人，并且改名子楚。后孝文王（安国君）终于继位成为君王，但因年纪太大，在位一年，刚举行完继位大典就死了。子楚（异人）顺利接替王位，他上位后立刻奉华阳夫人为太后，拜吕不韦为丞相。封吕不韦为文信侯，赐洛阳十万户食邑。由此，吕不韦驰云之上，一飞冲天。他这次非常危险的"天使投资"得到了十分巨大的回报，仅仅投资了1 600金就被封侯拜相，甚至执掌一国朝政，回报收益率可以说是百分之一千了。

项目五　没钱怎么办

学习指南

任务清单

工作任务	了解天使投资，完成项目路演	教学模式	任务教学法
建议学时	2学时	教学地点	多媒体教室
任务描述	本任务要求将前面制作的资料进行修改，将组员进行分工，共同完成路演，并回答天使投资人的提问，获得天使投资人的投资		
学习目标	知识目标	1. 能够根据天使投资人的要求准备路演资料； 2. 能够根据项目路演要求进行路演； 3. 能够回答天使投资人的问题	
	能力目标	1. 通过查询资料完成学习任务，提高资源搜集的能力； 2. 通过回答天使投资人提问，能反思如何规避创业风险； 3. 通过完成学习任务，提高解决实际问题的能力	
	素质目标	1. 通过向天使投资人展示项目并寻求合作或融资的机会； 2. 强化汇报沟通的能力； 3. 培养分析问题的能力	
	思政目标	通过对创业哲理、中国故事和成语故事的解读和讲解，培养学生的诚信、敬业意识	
关键词	天使投资，项目路演		

知识树

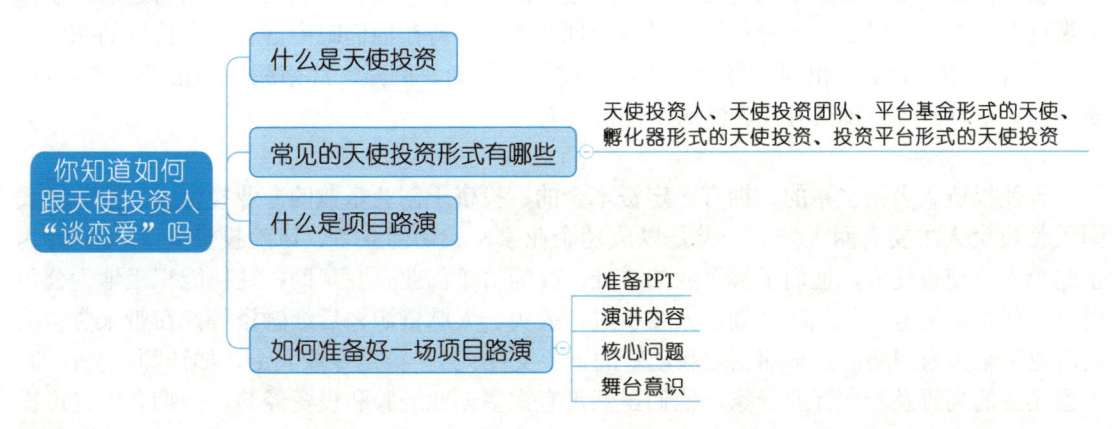

你知道如何跟天使投资人"谈恋爱"吗
- 什么是天使投资
- 常见的天使投资形式有哪些：天使投资人、天使投资团队、平台基金形式的天使、孵化器形式的天使投资、投资平台形式的天使投资
- 什么是项目路演
- 如何准备好一场项目路演：准备PPT、演讲内容、核心问题、舞台意识

任务引入

成语故事

"珠联璧合"出自《汉书·律历志上》："日月如合璧，五星如连珠。"意思是珍珠串在一起，美玉合在一块，比喻美好的人或事物聚集在一起。

189

任务背景

参加完创业比赛，欧思琴觉得受益良多，赛前的培训使自己得到了极大的锻炼，并学习了实战、实用的创业知识和技能。比赛中的专家指点，也让自己豁然开朗。欧思琴随后又补充和完善了自己的创业计划。此时她听人说，对于发展前景广阔的原创项目或者发展潜力巨大的小型初创企业来说，如果能够成功吸引天使投资，那困扰自己的资金短缺问题就可能不再是一个问题了。有了比赛经验，欧思琴准备试试，看"天使"能不能跟自己喜结良缘。

任务实施

知识必备

一、什么是天使投资

天使投资一词源于纽约百老汇，特指富人出资资助一些具有社会意义演出的公益行为。对于那些充满理想的演员来说，这些赞助者就像天使一样从天而降，使他们的美好理想变为现实。后来，天使投资被引申为一种对高风险、高收益的新兴企业的早期投资。相应地，这些进行投资的富人就被称为投资天使、商业天使、天使投资者或天使投资家，那些用于投资的资本就叫天使资本。

二、常见的天使投资形式有哪些

在国内，一批曾受益于天使投资和风险投资的企业家，在其企业上市或出售之后，手持大量资金，以天使投资人的身份再次投身于创业圈，扶持在他们眼中富有潜在价值的初创期甚至是种子期的企业，出现了像徐小平、熊晓鸽、徐新、阎焱、沈南鹏、薛蛮子、曾李青、李开复、章苏阳等一批具有代表性的天使投资人。

1. 天使投资人

天使投资人多指富裕的、拥有一定资本金的、投资于创业企业的专业投资家。目前，我国天使投资人主要有两大类：一类是以成功企业家、成功创业者、风险投资人（VC）等为主的个人天使投资人，他们了解企业的难处，并能给予创业企业帮助，往往能积极地为公司提供一些增值服务，如战略规划、人才引进、公关、人脉资源、后续融资等，在带来资金的同时也带来关系网络，是早期创业和创新的重要支柱；另一类是专业人士，如律师、会计师、大型企业的高管及一些行业专家，他们虽然没有太多创业经验和投资经验，但拥有闲置可投的资金，以及相关行业资源。

2. 天使投资团队

对于个体天使投资人来说，由于很多人除投资人的身份外，还有自己的本职工作，他们会遇到以下几个问题：项目来源渠道少，项目数量有限；个人资金实力有限，难以分散投资；时间有限，难以承担尽职调查等烦琐的工作；投资经验和知识缺乏，投资失败率高。于是，一些天使投资人组织起来，组成天使投资团队，如天使俱乐部、天使联盟或天使投资协会等，每家有几十位天使投资人，可以汇集项目来源，定期交流和评估，会员之间可以分享行业经验和投资经验。对于合适的项目，有兴趣的会员可以按照各自的时间和经验，分配尽职调查工作，并可以多人联合投资，以提高投资额度，并共同承担风险。

3. 投资基金形式的天使

以个人为投资主体的天使投资模式，无论是对初创企业的帮助还是自身的投资能力，都有很大的局限性。但由于天使投资人各具自己的优势，如专业知识、人际关系等，大家联合起来以团队或基金的形式投资，能够优势互补，发挥更大的作用。于是，随着天使投资的更进一步发展，产生了天使基金和平台基金等形式的机构化天使。天使投资基金的出现使天使投资从根本上改变了它原有的分散、零星、个体、非正规的性质，是天使投资趋于正规化的关键一步。投资基金形式的天使投资能够让更多没有时间和经验选择公司或管理投资的被动投资者参与到天使投资中来。这种形式将会是天使投资发展的趋势。例如，张野设立的青山资本、庞小伟发起设立的天使湾基金、新东方董事徐小平设立的真格基金、乐百氏董事长何伯全的广东今日投资、腾讯联合创始人曾李青的德讯投资等。

4. 孵化器形式的天使投资

孵化器，有广义与狭义之分。广义的孵化器主要指有大量高科技企业聚集的科技园区，如深圳南山高科技创业园区、陕西杨陵高科技农业园区、深圳盐田生物高科技园区等。狭义的孵化器是指一个机构围绕一个或几个项目对其孵化以使其能产品化的地方。创业孵化器多设立在各地的科技园区，为初创的科技企业提供最基本的启动资金、便利的配套措施、廉价的办公场地，甚至人力资源服务等，同时，在企业经营层面给予被投资的公司各种帮助。国内的孵化器在现阶段有一定的发展，但并不充分，典型代表是李开复成立的创新工场、北京中关村国际孵化器有限公司、中国加速、联想之星孵化器等。

5. 投资平台形式的天使投资

随着互联网和移动互联网的发展，越来越多的应用终端和平台开始对外开放接口，使很多创业团队和创业公司可以基于这些应用终端和平台进行创业。例如，围绕手机应用平台，就产生了很多应用、游戏等，让许多创业团队趋之若鹜。很多平台为了吸引更多的创业者在其平台上开发产品，提升其平台的价值，设立了平台型投资基金，给在其平台上有潜力的创业公司进行投资。这些平台基金不但可以给予创业公司资金上的支持，而且可以给它们带去平台上丰富的资源。

微视频 5-15：常见的天使投资形式

三、什么是项目路演

项目路演就是企业代表在台上向台下众多的投资方讲解自己的企业产品、发展规划、融资计划，并寻求投资的活动。项目路演分为线上项目路演和线下项目路演。线上项目路演主要是通过 QQ 群、微信群，或者在线视频等互联网方式对项目进行讲解；线下项目路演主要通过活动专场与投资人进行面对面的演讲及交流。项目路演跟创业比赛的区别主要体现在参加目的、评审人和评审标准三个方面，如表 5-6 所示。

表 5-6 项目路演与创业比赛的区别

类　别	参加目的	评审人	评审标准
创业比赛	获奖	由高校老师、企业经理和各类投资人等共同组成	根据统一的标准打分，最后确定奖项
项目路演	融资	一般由专业投资人组成	不设统一标准，各类投资人根据自己的标准确定是否投资

四、如何准备好一场项目路演

（一）准备 PPT

（1）PPT 整体风格要突出。风格突出的 PPT 的特征如图 5-7 所示。

（2）PPT 内容逻辑要清晰。内容逻辑清晰的 PPT 的特征如图 5-8 所示。

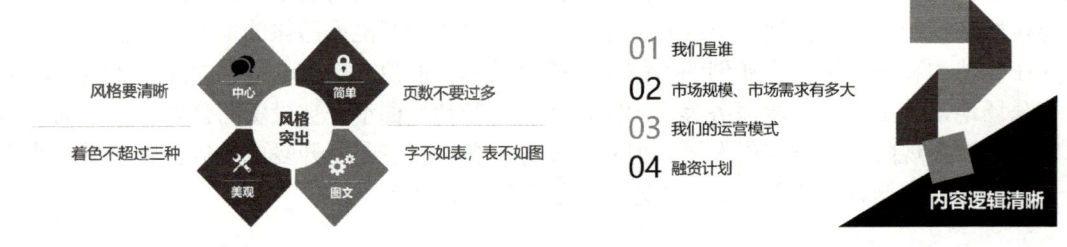

图 5-7 风格突出的 PPT 的特征　　　　图 5-8 内容逻辑清晰的 PPT 的特征

（二）演讲内容

演讲内容要用最简洁的语言陈述如图 5-9 所示的内容。

1. 几句话说明你发现目前市场存在的空白点，或者什么问题（痛点），越精练越好。
2. 你有什么解决方案，或者什么产品能够解决这个痛点问题？
3. 你的产品面对的用户是哪些？
4. 为什么这个事情你能做，别人做不了？如果说都可以做，为什么要投资给你？你的核心竞争力是什么？
5. 论证你的市场有多大？
6. 说明你如何赚钱？如果不知道怎么赚钱，至少让评委知道你的项目有价值。
7. 几句话告诉评委或投资人，这个市场有没有别人在做这个事情，如果有，那么他们做的怎么样？最好对你的项目进行优劣势分析（SWOT）。
8. 突出自己的亮点，说明你的优点和缺点。
9. 做财务分析。不要讲未来三年能赚多少钱，而是讨论未来半年需要多少钱。
10. 介绍一下你的团队。

图 5-9 演讲的内容

（三）核心问题

运用 5W2H 法准备好如图 5-10 所示的七个核心问题的答案。

Why 说明背景或提出问题——为什么要做这个创业项目，原因是什么？

What 确立问题——你的创业项目提供什么产品或服务，解决什么市场痛点？

When 时间——什么时间完成，什么时机最适宜？

Who 对象——你的目标客户是谁？和竞争对手相比有什么区别和优势？

Where 地点——从哪里进货？在哪里销售？

How 方法——怎么做会更好？做法是怎样的？

How much 花费或者成本——经营成本是多少？盈利能力怎么样？

图 5-10　七个核心问题

（四）舞台意识

路演离不开舞台，路演时舞台意识是关键。在舞台上路演时，需要注意如图 5-11 所示的七个问题。

1. 熟悉舞台、遥控器和PPT内容。
2. 衣着打扮不要过于"乔布斯"式。
3. 语速不能过快，不要有蔑视竞争对手的言语。
4. 创业不是儿戏，不要过于激情洋溢，需要的是情商和智商。
5. 把握好时间，不要讲太多专业用语，语言要通俗易懂。
6. 要讲一个真实好听的故事，而不是"狼来了"！
7. 要清楚路演的目的和对象。不同的投资者有不同的关注点，例如，财务投资者关心财务和盈利；产业资本关心技术和研发能力等。

图 5-11　舞台路演需要注意的问题

微视频 5-16：如何准备好一场项目路演

在线测验

扫描二维码，测一测你对本任务知识的掌握程度。

创业感悟

为了使项目获得天使投资人的青睐，路演之前最好进行演练。路演时需要控制好时间，提前把天使投资人可能问到的问题准备好。请扫描二维码，观看视频并总结其成功和失败的原因。

案例1：清华硕士打造健康盒饭　　　　案例2：智能可穿戴设备

请结合本任务所学知识，完成如表5-7所示的思考笔记。

表5-7　思考笔记

	类别	参加目的	评审人	评审标准
创业比赛与项目路演的区别	创业比赛			
	项目路演			
	准备PPT	演讲内容	核心问题	舞台意识
如何准备好一场项目路演				

创业评价

1. 评价内容

通过学习完成以下任务。

（1）任务名称：谁是你的金主。

（2）任务目标：通过模拟路演，学会获得天使投资的技巧和方法。

（3）建议时间：每组展示时间不超过5分钟，回答问题不超过3分钟。

（4）道具准备：扑克牌、计时器。

（5）实施步骤。

步骤1：划分小组，组长进行分工，根据天使投资人的要求准备好PPT、产品、道具等路演资料，共同完成现场展示过程，并准备天使投资人可能提到的问题。

步骤2：分发扑克牌给每个学生，普通牌每张代表1万元，大王、小王给课堂上表现最好的两人，小王代表10万元，大王代表20万元。

步骤3：各小组轮流开展路演活动。指导老师作为主持人，其他组同学作为天使投资人，将手中的扑克牌投给中意的项目团队。

步骤4：统计每组获得的金额，选出获得天使投资人投资最多的队伍作为冠军。

步骤5：冠军代表发言，教师点评。

2. 评价标准

天使投资人可根据《路演大赛评分表》进行现场打分，根据分数高低决定将手中的扑克牌投给哪个组，每个小组最终按获得天使投资金额的多少确定排名。路演大赛评分表如表5-8所示。

表5-8 路演大赛评分表

项目名称：			
项目编号：			
评分项目	评分说明	权重	得分
项目概述	简明扼要，描述准确，突出项目特点和项目的可行性	15分	
产品描述	准确定义所提供的产品、技术或服务，针对解决的问题说明如何满足市场的需求	15分	
市场分析	在市场调研的基础上，全面分析面对的市场现状、发展趋势和产品的发展潜力	15分	
关键风险	客观阐述本项目面临的市场、技术、财务等关键风险问题，提出合理可行的规避计划	10分	
竞争力分析	要对现有和潜在的竞争者进行分析，总结本公司的竞争优势并研究战胜对手的方案，对主要对手和市场驱动力进行适当分析	10分	
营销策略	根据项目特点，构建合理的营销策略和营销渠道	10分	
团队管理	详细介绍组织架构及人员情况，分工明确，人员安排合理，明确各成员的管理分工	10分	
财务分析	切实可行的融资方案，对企业未来发展和财务状况做出正确估计，并能有效反映公司的财务绩效	10分	
文字表达	条理清晰，重点突出，语言简练	5分	
总得分			

游戏拓展

1. 游戏名称

《创业人生》。

2. 游戏简介

课后休闲时，给大家推荐一款模拟创业的微信小游戏——《创业人生》。这是一款卡通风格的小游戏。在游戏中你将需要进行创业，体验从零开始打造精英团队，开展产业建设，进行商业谈判，发动贸易对决，建立属于自己的传奇商业帝国，从而更好地理解创业过程。

3. 下载方式

打开微信，在"发现"选项中选择"小程序"选项，搜索"创业人生"，按照提示操作即可。

4. 友情提醒

（1）抵制不良游戏，拒绝盗版游戏。注意自我保护，谨防受骗上当。适度游戏益脑，沉迷游戏伤身，合理安排时间，享受健康生活。

（2）游戏只能模拟部分创业流程，真实的创业充满艰辛和挑战，只有行动者才能体会。

项目六

公司怎么管

　　创业容易守业难，公司创建之后面临的问题很多，总感觉事太多人太少怎么办？钱怎么用在刀刃上？如何向政府申请补贴？公司年度报告（简称"年报"）怎么报？怎么合理纳税？本项目包括你知道如何管理手下的员工吗、你知道如何把钱用在刀刃上吗、你知道如何向政府申请补贴吗、你知道如何给公司报年报吗、你知道如何依法纳税吗五个学习任务。完成任务之后，学习者对管理员工应该有基本的认识，能够看懂各种财务报表，能够向政府申请补贴，能够按照规定申报公司年报、诚信纳税，保证公司正常经营。

任务一　你知道如何管理手下的员工吗

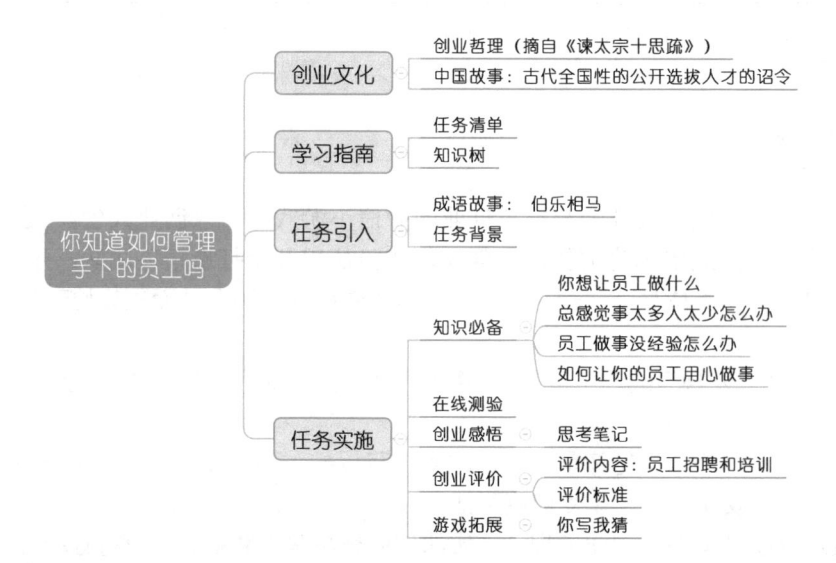

思维导图

你知道如何管理手下的员工吗
- 创业文化
  - 创业哲理（摘自《谏太宗十思疏》）
  - 中国故事：古代全国性的公开选拔人才的诏令
- 学习指南
  - 任务清单
  - 知识树
- 任务引入
  - 成语故事：伯乐相马
  - 任务背景
- 任务实施
  - 知识必备
    - 你想让员工做什么
    - 总感觉事太多人太少怎么办
    - 员工做事没经验怎么办
    - 如何让你的员工用心做事
  - 在线测验
  - 创业感悟
    - 思考笔记
  - 创业评价
    - 评价内容：员工招聘和培训
    - 评价标准
  - 游戏拓展
    - 你写我猜

项目六 公司怎么管

创业文化

创业哲理

简能而任之，择善而从之，则智者尽其谋，勇者竭其力，仁者播其惠，信者效其忠。

——魏征《谏太宗十思疏》

【释义】选拔有才能的人任用，选择一些正确的意见并加以听取采纳，那么聪明的人就会尽献他们的智谋，勇敢的人就会竭尽他们的力量，仁爱的人就会广泛施予他们的恩惠，诚实的人就会贡献他们的忠心。

中国故事

古代全国性的公开选拔人才的诏令

汉高祖刘邦在立国之初下诏，"盖闻王者莫高于周文，伯者莫高于齐桓，皆待贤人而成名。今天下贤者智能，岂特古之人乎？患在人主不交故也，士奚由进？今吾以天之灵，贤士大夫，定有天下，以为一家。欲其长久，世世奉宗庙亡绝也。贤人已与我共平之矣，而不与吾共安利之，可乎？贤士大夫有肯从我游者，吾能尊显之。布告天下，使明知朕意。"（《汉书·高帝纪下》）这是第一个全国性的公开选拔人才的诏令。意思是："听说古代圣王没有谁超过周文王的，霸主没有谁超过齐桓公的，他们都依靠贤人成就功名。现在天下贤人也一定会有智慧才能，难道只有古代才有这样的人吗？担忧的是君主不肯去结交，贤士从什么途径进身呢？现在我靠上天神灵和贤士大夫平定了天下，统一全国成为一家。希望长久保持下去，世世代代奉祀宗庙到无穷。贤人已经和我共同平定天下了，而不和我共同治理天下，可以吗？贤士大夫们肯同我共事的，我能够使他贵显。把诏令布告天下，让大家明白我的意思。"

刘邦起自布衣，对士人多有轻侮。但由于他在争夺天下的过程中，认识到天下多有赖于士人。为此，他统一天下后，要治理天下，就急于寻访贤能之人，心情十分急迫。尽管此诏书是在刘邦在位晚年发布的，但这封诏书毕竟奠定了西汉的基本国策，功不可没。西汉大量贤士得到重用是在武帝宣帝时期。但是，要追溯西汉王朝的求贤历史，还要从这封诏书开始。

学习指南

任务清单

工作任务	明确岗位职责，了解员工培训的方法	教学模式	任务教学法
建议学时	1学时	教学地点	多媒体教室
任务描述	本任务要求根据自己的创业计划，明确岗位职责，了解员工招聘的一般流程，并对员工进行基本的培训规划		
学习目标	知识目标	1. 了解公司的人员组成； 2. 了解确定岗位职责的重要性	
	能力目标	1. 通过查询资料完成学习任务，提高资源搜集的能力； 2. 通过撰写计划，提升分析能力； 3. 通过完成学习任务，提高解决实际问题的能力	

续表

任务描述	本任务要求根据自己的创业计划，明确岗位职责，了解员工招聘的一般流程，并对员工进行基本的培训规划
学习目标	素质目标：1. 学会确定岗位职责的方法； 2. 掌握公司员工招聘的流程； 3. 知道如何进行员工管理
	思政目标：通过对创业哲理、中国故事和成语故事的解读和讲解，培养学生的爱国、诚信和法治意识
关键词	岗位职责，员工培训

知识树

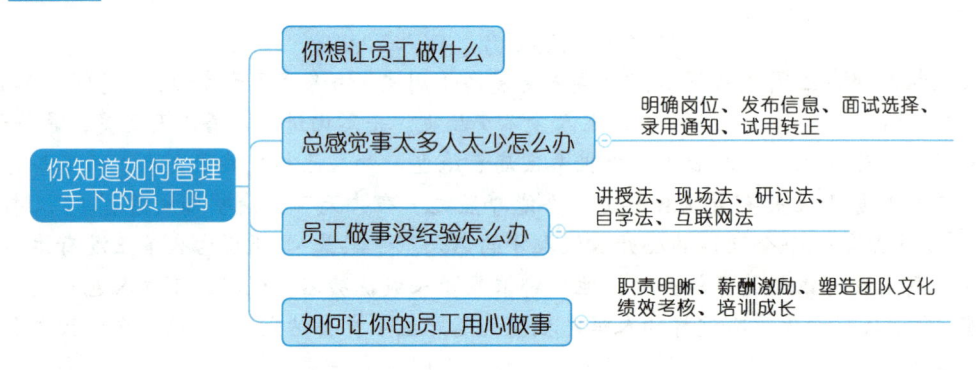

你知道如何管理手下的员工吗
- 你想让员工做什么
- 总感觉事太多人太少怎么办 —— 明确岗位、发布信息、面试选择、录用通知、试用转正
- 员工做事没经验怎么办 —— 讲授法、现场法、研讨法、自学法、互联网法
- 如何让你的员工用心做事 —— 职责明晰、薪酬激励、塑造团队文化、绩效考核、培训成长

任务引入

成语故事

"伯乐相马"出自汉朝韩婴《韩诗外传》卷七："使骥不得伯乐，安得千里之足。"意思是指个人或集体发现、推荐、培养和使用人才的人。

任务背景

欧思琴终于松了一口气，资金筹集到位了。现在，最重要的事情就是如何管理公司，如何确定岗位职责、招聘新人、员工培训……她还是一头雾水。

任务实施

知识必备

一、你想让员工做什么

公司的人员管理，就是让合适的人做合适的事。因此，创业者必须考虑建立公司的管理制度，明确岗位职责，让所有员工都知道自己必须做哪些工作，以及完成这些工作所需要的知识和技能，即以制度管人，而非人管人。

岗位职责规定了某一特定岗位的工作内容，对于这些内容，你必须清楚地描述出来。一般来说，确定岗位职责时应注意以下问题：

- 根据公司经营需要确定工作岗位名称及数量。
- 根据岗位工种确定岗位职务范围。
- 明确岗位任职条件。
- 确定各个岗位之间的关系。
- 根据岗位的性质明确实现岗位目标的责任。

只有注意了这些问题，才能明确员工的岗位及职责、权力与利益，并且能够为绩效考评提供依据，调动员工的积极性。

微视频6-1：你想让员工做什么情景剧

二、总感觉事太多人太少怎么办

当你觉得事太多、员工不够用时，可以根据岗位职责来招聘新员工。雇用有相关专业技能、有工作积极性的员工是非常重要的。可以按照以下五个步骤进行：

1. 明确岗位

明确公司哪些岗位需要招聘员工，每个岗位需求的数量是多少，这些岗位的职责是怎样的，这些需要招聘的员工应该具备什么样的技能和其他要求等。

2. 发布信息

你可以通过网上或线下的人才市场等渠道发布招聘信息。例如，可在大型人才网平台、人才交流分享的社群（社区、论坛、微信群等）、校招平台、专业创业园区等地方发布招聘信息。

3. 面试选择

你要根据岗位职责来选择员工，选择并雇用有适当技能并且工作积极性高的员工对你而言很重要。所以，在面试环节，你要有技巧性地进行面试，以了解应聘人员的更多真实情况。你也可以利用专业的职业测评技术，评价应聘人员的各种素质及其与应聘岗位的匹配程度，这些都能有效地帮助你判断其是否有良好的意愿来你的公司工作，是否适合岗位的需要。

4. 录用通知

经过面试选择后，你可能会录用部分应聘人员。在此环节，建议你向所有参加面试的聘人员发出结果通知，无论他们被录用与否。

5. 试用转正

对被录用的员工，你要清楚地告诉他们转正的条件及试用的期限。为了更好地考核这些员工能否胜任你公司的工作，建议在他们工作初期就对其进行岗位职责的说明或培训。

微视频 6-2：总感觉事太多人太少怎么办情景剧

三、员工做事没经验怎么办

员工培训是公司有效管理员工的重要方式之一。对于计划创办公司的你而言，前期需要做好员工岗前培训工作，这是传递公司文化、凝聚员工向心力的重要环节。完善的培训机制能使新员工迅速适应岗位要求，融入创业团队。员工岗前培训内容通常包括公司、产品或服务的介绍、公司文化、团队精神、工作心态、岗位职责、专业技能等。常用的员工培训方法有以下几种：

1. 讲授法

介绍：以理论讲解为主的培训。该方法就像老师给学生讲课一样，讲授人员一边讲，公司培训员工一边听。

要点：讲授一般在教室进行，完成后要进行考试，考核培训效果，适合规模人数较多（100人以上）的公司进行。其优点是运用起来方便，便于培训者控制整个过程；其缺点是单向信息传递，缺乏教师和学员间必要的交流和反馈。

2. 现场法

介绍：以实操为主的培训。这种方法的特点是进行现场讲解，并且演示操作。

要点：讲授一般在现场，每个人都能得到现场学习观摩的机会。其优点是信息可以双向传递，与讲授法相比更加直观；其缺点是费用较高。

3. 研讨法

介绍：以问题为主的培训。研讨法培训的目的是提高能力，培养意识，交流信息，产生新知。

要点：研讨一般在会议室进行，比较适合管理人员的训练或者用于解决某些有一定难度的管理问题。其优点是强调学员的积极参与，鼓励学员积极思考，主动提出问题，表达个人的感受，有助于激发学习兴趣；其缺点是对培训指导教师的要求较高，讨论问题选择的好坏将直接影响培训的效果。

4. 自学法

介绍：以自学为主的培训。该方法主要给员工提供学习手册，让员工自行学习。

要点：自学完成后要即时考核员工的学习成果。其优点是较适合一般理论性知识的学习，适合具有一定学习能力与自觉的学员自学；其缺点是监督性差。

5. 互联网法

介绍：以网络学习为主的培训。该方法利用现代的互联网、手机交流软件或在线视频进行培训学习。

要点：对公司硬件和软件要求较高，同时要求员工熟悉电脑或手机软件的使用，通常采用线上考试进行测试。其优点是运用视觉与听觉的感知方式，直观鲜明；其缺点是学员的反馈与实践较差，且制作或购买视频、软件的成本高，内容易过时。

微视频 6-3：员工做事没经验怎么办

四、如何让你的员工用心做事

完成员工招聘及培训工作后，你的创业团队能否取得成功，还取决于你如何有效引导和激励你的员工齐心协力完成工作。一般而言，对员工的管理可以从职责明晰、薪酬激励、塑造团队文化、绩效考核和培训成长五个方面着手。

1. 职责明晰

作为一个创业团队，明确每一位团队成员的岗位职责有助于确立个人目标，督促团队成员不断自我考核和自我反省，强化团队成员之间的协作能力，从而在最短的时间内实现高效率的团队协作。因此，建议你把岗位职责制成岗位说明书，用以明确员工在公司里所要做的工作和承担的责任，同时也是后续有效考核员工的重要依据。

2. 薪酬激励

为员工提供有吸引力的工资报酬，是激励员工保持工作热情的有利条件。要使薪酬既具有最佳的激励效果，又有利于员工队伍稳定，除了保证整个薪酬体系符合国家和当地政策的规定，还要学会对薪酬制度进行科学的设计。设计薪酬制度时，要把握以下原则：

一是公平性原则。这里讲的公平并不意味着"大锅饭"，而是建立在员工的岗位、级别、能力一致基础之上的横向公平和基于员工职业生涯发展的纵向公平。

二是竞争性原则。你公司的薪酬制度与其他公司相比，要具有一定的竞争力，这样才能吸引人才、留住人才，进而使人才愿意为你的公司发展效力。

三是激励性原则。科学的薪酬激励要建立在激发员工工作热情并与其工作业绩紧密相连的基础之上。

四是经济性原则。你要考虑公司的承受能力、利润积累、成本控制等因素，而不是一味地追求高薪。

3. 塑造团队文化

目前，大学生创业团队的成员多为"90后"，甚至是"00后"的年轻人，他们喜欢参与公司决策，愿意进行自由沟通，敢于面对工作挑战，乐于在玩中工作。因此，在塑造团队文化的过程中，除了考虑公司实际和自身定位，还要考虑团队成员的个性特点。

4. 绩效考核

绩效考核是加强公司内部管理、提升工作效率的重要手段。设计绩效考核机制时，要把重点放在核心任务完成、工作态度评价、团队协作能力和创新能力四个方面。

5. 培训成长

一个新建的创业团队在短期内能够给予员工的物质激励往往是有限的，而且这种激励往往也具有很大的局限性，而突破物质回报"短板"的有效途径就是创造更多学习成长的机会，以及快乐的团队氛围。因此，你要有计划、有步骤地组织、安排各类培训，让团队成员在团队中不断学习新理念、新技术、新模式，积极适应日新月异的时代挑战。

微视频 6-4：让你的员工用心做事

在线测验

扫描二维码，测一测你对本任务知识的掌握程度。

创业感悟

员工管理的四原则：一是员工分配的工作要适合他们的工作能力和工作量；二是论功行赏；三是通过基本和高级的培训计划，提高员工的工作能力，并且从公司内部选拔有资格担任领导工作的人才；四是不断改善工作环境和安全条件。

请结合本任务所学知识，完成如表 6-1 所示的思考笔记。

表 6-1　思考笔记

确定岗位职责时应注意哪些问题	
招聘新员工的步骤	
常用的员工培训方法有哪些	
薪酬激励的原则是什么	

创业评价

1. 评价内容

制订员工招聘和培训计划,并完成如表 6-2 所示的员工招聘和培训计划表。

表 6-2　员工招聘和培训计划表

	创业项目名称:		
创业项目名称及团队情况	已有团队姓名	岗位名称	岗位职责
	1.		
	2.		
	3.		
	4.		
	5.		
	……		
员工招聘计划	招聘岗位	需求人员数量	岗位任职要求
	1.		
	2.		
	3.		
	……		
员工培训计划	培训主题	执行人/参与人	培训时间
	1.		
	2.		
	3.		
	……		

2. 评价标准

(1) 已有团队的岗位名称与岗位职责描述清楚(30分);
(2) 员工招聘岗位、需求人员数量、岗位任职要求描述清晰(30分);
(3) 员工培训计划与招聘岗位人员任职要求匹配,培训计划合理(40分)。

游戏拓展

1. 游戏名称

你写我猜。

2. 游戏目标

看看自己是否有伯乐的眼光,能否找到志同道合的人。

3. 建议时间

个人介绍不超过30秒钟,总时间不超过10分钟。

4. 道具准备

空白的可粘贴式姓名标签、计时器。

5. 游戏规则

(1) 给每人发一个空白的可粘贴式姓名标签,请他们把自己的名字或昵称写在上面。

（2）请每个人简短地列举两个与自己情况有关的单词或短语，如来自哪个地方、爱好、教育情况等。示例如下：
- 姓名：张三。
- 居住在湖南长沙。
- 喜欢慢跑。

（3）给每个小组成员一分钟的时间写下自己的两项情况，然后请他们用最快的速度在旁边的小组找到情况相同的人。找到相同点最多的一组获胜。

任务二　你知道如何把钱用在刀刃上吗

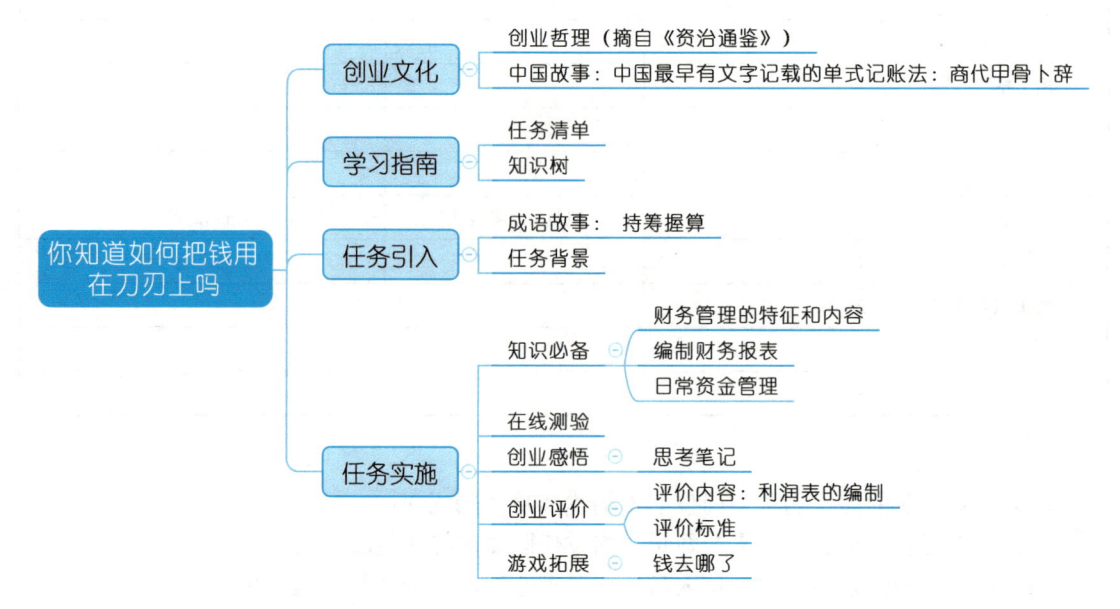

思维导图

你知道如何把钱用在刀刃上吗
- 创业文化
  - 创业哲理（摘自《资治通鉴》）
  - 中国故事：中国最早有文字记载的单式记账法：商代甲骨卜辞
- 学习指南
  - 任务清单
  - 知识树
- 任务引入
  - 成语故事：持筹握算
  - 任务背景
- 任务实施
  - 知识必备
    - 财务管理的特征和内容
    - 编制财务报表
    - 日常资金管理
  - 在线测验
  - 创业感悟：思考笔记
  - 创业评价
    - 评价内容：利润表的编制
    - 评价标准
  - 游戏拓展：钱去哪了

创业文化

创业哲理

取之有度，用之有节，则常足。

——司马光《资治通鉴》

【释义】有计划地索取，有节制地消费，就会常保富足。

中国故事

中国最早有文字记载的单式记账法：商代甲骨卜辞

我国最早有文字记录的记账方式出现在商代，采用的是单式记账法，通俗而言就是流水账，对经济收支事项的记录采用文字叙述方式。商人尚鬼，即商代的统治者常常通过占卜问神，根据神的旨意做出决策。甲骨文便是商代王室占卜问事时所刻录在龟甲和兽骨上的卜辞。

根据前人对甲骨卜辞的研究总结，我国商代的"会计"记录有以下三个特点：

第一，对每笔经济事项的记录，采用文字叙述式的记录方法，反映经济事项的基本内容，内容陈述的先后并无统一规定，只求从文字上阐述清楚。当时的记录已有专门的账簿，称为"册"，是一种用麻绳把竹片串在一起的"账簿"。

第二，对每笔收支事项，按照时间发生的先后顺序，流水式地在"简册"上进行登记。以自然类别（而不是以经济活动的内在联系）确定每笔经济事项在简册中的位置。卜辞记录了经济事项发生的月、日，有些地方还记有年份及某王统治时期。若是记载用牲情况，支出的品种、数量、地点等信息都非常清楚完备。在商代甲骨文字中，反映事物数量变化的从一到十的数字已建立完备，这些基本数字已成为我国数学运算及会计核算的基础。在此基础上，数字的位值制也得以建立，在甲骨文中一、十、百、千、万均有专门的表示符号。这种"会计"记录方法对经济事项的内容反映已比较完整。

第三，以行为动词表示经济活动的性质及记录方向的基本取向。由于受经济发展水平和文化水平的限制，人们还不能固定地以某种动词作为记录的符号，而只能根据生产、生活及战争中的一些动作，仿造出一些具有动词意义的词加以表示，如"获""入""用""出"等。

这三个特点体现了我国"单式记账法"的最初形态，从严格意义上来讲，文字叙述式的记账方法并不是标准的会计记账方法，既没有明确的记账符号，也没有固定的记账格式，但商朝的会计记账方法已经有了单式记账的思想，这种单式记账思想是与低下的生产力水平相适应的，是自给自足的自然经济的伴随产物。那时的单式记账是极其简单的，但它是三千多年前的古人所创造的最早的中式会计，对后世的影响深远。

学习指南

任务清单

工作任务	了解财务管理的内容，学会日常资金管理	教学模式	任务教学法
建议学时	2学时	教学地点	多媒体教室
任务描述	本任务要求根据自己的创业计划，编写财务管理制度，编制公司的利润表并寻找提高净利润的方法		
学习目标	知识目标	1. 了解新创企业的财务管理制度； 2. 知道企业利润从何而来	
	能力目标	1. 通过查询资料完成学习任务，提高资源搜集的能力； 2. 通过撰写计划，提升分析的能力； 3. 通过完成学习任务，提高解决实际问题的能力	
	素质目标	1. 掌握如何建立新创企业的财务管理制度； 2. 看懂并学会编制相关财务报表	
	思政目标	通过对创业哲理、中国故事和成语故事的解读和讲解，培养学生的诚信、公正的意识和法治观念	
关键词	财务管理，财务报表		

知识树

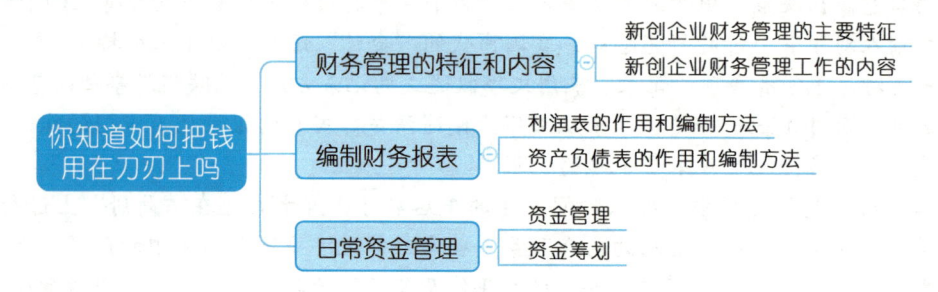

```
                    ┌─ 财务管理的特征和内容 ─┬─ 新创企业财务管理的主要特征
                    │                      └─ 新创企业财务管理工作的内容
你知道如何把钱     ─┼─ 编制财务报表 ──────┬─ 利润表的作用和编制方法
用在刀刃上吗       │                      └─ 资产负债表的作用和编制方法
                    └─ 日常资金管理 ──────┬─ 资金管理
                                           └─ 资金筹划
```

任务引入

成语故事

"持筹握算"出自汉朝枚乘《七发》："孔老览观，孟子持筹而算之，万不失一。"意思是请孔子、老子这类人物为之审查评说，请孟子这类人物为之筹划算计，这样一万个问题也错不了一个。"持筹握算"原指筹划，后称管理财务。

任务背景

欧思琴知道财务管理是创业过程中必须考虑的问题，很多大学生创业者往往由于忽略了对财务的有效计划而功败垂成。创业需要激情，更需要理性规划，新创企业如何开发基本的财务制度，编制哪些财务报表，如何进行日常资金管理……这些都是非常关键的问题，也是无法回避的问题，要好好学习。

任务实施

知识必备

在国家"大众创业、万众创新"的号召下，国内涌现了"草根创业""大众创业"的新浪潮，很多富有激情的大学生纷纷创建了自己的公司。但管理是一门艺术，如何让公司生存得更长久是每一个创业者都非常关心的问题。我们将帮助大家从认识财务管理开始，不但教你看懂各种财务报表，而且还会帮助你掌握基本的财务工作管理工具，帮助你成为一个合格的新创企业管理者，让自己的公司能走得更远。

一、财务管理的特征和内容

（一）新创企业财务管理的主要特征

财务管理是组织企业财务活动，处理财务关系的一项经济管理工作。它是指在一定的整体目标下，关于资产的购置、资本的筹集和使用、经营中的现金流控制及利润分配等方面的管理。

新创企业财务管理的主要特征是资金需求量大、融资成本高、投资回收慢。企业的创立、生存和发展，必须有一定数量的资金支撑。资金问题的解决，特别是创业启动资金的落实，是创业能否成功的关键要素之一，必须给予高度重视。

（二）新创企业财务管理工作的内容

新创企业处在企业发展的最初阶段，企业的主要目标是生存。财务工作在这个阶段需要围绕适应企业生存目标而开展，从而形成了这个阶段财务工作的两个重心：一是关注基础性建设；二是关注影响企业生存的重要财务指标。因此，新创企业的财务管理工作要围绕以下内容展开。

1. 搭建财务团队

一般来说，完成财务工作有两种组建团队的方式：

（1）自建方式。因为新创企业初期业务内容相对简单，业务量相对较小，所以这个阶段的财务团队较为简化，仅设置会计岗位和出纳岗位即可，帮助企业完成基础的记账、报税和资金管理工作，同时也能够完成一些基础的内部控制工作，如费用报销的审核管理。

（2）外包方式。这是新创企业组建财务团队的主要方式。财务外包机构的选择可以从以下几点考虑：

① 深度。是否拥有丰富的服务经验应作为首要考虑的因素。

② 广度。是否拥有更广的服务领域也是创业者应该考虑的重要因素。

③ 创新。财务外包机构应该拥有创新的精神，了解掌握新技术、新模式给企业带来的巨大影响，并积极进行实践。

2. 建立基本制度

企业应建立基本的财务制度，以规范财务相关工作，进而保证正常的经营管理秩序，有效管控相关风险。

（1）建立会计核算制度。新创企业一般规模相对较小，大部分企业符合《中小企业划型标准规定》所规定的小型企业标准，可以按照《小企业会计准则》的相关规定进行会计核算。

（2）建立资金管理制度。资金是企业流动性最强的资产，可以随时用于偿还债务、购买产品或服务等，所以是企业最重要的资产之一。一个企业没有利润可能可以生存，但如果没有资金，可能很快就会面临破产清算。同时，资金的强流动性也使它成为企业内部控制最薄弱的环节，管理稍有缝隙就可能造成资金的流失。所以，作为创业者必须重视资金流，也必须建立严格的资金管理制度，保证资金的安全。

（3）建立销售采购制度。销售与采购均涉及资金。在销售方面，企业往往为了促进销售收入的增加而给客户一个账期，这就是我们常说的赊销政策。赊销就会给企业带来应收账款，这些款项在会计处理上会形成收入，并最终导致利润的产生。但是，从资金的角度来看，它并没有给企业带来实质的收益，如果管理不好造成坏账，更会给企业带来巨大的损失，所以有时我们会说"现金比利润更重要"。而采购包括商品的采购、日常办公用品采购、零星采购等。

（4）建立资产管理制度。这里的资产主要是指固定资产和低值易耗品。一般来说，新创企业成立时间较短，且大部分不属于重资产型的企业，所以资产的规模相对较小。但该部分的资产是企业资产的重要组成部分，也应建立有效的管理制度。

（5）建立报表管理制度。新创企业应建立对外、对内的不同报表报告体系。

对外报告主要包括两个方面的内容：一是指需要向市场监督管理机关、税务机关、银行等编报的资产负债表、利润表、现金流量表及附注；二是指需要向税务机关编报的纳税申报表，包括月度、季度、年度涉及的各税种的申报表格。

对内报告指根据企业管理者的需要而编报的相关统计报表，这些报表主要用于统计、分析企业运营管理的情况，为管理者提供决策依据。

微视频 6-5：新创企业财务管理的特征和内容

二、编制财务报表

财务报表是指企业对外提供的反映企业某一特定日期的财务状况和某一会计期间的经营成果、现金流量等会计信息的文件。小企业编制的财务报表，应当包括利润表和资产负债表。财务报表对改善企业外部有关方面的经济决策环境和加强企业内部经营管理具有重要作用。下面我们来认识利润表和资产负债表。

（一）利润表的作用和编制方法

利润表是用来反映企业在某一会计期间的经营成果的财务报表。该表是根据"收入－费用＝利润"的会计等式，按营业利润、利润总额、净利润的顺序编制而成的，是一个时期的、动态的报表。

1. 利润表的作用

编制利润表的目的是反映企业的生产经营和收益情况，表明企业的经营成果。其作用主要体现在以下四个方面：

（1）可以反映企业一定会计期间营业收入的实现情况，以及不同收入的构成情况；

（2）反映企业一定会计期间的费用耗费情况；

（3）反映企业经营活动的成果；

（4）提供财务分析的基本资料。

2. 利润表的编制方法

按照我国会计准则的规定，企业应当编制如表 6-3 所示的多步式利润表。

表 6–3　多步式利润表

项　　目	本　期　金　额	上　期　金　额
一、营业收入		
减：营业成本		
营业税金及附加		
销售费用		
管理费用		
财务费用		
二、营业利润（损失以"－"号填列）		
加：营业外收入		

续表

项　　目	本期金额	上期金额
减：营业外支出		
三、利润总额（损失以"—"号填列）		
减：所得税费用		
四、净利润（损失以"—"号填列）		

说明如下：

"营业收入"项目，反映企业经营主要业务和其他业务所确认的收入总额。

"营业成本"项目，反映企业经营主要业务和其他业务所发生的成本总额。

"营业税金及附加"项目，反映企业经营业务应负担的增值税、城市建设维护税、资源税、土地增值税和教育费附加等。

"营业利润"项目，反映企业实现的营业利润。如为亏损，则以"—"号列示。

"营业外收入"项目，反映企业发生的与经营业务无直接关系的各项收入和利得。如非流动资产处置利得、非货币性资产交换利得、债务重组利得、政府补助、盘盈利得、捐赠利得等。

"营业外支出"项目，反映企业发生的与经营业务无直接关系的各项支出和损失。如非流动资产处置损失、非货币性资产交换损失、债务重组损失、公益性捐赠支出、非常损失、盘亏损失等。

"利润总额"项目，反映企业实现的利润。如为亏损，则以"—"号列示。

"所得税费用"项目，反映企业应从当期利润总额中扣除的所得税费用。

"净利润"项目，反映企业实现的净利润。如为亏损，则以"—"号列示。

（二）资产负债表的作用和编制方法

资产负债表是指总括反映企业在某一特定日期全部资产、负债和所有者权益状况的报表。资产负债表是根据"资产＝负债＋所有者权益"这一会计基本等式，依照流动资产和非流动资产、流动负债和非流动负债大类列示，并按照一定要求编制的，是一定时点的、静态的会计报表。

1. 资产负债表的作用

资产负债表较全面地提供了企业一定日期的财务状况，包括企业所拥有的各种经济资源（资产）、企业所负担的债务（负债），以及企业所有者在企业里所享有的权益（所有者权益）。资产负债表的重要作用主要体现在以下三个方面：

（1）有助于了解企业所掌握的经济资源及其分布情况；

（2）有助于分析、评价、预测企业的偿债能力；

（3）有助于预测企业未来的财务趋势。

2. 资产负债表的编制方法

根据《财务报表列报》准则的规定，资产负债表采用账户式的格式。简单的资产负债表如表6-4所示。

表 6-4　简单的资产负债表

资　　产	期末余额	年初余额	负债和所有者权益	期末余额	年初余额
流动资产			流动负债		
货币资金			短期借款		
应收账款			应付账款		
预付款项			预收款项		
应收利息			应付职工薪酬		
应收股利			应交税费		
其他应收款			应付利息		
存货			应付利润		
一年内到期的非流动性资产			其他应付款		
其他流动资产			一年内到期的非流动负债		
流动资产合计			其他流动负债		
—	—	—	流动负债合计		
非流动资产			非流动负债		
长期应收款			长期借款		
长期股权资产			其他非流动负债		
固定资产			非流动负债合计		
在建工程			负债合计		
工程物资			所有者权益		
无形资产			实收资本		
其他非流动资产			资本公积		
非流动资产合计			盈余公积		
—	—	—	未分配利润		
—	—	—	所有者权益合计		
资产合计			负债和所有者权益合计		

微视频 6-6：编制财务报表

三、日常资金管理

新创企业财务管理工作的核心是资金管理，它是企业财务管理的重中之重。

（一）资金管理

这里讲的资金管理不涉及筹资、投资的管理，而仅就现金（广义的现金包括现金、银行存款和现金等价物）的收、支管理进行阐述。

（二）资金筹划

企业的资金流就如同人身上的血液，是企业生存发展必不可少的，一旦出现资金链断裂的情况，对企业而言就可能是面临"灭顶之灾"。所以，创业者需要时刻关注企业的资金状况，了解资金动态和静态两个方面的情况，做好资金筹划。

1. 资金动态情况

创业者应了解每日企业资金的流入和流出情况，这既是企业运营情况的反映，也是监控资金是否安全的重要途径。

（1）资金流入的类型有股东投入、经营流入、借款流入、其他流入等。其中，经营流入可以看成企业自身"造血"机能，是创业者需要着重考虑的方面。同时，创业者应该关注财务提供的资金流入情况是否与企业的实际经营情况相符，并重点查找分析不相符部分的原因。

（2）资金流出的类型有商品采购、日常费用、对外投资、偿还借款、其他流出等。创业者应关注企业所有的资金对外支出是否获得了适当的授权。

2. 资金静态情况

了解在任一时间点企业可以动用的资金金额，这是创业者必须随时掌握的情况。企业采购商品、支付工资、支付房租等都需要使用现金，所以账面可动用的现金余额对企业是至关重要的信息。

3. 资金筹划

创业者应能做到最基本的资金筹划，即估计企业在未来一个时期所需要支付的资金总量，并分析在这个时期的资金流入总量，以计算资金的"缺口"，这个"缺口"就是企业需要想办法进行补充的资金量。一般来说，弥补资金的缺口可以从收、支两个方面进行，也就是通常意义上的"开源节流"。

微视频 6-7：日常资金管理情景剧

在线测验

扫描二维码，测一测你对本任务知识的掌握程度。

创业感悟

创业公司常常误入歧途，把钱花在一些无关紧要的事情上，这早已不是什么秘密，只是创业者会犯的众多错误之一。尽管有些花销纯属多余，但这并不意味着你在每项潜在成本上都要当个小气鬼。实际上，有些开销是必不可少的，作为一名创业者，你必须要学会辨识。

请结合本任务所学知识，完成如表 6-5 所示的思考笔记。

表 6-5　思考笔记

新创企业财务管理工作的内容	
利润表的作用	
资产负债表的作用	

创业评价

1. 评价内容

根据实际情况完成一期如表 6-6 所示的利润表的编制。

表 6-6　利润表

项　目	本期金额	上期金额
一、营业收入		
减：营业成本		
营业税金及附加		
销售费用		
管理费用		
财务费用		
二、营业利润（损失以"—"号填列）		
加：营业外收入		
减：营业外支出		
三、利润总额（损失以"—"号填列）		
减：所得税费用		
四、净利润（损失以"—"号填列）		

2. 评价标准

（1）各项原始数据来源可靠（30 分）；

（2）各项数据填写合理规范（30 分）；

（3）各项数据勾兑正确（40 分）。

游戏拓展

1. 游戏名称

钱去哪了。

2. 游戏目标

测试自己对金钱与数字的敏感程度。

3. 建议时间

不超过 5 分钟。

4. 道具准备

答题纸、计时器。

5. 游戏规则

（1）主持人宣读题目：三人住旅店，每人每天的价格是十元。每人付了十元，总共给了老板三十元。后来老板总共优惠了五元，让服务员退给他们。结果服务员贪污了两元，剩下三元每人退了一元。也就是说每人消费了九元。三个人总共花了二十七元，加上服务员贪污的两元，总共二十九元。那么，你知道还有一元钱去哪里了吗？

（2）其他人利用最短的时间将答案写在纸上。

（3）答案正确，用时最短者获胜。

任务三　你知道如何向政府申请补贴吗

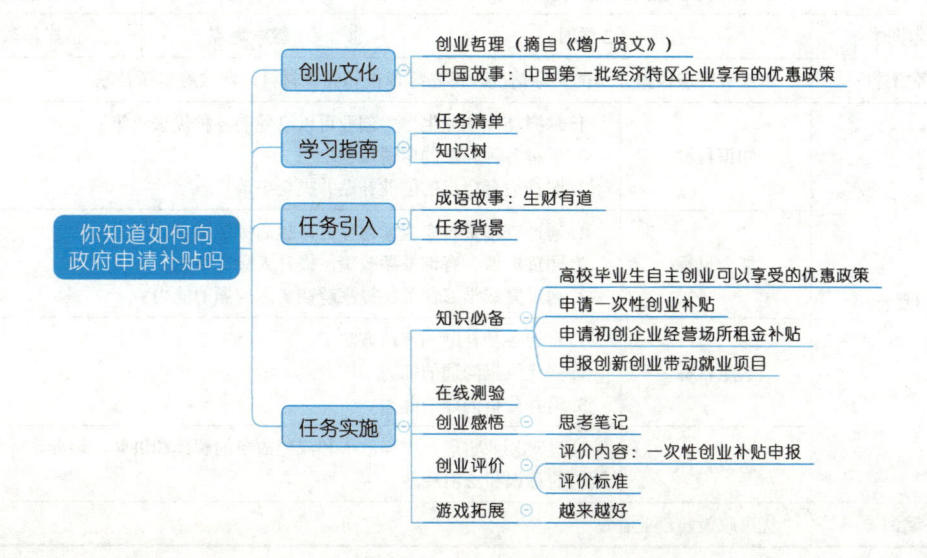

思维导图

```
你知道如何向        创业文化 ─┬─ 创业哲理（摘自《增广贤文》）
政府申请补贴吗               └─ 中国故事：中国第一批经济特区企业享有的优惠政策

                  学习指南 ─┬─ 任务清单
                            └─ 知识树

                  任务引入 ─┬─ 成语故事：生财有道
                            └─ 任务背景

                  任务实施 ─┬─ 知识必备 ─┬─ 高校毕业生自主创业可以享受的优惠政策
                            │             ├─ 申请一次性创业补贴
                            │             ├─ 申请初创企业经营场所租金补贴
                            │             └─ 申报创新创业带动就业项目
                            ├─ 在线测验
                            ├─ 创业感悟 ── 思考笔记
                            ├─ 创业评价 ─┬─ 评价内容：一次性创业补贴申报
                            │             └─ 评价标准
                            └─ 游戏拓展 ── 越来越好
```

创业文化

创业哲理

君子爱财，取之有道。

——《增广贤文》

【释义】君子只要正道得到的财物，不要不义之财。

中国故事

中国第一批经济特区企业享有的优惠政策

1979 年 7 月，中共中央、国务院同意在广东省的深圳、珠海、汕头三市和福建省的厦门市试办出口特区。1980 年 5 月，中共中央、国务院决定将深圳、珠海、汕头和厦门这四个出口特区改称经济特区。经济特区实行特殊的经济政策、灵活的经济措施和特殊的经济管理体制，并坚持以外向型经济为发展目标。

"三资企业"才能享有的优惠。1980 年全国人大常委会批准通过《广东省经济特区条例》，在深圳等经济特区实施有别于其他地区的特殊税收优惠政策；1982 年深圳市政府和深圳市税务局出台政策，规定特区"三资企业"可享受所得税减按 15% 的低税率和"两免三减半""三免四减半"等优惠政策，并对进口生产所必须的生产资料免征工商统一税。

自主创业人员可以申请补贴。根据 2015 年 10 月 1 日深圳市人民政府发布的《深圳市人民政府关于加强创业带动就业工作的实施意见》文件内容，深圳市自主创业人员可以享受包含创业培训津贴、初创企业补贴、创业场租补贴、创业担保贷款贴息、社会保险补贴、创业带动就业补贴、有限创业项目资助在内的创业扶持补贴。

学习指南

任务清单

工作任务	了解大学生创业的优惠政策，学会申请创业补贴	教学模式	任务教学法
建议学时	2 学时	教学地点	多媒体教室
任务描述	本任务要求根据公司的实际情况，准备好申报和佐证材料，向政府申请补贴		
学习目标	知识目标	1. 掌握高校毕业生自主创业可以享受的各种优惠政策； 2. 了解各种补贴的申请流程； 3. 选择适合自己的创业补贴并提交申请		
	能力目标	1. 通过查询资料完成学习任务，提高资源搜集的能力； 2. 通过申请、咨询补贴政策，提升人际交往能力； 3. 通过完成学习任务，提高解决实际问题的能力		
	素质目标	1. 掌握各种补贴的申请方法； 2. 强化汇报沟通的能力； 3. 培养分析问题的能力		
	思政目标	通过对创业哲理、中国故事和成语故事的解读和讲解，培养学生的爱国、诚信的意识和法治观念		
关键词	优惠政策，创业补贴		

知识树

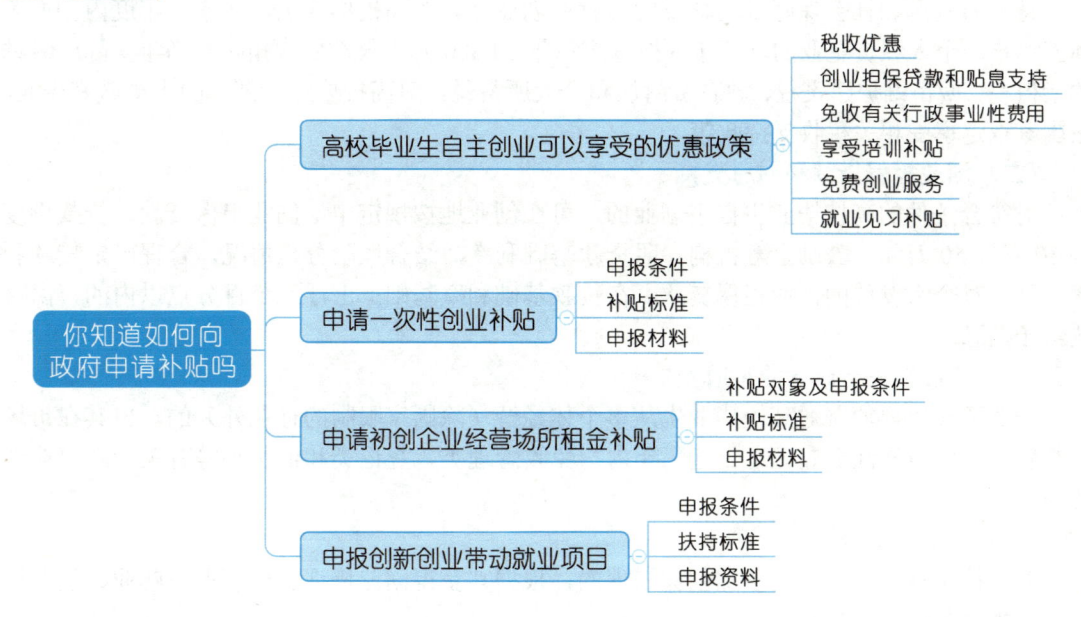

```
你知道如何向政府申请补贴吗
├── 高校毕业生自主创业可以享受的优惠政策
│   ├── 税收优惠
│   ├── 创业担保贷款和贴息支持
│   ├── 免收有关行政事业性费用
│   ├── 享受培训补贴
│   ├── 免费创业服务
│   └── 就业见习补贴
├── 申请一次性创业补贴
│   ├── 申报条件
│   ├── 补贴标准
│   └── 申报材料
├── 申请初创企业经营场所租金补贴
│   ├── 补贴对象及申报条件
│   ├── 补贴标准
│   └── 申报材料
└── 申报创新创业带动就业项目
    ├── 申报条件
    ├── 扶持标准
    └── 申报资料
```

任务引入

成语故事

"生财有道"出自《礼记·大学》："生财有大道：生之者众，食之者寡，为之者疾，用之者舒，则财恒足矣。"意思是创造财富有一条原则，即生产财富的人多，耗用财富的人少；管理财富的人勤快，使用财富的人适度，这样财富就会长久地保持充足了。"生财有道"原指生财有个大原则，后指赚钱很有办法。

任务背景

欧思琴偶然听说，她的公司还可以向政府申请补贴，可把她高兴坏了，"还有这种好事，简直就是天上掉馅饼。"很快，欧思琴又冷静下来，暗暗地对自己说："要满足什么条件才能申请？是不是还要填写申请资料？资料准备好后交给谁？赶快找个明白人问一下。"

任务实施

知识必备

一、高校毕业生自主创业可以享受的优惠政策

按照《国务院关于进一步做好新形势下就业创业工作的意见》（国发〔2015〕23号）、《国务院办公厅关于深化高等学校创新创业教育改革的实施意见》（国办发〔2015〕36号）等文件规定，高校毕业生自主创业优惠政策可以归纳为以下六种。

（一）税收优惠

持人力资源和社会保障部门核发的《就业创业证》的高校毕业生，在毕业年度内创办个体工商户、个人独资企业的，三年内按每户每年 14 400 元为限额依次扣减其当年实际应缴纳的增值税、城市维护建设税、教育费附加和个人所得税。对高校毕业生创办的小型微利企业，按国家规定享受相关税收支持政策。

（二）创业担保贷款和贴息支持

对符合条件的高校毕业生自主创业的，可在创业地按规定申请创业担保贷款，贷款额度为 10 万～50 万元。鼓励金融机构参照贷款基础利率，结合风险分担情况，合理确定贷款利率水平，对个人发放的创业担保贷款，在贷款基础利率基础上上浮三个百分点以内的，由财政给予贴息。

（三）免收有关行政事业性收费

毕业两年以内的普通高校毕业生从事个体经营（除国家限制的行业外）的，自其在市场监督管理部门首次注册登记之日起三年内，免收管理类、登记类和证照类等有关行政事业性费用。

（四）享受培训补贴

对高校毕业生在校期间参加创业培训的，根据其获得创业培训合格证书或就业、创业情况，按规定给予培训补贴。

（五）免费创业服务

有创业意愿的高校毕业生，可免费获得公共就业和人才服务机构提供的创业指导服务，包括政策咨询、信息服务、项目开发、风险评估、开业指导、融资服务、跟踪扶持等"一条龙"创业服务。

（六）就业见习补贴

对企业（单位）吸纳离校未就业高校毕业生参加就业见习的，由见习企业（单位）先行垫付见习人员见习期间基本生活补助，再按规定向当地人力资源社会保障部门申请就业见习补贴。见习单位支出的见习补贴相关费用，不计入社会保险缴费基数，但符合税收法律法规规定的，可以在计算企业所得税应纳税所得额时扣除。

就业见习补贴申请材料应附：实际参加就业见习的人员名单、就业见习协议书、见习人员身份证、登记证复印件和大学毕业证复印件、企业（单位）发放基本生活补助明细账（单）、企业（单位）在银行开立的基本账户等凭证材料，经人力资源社会保障部门审核后，财政部门将资金支付到企业（单位）在银行开立的基本账户。

微视频 6-8：高校毕业生自主创业可以享受的优惠政策

二、申请一次性创业补贴

为了鼓励大学生等就业重点群体创业，不少地方政府会出台相应的优惠政策，对就业重点群体创办的初创企业给予创业补贴。以长沙为例，其申报条件、补贴标准和申报资料要求如下。

（一）申报条件

一次性创业补贴的对象为就业重点群体在长沙创办的初创企业。就业重点群体包括以下十类人员：普通高校、职业学校、技工院校学生（在校及毕业五年内）；留学归国人员（领取毕业证五年内）；就业困难人员；登记失业人员；返乡农民工；建档立卡农村贫困劳动力；被征地农民；复员转业退役军人及随军家属；刑释和解除强戒人员；残疾人。

申报一次性创业补贴须符合下列条件：

1. 在长沙市内登记注册的初创企业、初次注册的个体工商户和农民专业合作社。
2. 创业时间在三年内，符合国家产业发展方向（除桑拿、按摩、网吧，以及其他国家政策不予鼓励的产业外，盲人创办的医疗保健性按摩项目可申报）。
3. 合法正常经营十二个月以上、吸纳两名及以上城乡劳动者就业并按规定缴纳社会保险费。其中，贫困劳动力和农民工等返乡下乡人员首次创办小微企业或从事个体经营，合法正常运营时间放宽至六个月以上。
4. 担任初创企业的法定代表人（主要负责人）发生变更的，不纳入补贴范围。
5. 无违法纪录。

（二）补贴标准

根据吸纳城乡劳动者就业人数申请 5 000～30 000 元不等的一次性创业补贴。吸纳城乡劳动者就业人数取申报年度的四、五、六月月缴纳城镇职工社会保险人数的最低值。吸纳两人的按 5 000 元标准给予一次性创业补贴；吸纳两人以上的每增加一人给予 1 000 元补贴，最高不超过 30 000 元。一次性创业补贴同一用人单位只能申请一次。

（三）申报材料

申报材料报送时须提供各类证明、证件的原件核验，所提交的复印件用 A4 纸按顺序装订成册，一式二份（市人力资源社会保障局一份，区人力资源社会保障局一份）。申报一次性创业补贴需提交以下资料：

（1）《一次性创业补贴申报表》。
（2）营业执照或其他登记注册证明复印件，银行开户许可证复印件。
（3）正常运营十二个月以上的佐证资料。其中属贫困劳动力和返乡农民工的，提供正常运营六个月以上的佐证资料。
（4）属就业重点群体的佐证材料：
① 在校生须提供在校证明，毕业生须提供毕业证复印件；
② 留学归国人员须提供经教育部门认证的相关资料；
③ 就业困难人员、登记失业人员须提供就业创业证（就业失业登记证）复印件；
④ 返乡农民工须提供长沙市行政区域范围内户籍地乡镇（街道）人力资源社会保障服务站或村（社区）出具的返乡创业佐证资料；
⑤ 农村贫困劳动力须提供已建档立卡的相关证明；
⑥ 被征地农民须提供征地协议复印件；

⑦ 复员转业退役军人须提供退出现役证明复印件、随军家属须提供部队师级以上的随军批复复印件；

⑧ 刑释和解除强戒人员须提供刑释和解除强戒证明；

⑨ 残疾人须提供残疾人证。

微视频 6-9：申请一次性创业补贴

三、申请初创企业经营场所租金补贴

为了降低初创企业经营成本，不少地方政府会出台相应的优惠政策，对符合要求的，给予一定的经营场所租金补贴。以长沙为例，其申报条件、补贴标准和申报资料要求如下。

（一）补贴对象及申报条件

经营场所租金补贴对象为就业重点群体在本市创办的初创企业。就业重点群体包括以下十类人员：普通高校、职业学校、技工院校学生（在校及毕业五年内）；留学归国人员（领取毕业证五年内）；就业困难人员；登记失业人员；返乡农民工；建档立卡农村贫困劳动力；被征地农民；复员转业退役军人及随军家属；刑释和解除强戒人员；残疾人。初创企业的法定代表人（主要负责人）发生变更的，使用自有房产创业的，不纳入经营场所租金补贴范围。

申请经营场所租金补贴须符合以下条件：

（1）在长沙市内登记注册的初创企业；

（2）创业时间在三年内，符合国家产业发展方向（除桑拿、按摩、网吧，以及其他国家政策不予鼓励的产业外，盲人创办的医疗保健性按摩项目可申报）；

（3）合法正常经营六个月以上、吸纳两名及以上城乡劳动者就业并按规定缴纳社会保险费的；

（4）在市级创业孵化基地以外租赁经营场所的；

（5）无违法纪录。

（二）补贴标准

第一年每月 800 元，第二年每月 600 元。实际租金低于补贴标准的，按实际租金额度给予补贴。同一初创企业只能享受累计不超过两年的场租补贴。初创企业有多处经营场所的，只能就一处经营场所向登记注册地人力资源社会保障部门提出申请。已经享受过市财政同一项目补贴的，不能重复享受。

（三）申报材料

申报材料报送时须提供各类证明、证件的原件核验，所提交的复印件用 A4 纸按顺序装订成册，一式二份（市人力资源社会保障局一份，区人力资源社会保障局一份）。申报初创企业经营场所租金补贴须提交以下资料：

（1）《初创企业经营场所租金补贴申报表》。
（2）营业执照或其他登记注册证明复印件。
（3）属就业重点群体的身份证明：
① 在校生须提供在校证明，毕业生须提供毕业证复印件；
② 留学归国人员须提供经教育部门认证的佐证资料；
③ 就业困难人员、登记失业人员须提供就业创业证（就业失业登记证）复印件；
④ 返乡农民工须提供长沙市行政区域范围内户籍地乡镇（街道）人力资源社会保障服务站或村（社区）出具的返乡创业佐证资料；
⑤ 农村贫困劳动力须提供已建档立卡的佐证资料；
⑥ 被征地农民须提供征地协议复印件；
⑦ 复员转业退役军人须提供退出现役证明复印件、随军家属须提供部队师级以上的随军批复复印件；
⑧ 刑释和解除强戒人员须提供刑释和解除强戒证明；
⑨ 残疾人须提供残疾人证。
（4）经营场地租赁证明：租赁合同复印件（租赁地址应与登记注册地一致）、缴纳租金的凭证复印件（注明租赁起止时间段）、房东身份证明、房产证明复印件（如无房产证，则须提供商品房销售合同）等。
（5）合法正常经营六个月以上的佐证资料。
（6）初创企业银行开户许可证复印件。
（7）其他需要补充提交的材料。

微视频 6-10：申请初创企业经营场所租金补贴

四、申报创新创业带动就业项目

国家对促进就业工作越来越重视，因此，不少地方政府也出台相应的优惠政策，鼓励企业吸纳包括大学毕业生在内的重点群体，并给予一定的资金扶持。以长沙为例，每年都会评选市级创新创业带动就业项目，其申报条件、扶持标准和申报资料如下。

（一）申报条件

1. 基本条件

（1）在长沙市内登记注册的初创企业；
（2）创业时间在三年内，符合国家产业发展方向（除桑拿、按摩、网吧，以及其他国家政策不予鼓励的产业外，盲人创办的医疗保健性按摩项目可申报）；
（3）申报单位应有规章制度及财务制度；

（4）合法正常经营六个月以上、吸纳两名及以上城乡劳动者就业并按规定缴纳社会保险费；

（5）无违法纪录。

2. 优先扶持项目

（1）带动就业人数较多的创业项目；

（2）符合国家产业导向，科技含量高、具有自主知识产权的创业项目；

（3）具有良好的社会经济效益和市场前景的创业项目；

（4）初创企业的法定代表人（主要负责人）属于就业重点群体的。就业重点群体包括普通高校、职业学校、技工院校学生（在校大学生及毕业五年内），留学归国人员（领取毕业证五年内），登记失业人员，就业困难人员，返乡农民工，建档立卡农村贫困劳动力，被征地农民，复员转业退役军人及随军家属，刑释和解除强戒人员，残疾人。初创企业的法定代表人（主要负责人）发生变更的，不纳入优先扶持范围。

（二）扶持标准

经确定为长沙市创新创业带动就业项目扶持的，由专家评审组综合申报项目带动就业人数、科技含量、市场前景等，按不超过其实际有效投入的 50% 给予最高十万元项目扶持。政办发〔2017〕46 号文件确定为市级优秀青年项目的，给予最高不超过五十万元项目扶持。

（三）申报资料

申报材料报送时须提供各类证明、证件的原件核验，所提交的复印件用 A4 纸按顺序装订成册，一式二份（市人力资源社会保障局一份，区人力资源社会保障局一份）。申报创新创业带动就业项目须提交以下资料：

（1）申请报告。内容必须包括申报单位简介、主营业务介绍、企业用工情况、创业就业简要事迹（亮点、效果）等（500 字以内）。

（2）《创新创业带动就业项目申请表》及《企业吸纳就业人员信息统计表》。

（3）营业执照或其他登记注册证明复印件，申报单位规章制度及财务制度复印件。

（4）实际有效投入证明。

（5）就业重点群体的相关证明材料。在校生须提供在校证明，毕业生须提供毕业证复印件；留学归国人员须提供经教育部门认证的相关证明复印件；登记失业人员、就业困难人员须提供就业创业证（就业失业登记证）复印件；返乡农民工须提供长沙市行政区域范围内户籍地乡镇（街道）人力资源社会保障服务站或村（社区）出具的返乡创业佐证资料；农村贫困劳动力须提供已建档立卡的佐证资料；被征地农民须提供征地协议复印件；退役军人须提供退出现役证明复印件；随军家属须提供部队师级以上的随军批复复印件；刑释和解除强戒人员须提供刑释和解除强戒证明复印件；残疾人须提供残疾人证复印件等。

（6）其他佐证资料（如单位所获荣誉、持有的专利、软件著作权等）。

微视频 6-11：申报创新创业带动就业项目

在线测验

扫描二维码，测一测你对本任务知识的掌握程度。

创业感悟

为了鼓励大学生等就业重点群体创业，不少地方政府会出台相应的优惠政策，对就业重点群体创办的初创企业给予创业补贴。而且，由于地区差异，某些地方可能申报条件、补贴标准和申报资料有较大差异。具体要求可以咨询当地人力资源和社会保障局。

请结合本任务所学知识，完成如表 6-7 所示的思考笔记。

表 6–7　思考笔记

高校毕业生自主创业可以享受的优惠政策有哪些	
申报一次性创业补贴须符合哪些条件	
一次性创业补贴标准是多少	

创业评价

1. 评价内容

（1）根据自己的实际情况，填写如表 6-8 所示的一次性创业补贴申报表，并将佐证资料清单填入如表 6-9 所示的一次性创业补贴佐证资料清单表中。

221

表 6-8　一次性创业补贴申报表

初创企业名称		注册时间	
经营范围		注册号	
经营地址			
负责人姓名		性别		身份证号	
负责人身份类别（在所属类别后面□打√）	在校及毕业生□　留学归国人员□　就业困难人员□　登记失业人员□　返乡农民工□ 农村贫困劳动力□　被征地农民□　复员转业退役军人及随军家属□　刑释和解除强戒人员□ 残疾人□　其他□		
企业职工养老保险缴纳人数	___年___月、___月、___月 分别为___人、___人、___人	申报补贴金额	_____元
开户银行		银行账号	
联系人		联系电话	
申请单位承诺声明： 本人承诺对以上信息及材料的真实性负责，如有不实，责任自负。 　　申请人签名： 　　　　　　　　　　　　　　　　　　　　　　　　　（单位公章） 　　　　　　　　　　　　　　　　　　　　　　　　　　年　月　日			
区人力资源和社会保障局审核意见： 经核实，该单位符合申报条件，其中___年___月、___月、___月企业职工养老保险缴纳人数分别为___人、___人、___人，核实一次性创业补贴金额_____元。 　　经办人（签名）： 　　　　　　　　　　　　　　　　　　　　　　　　　（单位盖章） 　　　　　　　　　　　　　　　　　　　　　　　___年___月___日			

表 6-9　一次性创业补贴佐证资料清单表

序　号	佐 证 资 料
1.	
2.	
3.	
……	

（2）根据自己实际情况，填写如表 6-10 所示的初创企业经营场所租金补贴申报表，并将佐证资料清单填入如表 6-11 所示的初创企业经营场所租金补贴佐证资料清单表中。

表 6-10 初创企业经营场所租金补贴申报表

初创企业名称		注册时间	
经营范围		注册号	
经营地址			
负责人姓名		性别		身份证号	
负责人身份类别（在所在类别后面□打✓）	在校及毕业生□　留学归国人员□　就业困难人员□　登记失业人员□　返乡农民工□　农村贫困劳动力□　被征地农民□　复员转业退役军人及随军家属□　刑释和解除强戒人员□　残疾人□			
申报时实际吸纳城乡劳动者就业人数		租赁地址		
租赁面积 /m²		月租金 /（元 / 月）		
租赁合同起止时间	___年___月___日至___年___月___日		
核定租金补贴起止时间范围	___年___月___日至___年___月___日（800元/月） ___年___月___日至___年___月___日（600元/月）		
核定补贴金额	_____元	银行账号	
联 系 人		联系电话	

申请人承诺声明
　　本人承诺对以上信息及材料的真实性负责，如有不实，责任自负。

　　申请人签名：

　　　　　　　　　　　　　　　　　　　　　　　　（企业公章）
　　　　　　　　　　　　　　　　　　　　　___年___月___日

区人力资源和社会保障局审核意见：
　　经核实，该单位符合申报条件，场租补贴申领时段为___年___月至___年___月，申领期限___个月，核实补贴金额_____元。
　　经办人（签名）：

　　　　　　　　　　　　　　　　　　　　　　　　（单位盖章）
　　　　　　　　　　　　　　　　　　　　　___年___月___日

表 6-11 初创企业经营场所租金补贴佐证资料清单表

序　号	佐 证 资 料
1.	
2.	
3.	
……	

（3）根据自己实际情况，填写如表 6-12 所示的创新创业带动就业项目申请表，并将佐证资料清单填入如表 6-13 所示的创新创业带动就业项目佐证资料清单表中。

表 6-12　创新创业带动就业项目申请表

企业名称						
地　　址						
法人代表	姓名		性别	学历	毕业学校	毕业时间
负责人身份类别（区县在所在类别后面□打√）	在校及毕业生□　留学归国人员□　就业困难人员□　登记失业人员□　返乡农民工□　农村贫困劳动力□　被征地农民□　复员转业退役军人及随军家属□　刑释和解除强戒人员□　残疾人□　其他□						
注册时间				营业执照号码		
经营项目				法人是否发生变更		
联 系 人				联系电话		
企业职工养老保险缴纳人数					___年___月、___月、___月分别为___人、___人、___人	
前期实际有效投入/万元						
申请单位承诺	本单位承诺无违法纪录，对申报材料的真实有效性负责。对违反承诺的不诚信行为，愿承担由此产生的一切后果和有关责任。 法定代表人（签字）： 申请单位（盖章）： 　　　　　　　　　　　___年___月___日					
区县（市）人力资源和社会保障局审核推荐意见： 经审核，该单位_____（符合、不符合）申报条件，其中___年___月、___月、___月企业职工养老保险缴纳人数分别为___人、___人、___人。 经办人（签名）： （单位盖章） ___年___月___日			市就业和农民工工作领导小组成员单位审核推荐意见： 经审核，该单位_____（符合、不符合）申报条件，其中___年___月、___月、___月企业职工养老保险缴纳人数分别为___人、___人、___人。 经办人（签名）： （单位盖章） ___年___月___日			

表 6-13　创新创业带动就业项目佐证资料清单表

序　号	佐证资料
1.	
2.	
3.	
……	

2. 评价标准

（1）《一次性创业补贴申报表》填写规范（30分）；

（2）《初创企业经营场所租金补贴申报表》填写规范（30分）；

（3）《创新创业带动就业项目申请表》填写规范（30分）；

（4）佐证资料清单详细且符合申报要求（10分）。

> 游戏拓展

1. 游戏名称

越来越好。

2. 游戏目标

通过游戏让学员体会如何能申请到补贴。

3. 建议时间

不超过五分钟。

4. 道具准备

白纸、卡纸和计时器。

5. 游戏规则

（1）主持人展示题目要求。主持人代表国家，手中拥有6个优惠政策，代号分别为①、②、③、④、⑤、⑥，全体学员分成四组，每组代表一个公司，4家公司分别享受了国家的8个优惠政策。4家公司分别享受的国家的8个优惠政策示意图如图6-1所示。

国家优惠政策代码：①、②、③、④、⑤、⑥

◎◎	◎	◎◎	◎◎◎
◎			◎
◎◎			◎◎
◎◎◎	◎◎	◎	◎◎

图 6-1　4家公司分别享受的国家的8个优惠政策示意图

说明：图中每一个◎代表公司所享受的一个优惠政策，横排和竖排各代表一个公司，中间为空白。第一行代表 A 公司，第四行代表 B 公司，第一列代表 C 公司，第四列为 D 公司，共有4家公司，每家公司都有4个部门，每个公司拥有的优惠政策都是8个。现在要求每个公司派人向国家申请优惠政策，可以任意移动4个公司所拥有的优惠政策，但必须保证每个公司4个部门的优惠政策的总和都是8个。

（2）每个公司在上台展示前进行充分讨论，如何申请最多的优惠政策。

（3）优惠政策申请数量多、用时短的公司获胜。

示例1：第一次移动。将第一行 A 公司第四个部门的优惠政策◎推荐给 D 公司的第二个部门，将申请的优惠政策⑥用于本公司的第二个部门，保证了每一横排和竖排中的优惠政策的总和都是8个。第一次移动后的4家公司分别享受的国家的8个优惠政策示意图如图6-2所示。

优惠政策①②③④⑤

◎◎	◎⑥	◎◎	◎◎
◎			◎◎
◎◎			◎◎
◎◎◎	◎◎	◎	◎◎

图 6-2　第一次移动后的4家公司分别享受的国家的8个优惠政策示意图

示例2：第二次移动。将第一列C公司第四个部门的优惠政策⑥推荐给B公司的第三个部门，将申请的优惠政策⑤用于本公司的第二个部门。第二次移动后的4家公司分别享受的国家的8个优惠政策示意图如图6-3所示。

例如：优惠政策①②③④

◎◎	◎⑥	◎◎	◎◎
◎⑤			◎◎
◎◎			◎◎
◎◎	◎◎	◎◎	◎◎

图6-3　第二次移动后的4家公司分别享受的国家的8个优惠政策示意图

依此类推，所有的6个优惠政策都可以被4家公司申请，同时保证每一横排和竖排中的优惠政策的总和都是8个。

任务四　你知道如何给公司报年报吗

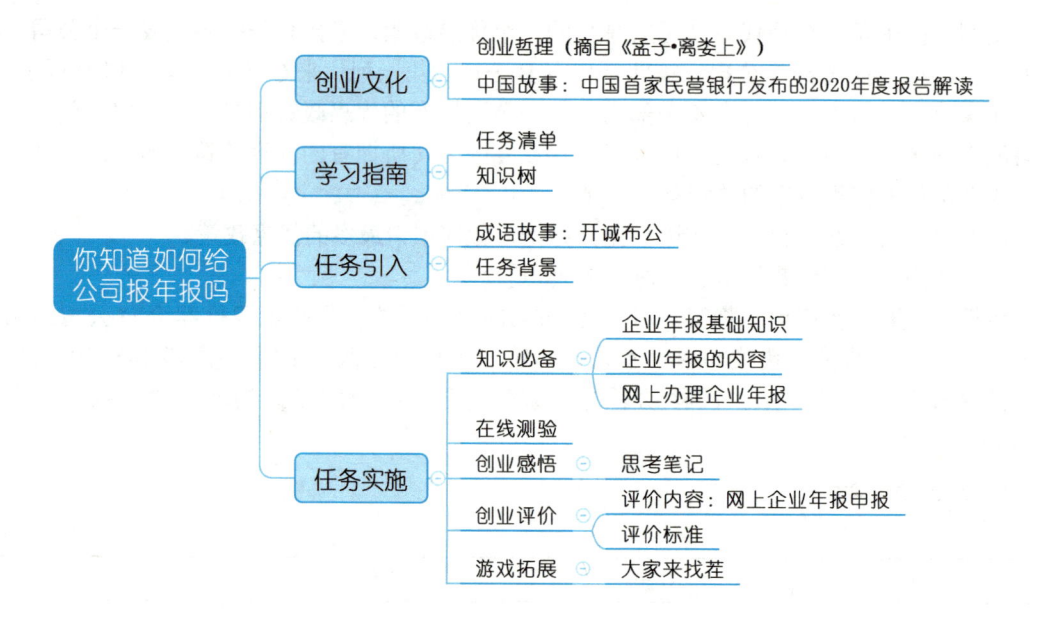

思维导图

你知道如何给公司报年报吗
- 创业文化
  - 创业哲理（摘自《孟子·离娄上》）
  - 中国故事：中国首家民营银行发布的2020年度报告解读
- 学习指南
  - 任务清单
  - 知识树
- 任务引入
  - 成语故事：开诚布公
  - 任务背景
- 任务实施
  - 知识必备
    - 企业年报基础知识
    - 企业年报的内容
    - 网上办理企业年报
  - 在线测验
  - 创业感悟——思考笔记
  - 创业评价
    - 评价内容：网上企业年报申报
    - 评价标准
  - 游戏拓展——大家来找茬

项目六　公司怎么管

创业文化

创业哲理

诚者，天之道也；思诚者，人之道也。

——《孟子·离娄上》

【释义】诚信是自然的规律，追求诚信是做人的规律。

中国故事

中国首家民营银行发布的 2020 年度报告解读

微众银行于 2014 年 12 月获得由深圳银监局颁发的金融许可证，是国内首家开业的民营银行。微众银行已陆续推出了微粒贷、微业贷、微车贷、微众银行 App、微众企业爱普 App、小鹅花钱、We2000 等产品，服务的个人客户已突破 2.5 亿人，企业法人客户超过 170 万家。

2021 年 4 月 30 日，微众银行发布的 2020 年度报告显示，2020 年该行实现营业收入 198.8 亿元，同比增长 33.7%，净利润同比增长 25.5% 接近 50 亿元。截至 2020 年末，微众银行资产总额 3 464 亿元，较年初增长 19%，各项贷款余额超过 2 000 亿元。其中普惠型小微贷款余额超过 800 亿元，较年初增长 156%。与此同时，该行有效个人客户数超过 2.7 亿人，较年初增长约 35%；该行提供信贷服务的民营、小微企业客户数量超过 56.7 万户，约为年初的 2.5 倍；全年新增"首贷户"达 10 万户，其中超过 60% 的企业客户系首次获得银行贷款。资产质量方面，截至 2019 年末，微众银行不良贷款率为 1.2%，较年初下降 0.04 个百分点，拨备覆盖率较年初有所下降，但仍高于 430%，保持较好的风险抵补能力。此外，年报披露，2020 年该行持续引入各类科技和金融人才，年末全行科技人员占比达 56%。特别有趣的是在年报里董事长、行长的着装，都穿着一件带有银行 Logo 的 T 恤衫。典型的互联网风格，有种仿佛生怕别人不知道银行的基因，把年报做出了广告的感觉。微众银行 2020 年度报告封面及目录如图 6-4 所示。

图 6-4　微众银行 2020 年度报告封面及目录

227

学习指南

任务清单

工作任务	完成企业年报	教学模式	任务教学法
建议学时	1学时	教学地点	多媒体教室
任务描述	本任务要求根据公司的实际情况，完成企业年报		
学习目标	知识目标	1. 能够登录平台完成注册和登录； 2. 能够掌握企业年报的时间、内容； 3. 能够知晓未按时年报或未如实年报的后果	
	能力目标	1. 通过查询资料完成学习任务，提高资源搜集的能力； 2. 通过撰写年报，提升对公司整理状况的分析能力； 3. 通过完成学习任务，提高解决实际问题的能力	
	素质目标	1. 掌握登录国家企业信用信息公示系统的方法； 2. 强化汇报沟通的能力； 3. 培养分析问题的能力	
	思政目标	通过对创业哲理、中国故事和成语故事的解读和讲解，培养学生的诚信意识和法治观念	
关键词	企业年报，年报的内容		

知识树

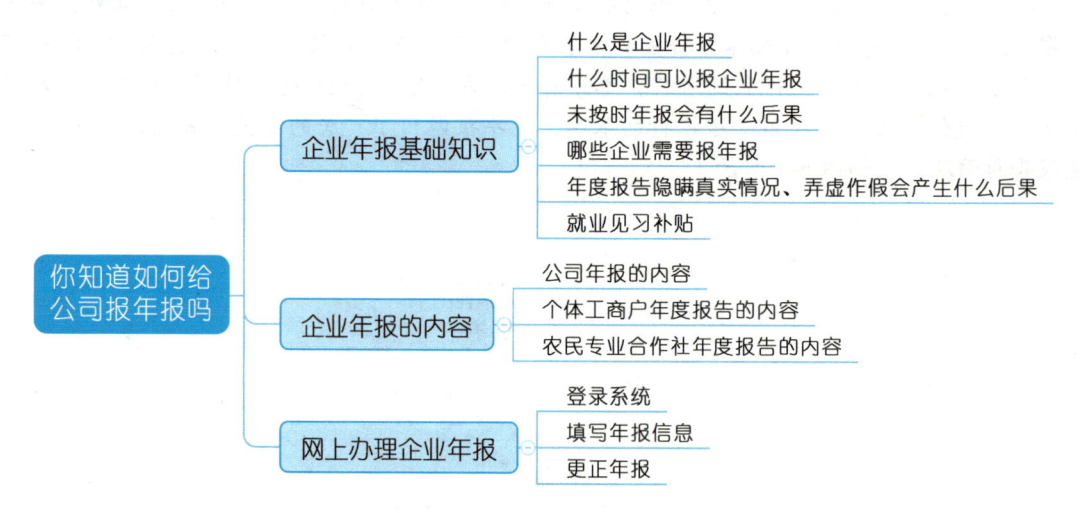

你知道如何给公司报年报吗
- 企业年报基础知识
  - 什么是企业年报
  - 什么时间可以报企业年报
  - 未按时年报会有什么后果
  - 哪些企业需要报年报
  - 年度报告隐瞒真实情况、弄虚作假会产生什么后果
  - 就业见习补贴
- 企业年报的内容
  - 公司年报的内容
  - 个体工商户年度报告的内容
  - 农民专业合作社年度报告的内容
- 网上办理企业年报
  - 登录系统
  - 填写年报信息
  - 更正年报

任务引入

成语故事

"开诚布公"出自《三国志·蜀志·诸葛亮传》："诸葛亮之为相国也，抚百姓，示仪轨，约官职，从权制，开诚心，布公道。"意思是诸葛亮作为一国的丞相，安抚百姓，遵守礼制，

约束官员，慎用权利，对人开诚布公、胸怀坦诚。"开诚布公"是指以诚心待人，坦白无私，打开自己的心扉，真诚待人。

任务背景

欧思琴隐隐记得，当初领营业执照时，工作人员告诉她，要按时完成企业年报，否则会被列入失信黑名单，差点把这事忘了，"什么时间报？报什么内容？在哪里报？这些都不记得了。"欧思琴突然紧张了，"赶紧咨询专业人士吧。"欧思琴暗暗地对自己说。

任务实施

知识必备

一、企业年报基础知识

（一）什么是企业年报

企业年报就是企业年度报告，企业应当按年度在规定的期限内，通过市场主体信用信息公示系统向工商机关报送年度报告，并向社会公示，任何单位和个人均可查询。

（二）什么时间可以报企业年报

年报时间为每年1月1日至6月30日。

（三）未按时年报会有什么后果

企业逾期不报送年报的，将被列入经营异常名录并向社会公示；个体工商户逾期不报送年报的，将被标记经营异常状态并向社会公示。列入经营异常名录信息页面如图6-5所示。

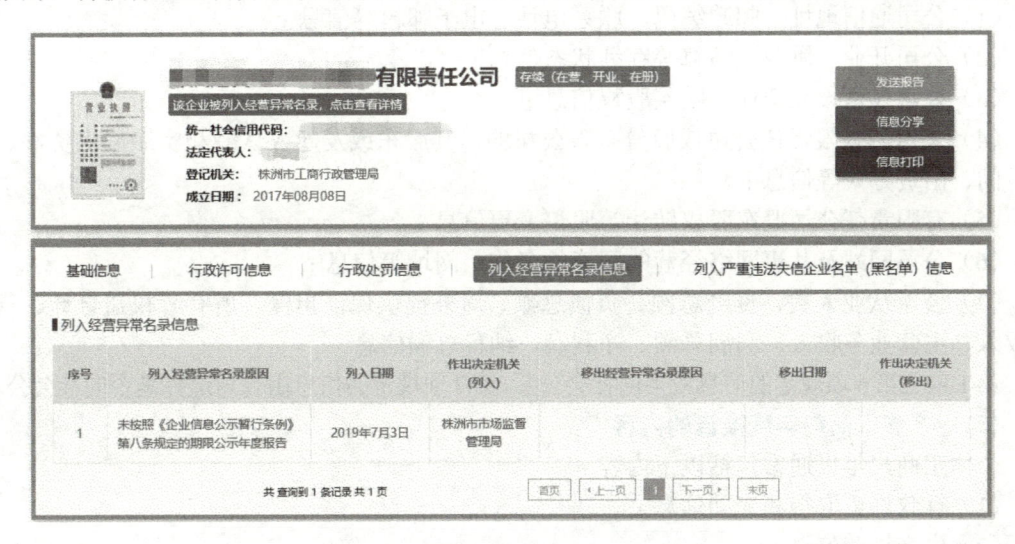

图6-5 列入经营异常名录信息页面

（四）哪些企业需要报年报

凡在上一年12月31日前登记注册，领取营业执照的公司、合伙企业、个人独资企业、分支机构、个体工商户，都必须报送年度报告。

（五）年度报告隐瞒真实情况、弄虚作假会产生什么后果

企业、个体工商户、农民专业合作社应当对其年度报告内容的真实性、及时性负责。企业、农民专业合作社年度报告公示信息隐瞒真实情况、弄虚作假的，工商行政管理部门应当自查实之日起 10 个工作日内做出将其列入经营异常名录的决定，并通过企业信用信息公示系统向社会公示；个体工商户年度报告隐瞒真实情况、弄虚作假的，工商行政管理部门应当自查实之日起十个工作日内将其标记为经营异常状态，并通过企业信用信息公示系统向社会公示。

年度报告隐瞒真实情况、弄虚作假的，今后在政府采购、工程招投标、国有土地出让、授予荣誉称号等方面，依法予以限制或者禁入。银行信贷、合同签订、海关通关、企业外籍人员工作证件等，将受到信用约束机制的影响。

微视频 6-12：企业年报基础知识

二、企业年报的内容

（一）公司年报的内容

公司年报通常包括以下内容：
（1）公司通信地址、邮政编码、联系电话、电子邮箱等信息；
（2）公司开业、歇业、清算等存续状态信息；
（3）公司投资设立企业、购买股权信息；
（4）公司为有限责任公司或股份有限公司的，其股东或发起人认缴和实缴的出资额、出资时间、出资方式等信息；
（5）有限责任公司股东股权转让等股权变更信息；
（6）公司网站及从事网络经营的网店的名称、网址等信息；
（7）公司从业人数、资产总额、负债总额、对外提供保证担保、所有者权益合计、营业总收入、主营业务收入、利润总额、净利润、纳税总额信息。

第 1 项至第 6 项规定的信息应当向社会公示，第 7 项规定的信息由公司选择是否向社会公示。

（二）个体工商户年度报告的内容

个体工商户年报通常包括以下内容：
（1）行政许可取得和变动信息；
（2）生产经营信息；
（3）开设的网站或从事网络经营的网店的名称、网址等信息；
（4）联系方式等信息；
（5）国家工商行政管理总局要求报送的其他信息。

（三）农民专业合作社年度报告的内容

农民专业合作社年度报告通常包括以下内容：

（1）行政许可取得和变动信息；
（2）生产经营信息；
（3）资产状况信息；
（4）开设的网站或从事网络经营的网店的名称、网址等信息；
（5）联系方式信息；
（6）国家工商行政管理总局要求公示的其他信息。

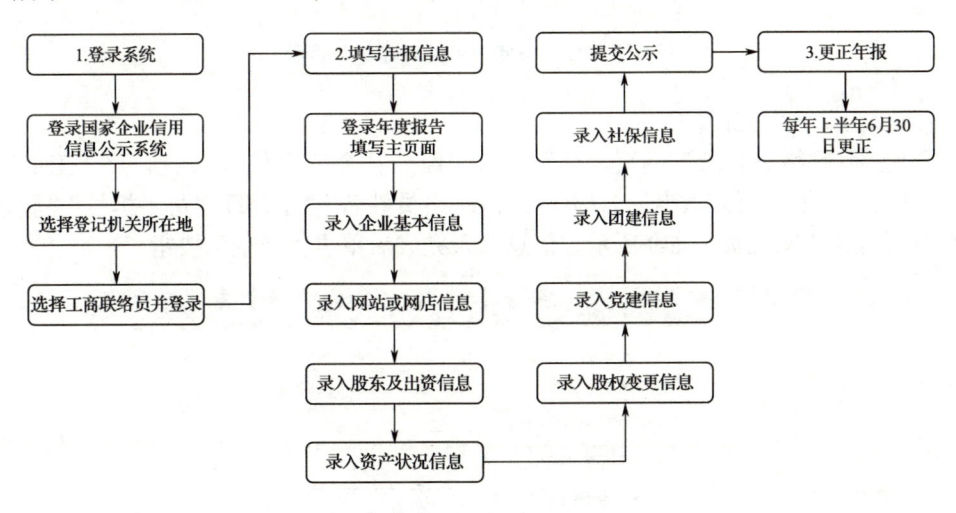

三、网上办理企业年报

网上办理企业年报流程包括登录系统、填写年报信息和更正年报三个阶段，其流程如图 6-6 所示。

图 6-6　网上办理企业年报流程

（一）登录系统

1. 登录"国家企业信用信息公示系统"网站

网上办理企业年报，需要登录"国家企业信用信息公示系统"网站。打开官方网站，选择"企业信息填报"选项。"国家企业信用信息公示系统"主页如图 6-7 所示。

图 6-7　"国家企业信用信息公示系统"主页

2. 选择登记机关所在地

根据公司注册地进行选择。如果注册所在地在湖南,就可以选择湖南。"选择登记机关所在地"页面如图6-8所示。

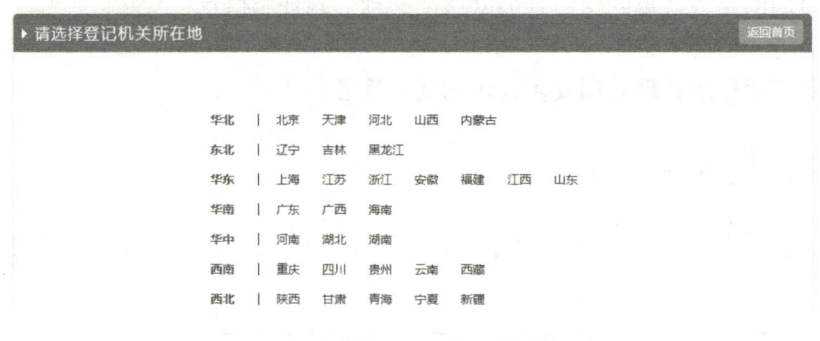

图6-8 "选择登记机关所在地"页面

3. 选择工商联络员并登录

打开"工商联络员登录"网页,分别录入"统一社会信用代码/注册号""工商联络员身份证号码""企业(个体、农专)名称""工商联络员姓名""工商联络员手机号""验证码"。"工商联络员登录"页面如图6-9所示。信息录入完成后单击"登录"按钮。

图6-9 "工商联络员登录"页面

(二)填写年报信息

1. 登录"年度报告填写"页面

以公司注册地在湖南为例,打开"国家企业信用信息公示系统(湖南)"官方网站,登录以后可以看到有七个选项,选择"年度报告填写"选项。"年度报告填写"页面如图6-10所示。

图6-10 "年度报告填写"页面

在弹出"填写须知"对话框中，阅读完成后勾选"我已阅读以上填报须知。"选择框，如图 6-11 所示。单击"确认"按钮。

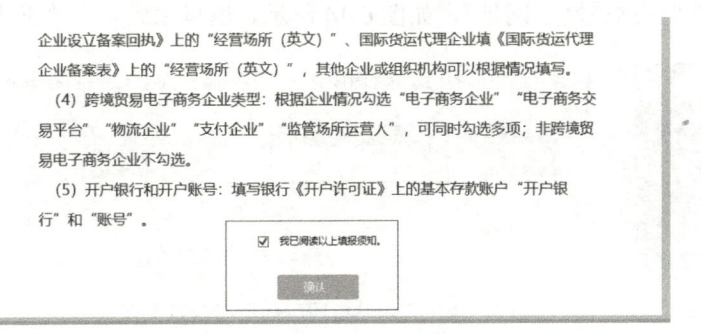

图 6-11 "填写须知"对话框

在弹出的"提示框"对话框中，选择年度报告的"年报年度"，如图 6-12 所示。

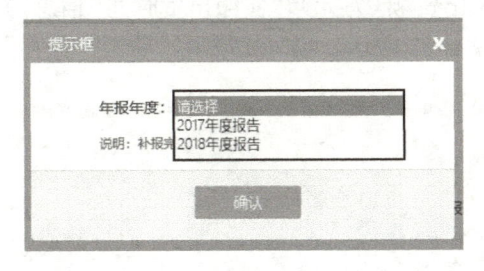

图 6-12 "提示框"对话框

2. 录入企业基本信息

在企业基本信息栏，根据实际情况填写"企业通信地址""邮政编码""企业联系电话"等信息，如图 6-13 所示。填写完成后，单击"保存"按钮。

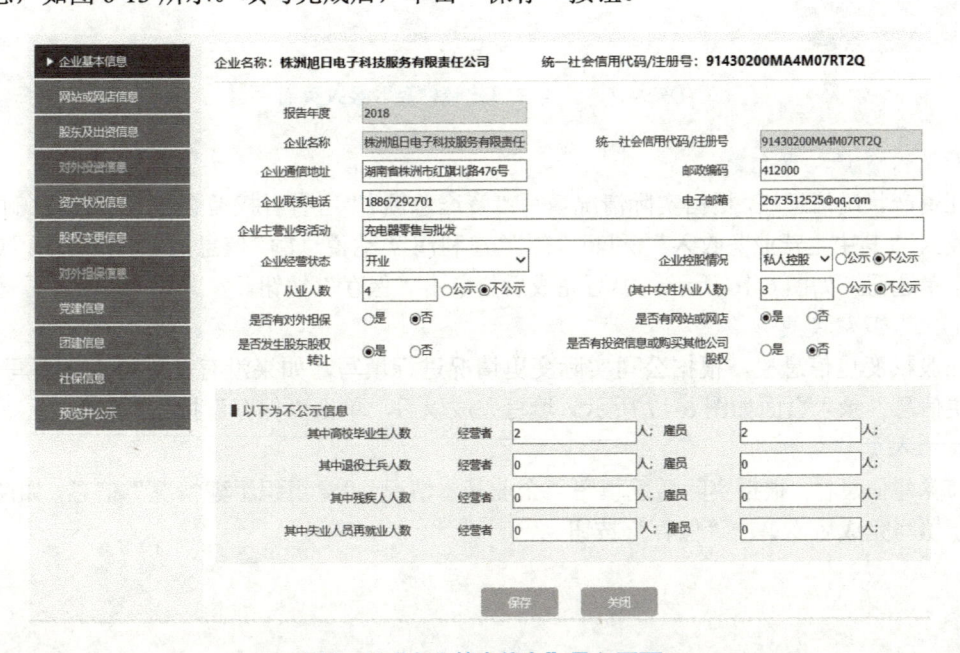

图 6-13 "企业基本信息"录入页面

3. 录入网站或网店信息

在网站或网店信息栏，单击"添加"按钮。根据实际情况选择"网站或网店类型"，输入"网站或网站名称""网站或网店网址"，如图 6-14 所示。填写完成后，单击"保存"按钮。

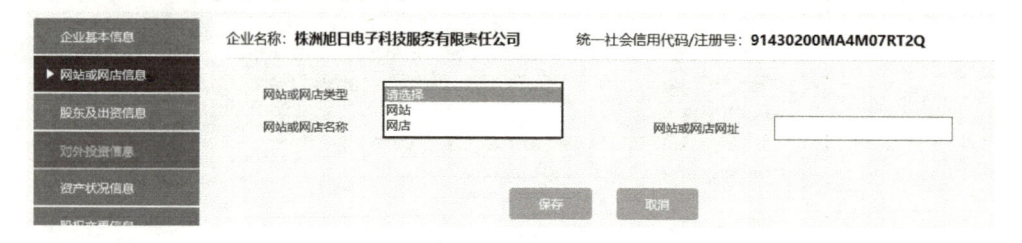

图 6-14 "网站或网店信息"录入页面

4. 录入股东及出资信息

在股东及出资信息栏，单击"添加"按钮，根据实际情况填写"股东""认缴出资额（万元）""认缴出资时间""实缴出资额（万元）""实缴出资时间"信息，并勾选"认缴出资方式""实缴出资方式"复选框，如图 6-15 所示。填写完成后，单击"保存"按钮。

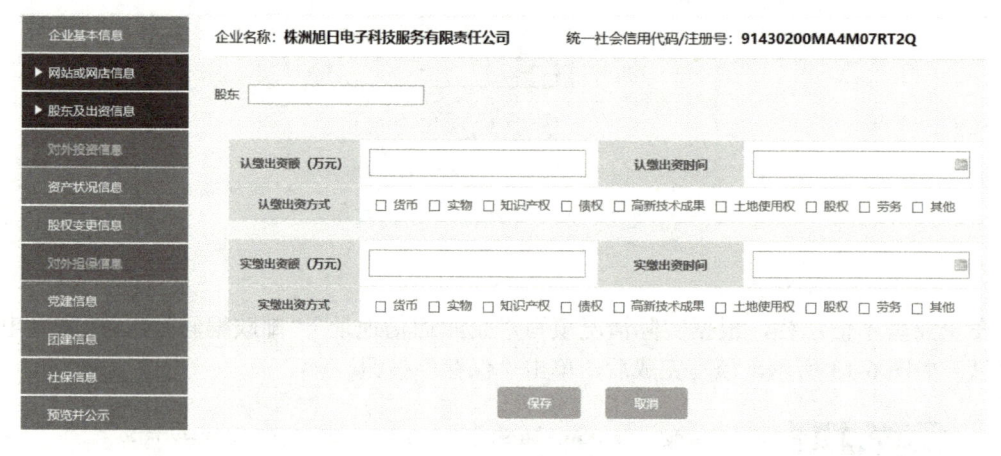

图 6-15 "股东及出资信息"录入页面

5. 录入资产状况信息

在资产状况信息栏，根据实际情况填写"资产总额""所有者权益合计""负债总额""营业总收入""其中主营业务收入""利润总额""净利润""纳税总额"信息，并勾选"公示"或"不公示"单选钮，如图 6-16 所示。填写完成后，单击"保存"按钮。

6. 录入股权变更信息

在股权变更信息栏，根据公司实际变更情况进行填写，如果没有变更可以不填写。"股权变更信息"录入页面如图 6-17 所示。填写完成以后，单击"保存"按钮。

7. 录入党建信息

在党建信息栏，根据实际情况填写"企业基本情况""党组织组建情况"信息，如图 6-18 所示。填写完成后，单击"保存"按钮。

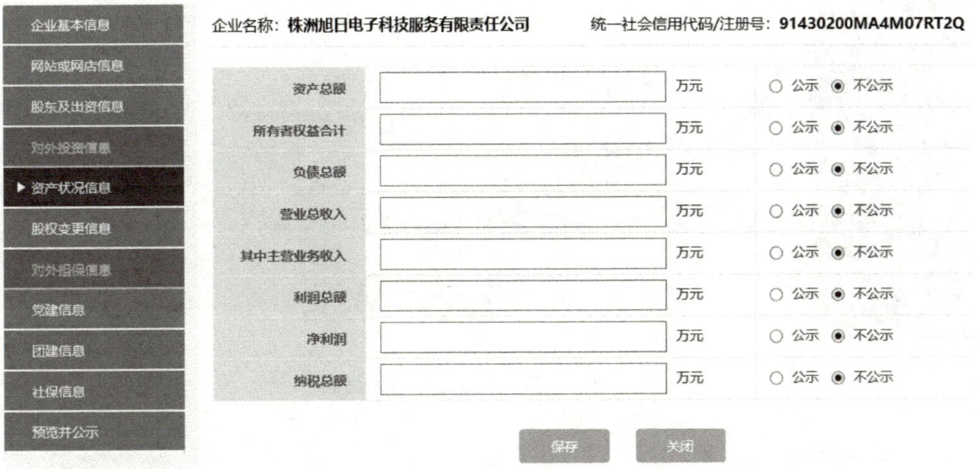

图 6-16　"资产状况信息"录入页面

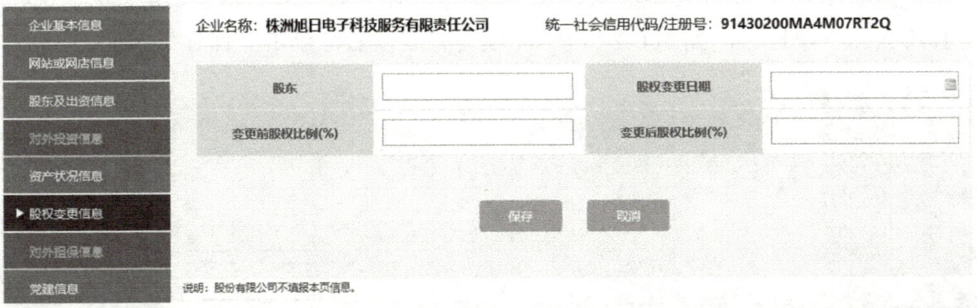

图 6-17　"股权变更信息"录入页面

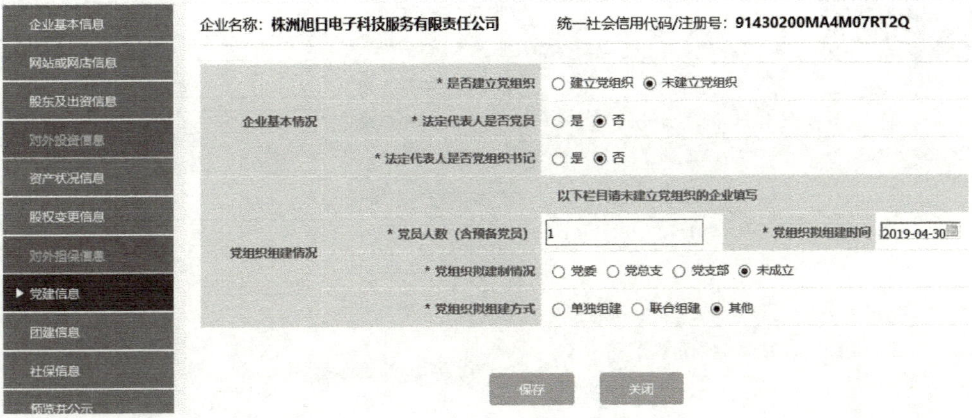

图 6-18　"党建信息"录入页面

8. 录入团建信息

在团建信息栏，根据实际情况填写"团组织组建情况"信息，如图 6-19 所示。填写完成以后，单击"保存"按钮。

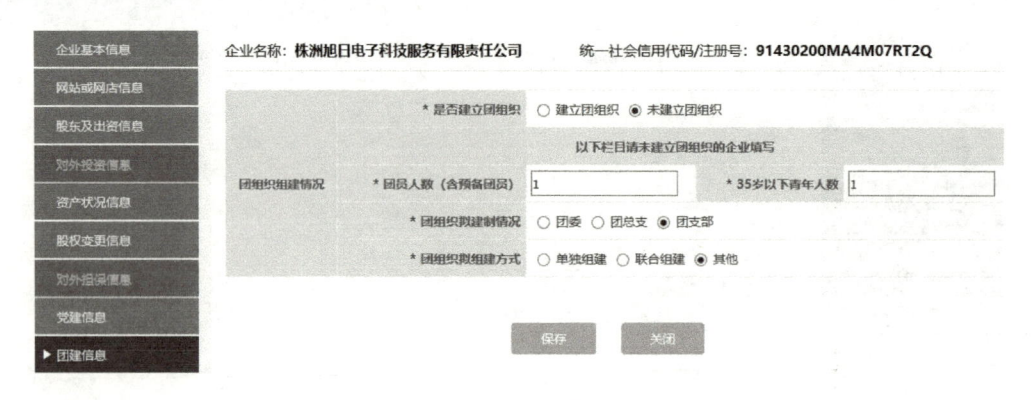

图 6-19 "团建信息"录入页面

9. 录入社保信息

在社保信息栏,根据实际情况填写"城镇职工基本养老保险(单位:人)""失业保险(单位:人)""职工基本医疗保险(单位:人)""工伤保险(单位:人)""生育保险(单位:人)",以及"单位缴费基数""本期实际缴费金额""单位累计欠缴金额"信息,并勾选"选择公示"或"选择不公示"单选钮,如图 6-20 所示。填写完成以后,单击"保存"按钮。

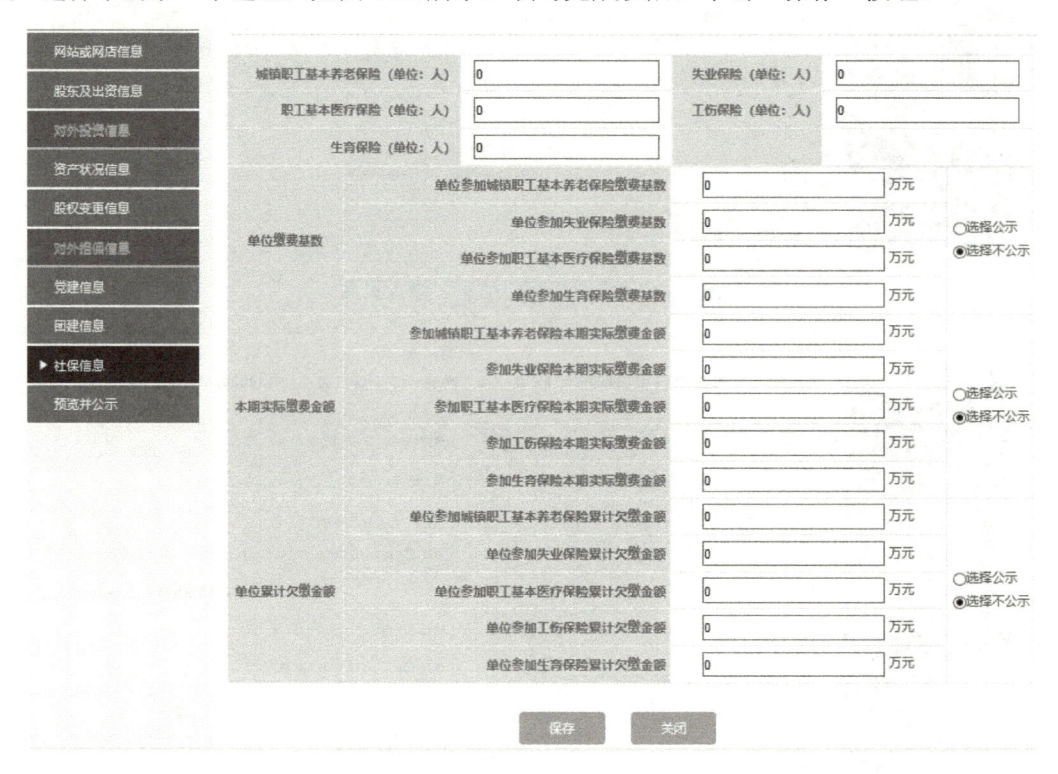

图 6-20 "社保信息"录入页面

10. 信息审核并提交

最后单击"预览打印"按钮,检看前面填写的所有信息。如果发现信息有误,则单击"返回修改"按钮;如确认信息填写无误,则单击"提交并公示"按钮。"信息审核并提交"页面如图 6-21 所示。

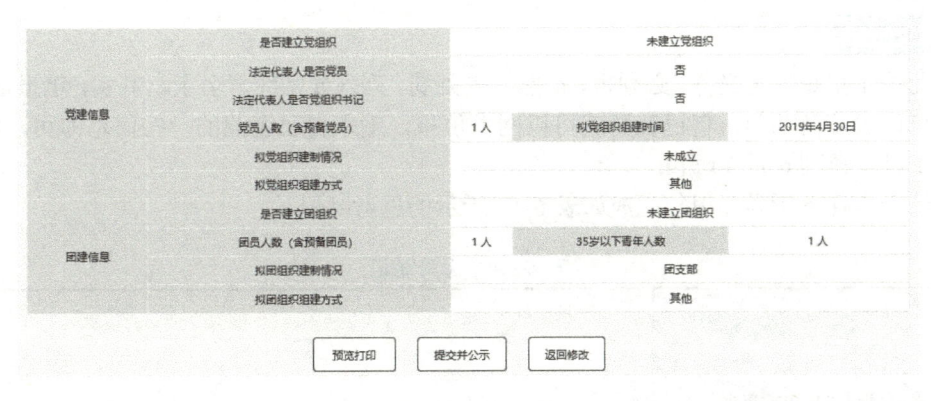

图 6-21 "信息审核并提交"页面

确认信息提交成功后，系统会返回主界面。至此，年报就填写完毕。完成后的"年度报告管理"列表页面如图 6-22 所示。

图 6-22 "年度报告管理"列表页面

（三）更正年报

年报提交后，如果发现内容不准确，则需要进行修改。可以在报告当年的 6 月 30 日前进入"编辑"页面进行更正，6 月 30 日后，更正功能就会关闭。更正前后的信息内容、更正时间同时公示。

微视频 6-13：网上办理企业年报

在线测验

扫描二维码，测一测你对本任务知识的掌握程度。

创业感悟

企业报年报是法定义务，必须报，不然要受处罚，列入异常经营名录。其实，年报很简单，不需要自己去工商部门，自己在家就可以网上填报，输入自己企业的一些信息即可，时间是每年的 1 月 1 日到 6 月 30 日。

请结合本任务所学知识，完成如表 6-14 所示的思考笔记。

表 6-14 思考笔记

什么时间可以报企业年报	
未按时年报会有什么后果	
哪些企业需要提交年报	
年度报告隐瞒真实情况、弄虚作假的，会产生什么后果	
网上如何办理企业年报	

创业评价

1. 评价内容

请利用所学知识，登录国家企业信用信息公示系统网站，在网上完成企业年报，并将操作过程截图。网上企业年报申报过程信息截图表如表 6-15 所示。

表 6–15 网上企业年报申报过程信息截图表

企业名称	
信息截图	企业基本信息截图：
	网站或网店信息截图：
	股东及出资信息截图：
	资产状况信息截图：
	股权变更信息截图：
	党建信息截图：
	团建信息截图：
	社保信息截图：
	预览并公示截图：
个人体会	

2. 评价标准

（1）年报信息填写规范，截图清晰，每项 10 分（90 分）；
（2）个人体会真实，语句通顺流畅（10 分）。

游戏拓展

1. 游戏名称

大家来找茬。

2. 游戏目标

强化对企业年报内容的认知。

3. 建议时间

不超过十分钟。

4. 道具准备

提前填写好内容的企业年报、红色磁贴和白板若干个、计时器一个。

5. 游戏规则

（1）每个小组领取一张企业年报，将企业年报贴到白板上，计时开始后，各组成员尽快找到年报上错误的地方，并用红色磁贴在年报上做好标记；

（2）找对一个错误加 10 分，找错扣 20 分；

（3）得分最高者获胜，若得分相等，则用时较短者获胜。

株洲旭日电子科技有限责任公司年报如表 6-16 所示（说明：此表为改错表，表中的错误需要学生指出，教师亦可根据学生情况设置其他错误）。

表 6–16　株洲旭日电子科技有限责任公司年报

企业名称	株洲旭日电子科技有限责任公司			注册号/统一社会信用代码		91430200MA4M07RT2Q	
联系电话	1330733××××			企业电子邮箱		123456@163.com	
通信地址	湖南省株洲市智慧路 10000 号			邮政编码		412000	
经营状态	☑开业　　□歇业　　□清算			主营业务活动		信息技术开发，视频制作	
控股情况	☑国有控股　　☑外资控股　　☑私人控股　　□其他						
股东（发起人）出资情况表	股东（发起人）姓名或名称	认缴出资额	认缴出资时间	认缴出资方式	实缴出资额	实缴出资时间	实缴出资方式
	张三	20 万	2021 年 3 月 1 日	☑货币 □实物 □知识产权 □债权 □土地使用权 □股权 □其他			□货币 □实物 □知识产权 □债权 □土地使用权 □股权 □其他
	株洲旭日电子科技有限责任公司			□货币 □实物 □知识产权 □债权 □土地使用权 □股权 □其他	20 万	2021 年 3 月 1 日	☑货币 ☑实物 ☑知识产权 □债权 □土地使用权 □股权 □其他
是否有网站或网店	□是 ☑否	类型		名称		网址	
有限责任公司本年度是否发生股东股权转让	□是 ☑否	股东	变更前股权比例		变更后股权比例		变更时间
企业是否有投资信息或购买其他公司股权	□是 ☑否	投资设立企业或购买股权企业名称			注册号/统一社会信用代码		

续表

企业资产状况信息（币种：人民币）	资产总额	20万元				☐选择公示 ☑选择不公示
	所有者权益合计	20万元				☐选择公示 ☑选择不公示
	负债总额	1万元				☐选择公示 ☑选择不公示
	营业总收入	50万元				☐选择公示 ☑选择不公示
		其中：主营业务收入		50万元		
	利润总额	20万元				☐选择公示 ☑选择不公示
	净利润	20万元				☐选择公示 ☑选择不公示
	纳税总额	0万元				☐选择公示 ☑选择不公示
对外提供保证担保信息	☐是 ☐否	债务人	主债权种类	主债权数额	履行债务的期限	保证的期间	保证的方式	☐选择公示 ☑选择不公示
			☐合同 ☐其他			☐期限 ☐未约定	☐一般保证 ☐连带保证 ☐未约定	
			☐合同 ☐其他			☐期限 ☐未约定	☐一般保证 ☐连带保证 ☐未约定	☐选择公示 ☑选择不公示
从业人数		5人				☐选择公示 ☑选择不公示
女性从业人员		2人				☐选择公示 ☑选择不公示
参保各险种人数	城镇职工基本养老保险				5人	
	失业保险				5人	
	职工基本医疗保险				5人	
	工伤保险				5人	
	生育保险				5人	
单位缴费基数	单位参加城镇职工基本养老保险缴费基数			×××万元		☐选择公示 ☑选择不公示
	单位参加失业保险缴费基数			×××万元		
	单位参加职工基本医疗保险缴费基数			×××万元		
	单位参加生育保险缴费基数			×××万元		
本期实际缴费金额	参加城镇职工基本养老保险本期实际缴费金额			×××万元		☐选择公示 ☑选择不公示
	参加失业保险本期实际缴费金额			×××万元		
	参加职工基本医疗保险本期实际缴费金额			×××万元		
	参加工伤保险本期实际缴费金额			×××万元		
	参加生育保险本期实际缴费金额			×××万元		

续表

单位累计欠缴金额	单位参加城镇职工基本养老保险累计欠缴金额	×××万元	□选择公示 ☑选择不公示
	单位参加失业保险累计欠缴金额	×××万元	
	单位参加职工基本医疗保险累计欠缴金额	×××万元	
	单位参加工伤保险累计欠缴金额	×××万元	
	单位参加生育保险累计欠缴金额	×××万元	
其中：	高校毕业生人数	经营者　5人；雇工　0人	□选择公示 ☑选择不公示
	退役士兵人数	经营者　1人；雇工　0人	□选择公示 ☑选择不公示
	残疾人人数	经营者　1人；雇工　0人	□选择公示 ☑选择不公示
	失业人员再就业人数	经营者　1人；雇工　0人	□选择公示 ☑选择不公示
党建信息	是否建立党组织	□是　☑否	□选择公示 ☑选择不公示
	法定代表人是否党员	□是　☑否	□选择公示 ☑选择不公示
	法定代表人是否党组织书记	□是　☑否	□选择公示 ☑选择不公示
	党员人数（含预备党员）	0人	□选择公示 ☑选择不公示
	拟党组织建制情况	/	□选择公示 ☑选择不公示
	拟党组织组建方式	/	□选择公示 ☑选择不公示
团建信息	是否建立团组织	□是　☑否	□选择公示 ☑选择不公示
	团员人数（含预备团员）	0人	□选择公示 ☑选择不公示
	拟团组织建制情况	/	□选择公示 ☑选择不公示
	拟团组织组建方式	/	□选择公示 ☑选择不公示

任务五　你知道如何依法纳税吗

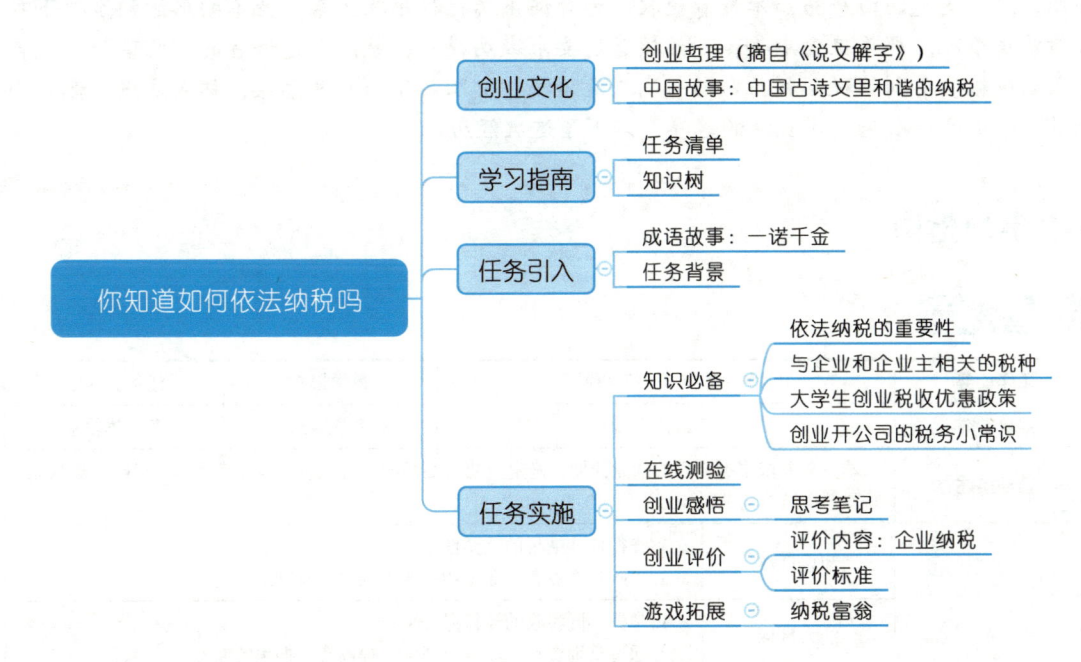

思维导图

- 你知道如何依法纳税吗
  - 创业文化
    - 创业哲理（摘自《说文解字》）
    - 中国故事：中国古诗文里和谐的纳税
  - 学习指南
    - 任务清单
    - 知识树
  - 任务引入
    - 成语故事：一诺千金
    - 任务背景
  - 任务实施
    - 知识必备
      - 依法纳税的重要性
      - 与企业和企业主相关的税种
      - 大学生创业税收优惠政策
      - 创业开公司的税务小常识
    - 在线测验
    - 创业感悟——思考笔记
    - 创业评价
      - 评价内容：企业纳税
      - 评价标准
    - 游戏拓展——纳税富翁

创业文化

创业哲理

税，租也。从禾，兑声。

——《说文解字》

【释义】上古时期，"溥天之下，莫非王土"，土地都是"王"一家所有，但是，王家并不耕种，《礼·王制》说："古者公田藉而不税。"是通过"借"的方式让别人来种。随着铁器农具发展，"藉"变为"租"，租种者年终以粮食还租，被称作"税"。

中国故事

中国古诗文里和谐的纳税

中国古代文学大家，用妙笔生花的诗文，在黯淡、痛楚的税赋史长卷中，轻挥细毫，白描勾勒，描绘出古代社会难得一见的明快、愉悦的税收画卷，耐人寻味，发人深省。

征秋税毕题郡南亭

〔唐〕·白居易

高城直下视，蠢蠢见巴蛮。
安可施政教，尚不通语言。
且喜赋敛毕，幸闻闾井安。

岂伊循良化，赖此丰登年。
案牍既简少，池馆亦清闲。
秋雨檐果落，夕钟林鸟还。
南亭日潇洒，偃卧恣疏顽。

【解析】忠州是一个偏远而荒凉的地方，山高险峻、土地贫瘠，自然环境十分险恶。时任四川忠州刺史的白居易，牵挂着税收。为督促下属把税粮收上来，他不顾路途颠簸，下乡查看收税情况。那年粮食丰收，百姓按官府要求缴纳税粮，就连不通语言的"巴蛮"人也自觉上缴税粮。看到收税顺利，白居易高兴地返程，夕阳西下，钟声荡漾，林鸟远飞，他在山坳的一个小亭子歇脚，用淡淡的笔墨，记下了这次经历。

学习指南

任务清单

工作任务	了解税收知识和优惠政策	教学模式	任务教学法
建议学时	2学时	教学地点	多媒体教室
任务描述	本任务要求根据自己的创业计划，确定企业需要缴纳哪些税收、能够享受哪些税收优惠政策，并写一个简单的纳税计划		
学习目标	知识目标	1. 懂得依法纳税的重要性； 2. 了解与企业和企业主相关的主要税种及缴纳方式	
	能力目标	1. 掌握不同税收的计算方法； 2. 通过查询资料完成学习任务，提高资源搜集的能力	
	素质目标	1. 树立依法纳税的责任意识； 2. 强化交流沟通的能力； 3. 通过完成学习任务，提高解决实际问题的能力	
	思政目标	通过对创业哲理、中国故事和成语故事的解读和讲解，培养学生的爱国、诚信的意识和法治观念	
关键词	依法纳税，优惠政策		

知识树

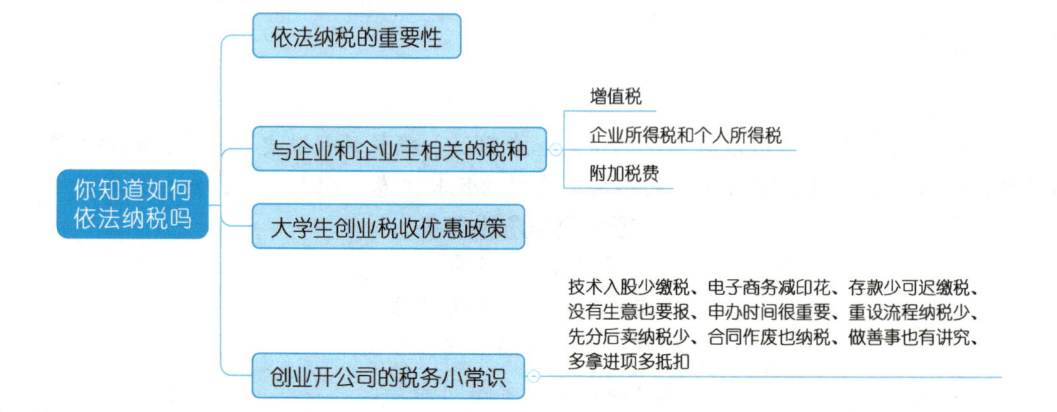

你知道如何依法纳税吗
- 依法纳税的重要性
- 与企业和企业主相关的税种
  - 增值税
  - 企业所得税和个人所得税
  - 附加税费
- 大学生创业税收优惠政策
- 创业开公司的税务小常识
  - 技术入股少缴税、电子商务减印花、存款少可迟缴税、没有生意也要报、申办时间很重要、重设流程纳税少、先分后卖纳税少、合同作废也纳税、做善事也有讲究、多拿进项多抵扣

项目六　公司怎么管

任务引入

成语故事

"一诺千金"出自《史记·季布栾布列传》："得黄金百斤，不如得季布一诺。"意思是得到一百斤黄金，不如得到季布的一个许诺。"一诺千金"指许下的一个诺言有千金的价值。比喻说话算数，极有信用。

任务背景

欧思琴从课堂学习和一些新闻报道中了解到每个公民和企业都要依法纳税，但是对于要交哪些税、交多少税，国家对大学生创业在税收方面有什么优惠政策等问题都知之甚少。为了避免企业出现逃税漏税等违法行为，她觉得很有必要学习有关税收方面的知识。

任务实施

知识必备

一、依法纳税的重要性

依法纳税是公民和企业应尽的义务和责任。我国税法规定，所有企业都要报税和纳税。依法纳税的重要性如下：

（1）依法纳税是国家财政收入的重要来源之一。税收是国家组织财政收入的主要形式和工具，在保证和实现财政收入方面起着重要的作用。由于税收具有强制性、无偿性和固定性，因而能保证收入的稳定；同时，税收的征收十分广泛，能从多方筹集财政收入。

（2）依法纳税是国家调控经济的重要杠杆之一。经济是税收的根本，税收反作用于经济。国家通过税种的设置，以及在税目、税率、加成征收或减免税等方面的规定，可以调节社会生产、交换、分配和消费，促进社会经济的健康发展。

（3）依法纳税是公民道德建设的重要内容之一。依法诚信纳税从法律和道德两个方面来规范、约束税务机关，以及纳税人的涉税行为，是"依法治国"和"以德治国"在税收工作中的集中反映，是"爱国守法、明礼诚信"在经济生活中的生动体现。

（4）依法纳税是监督经济活动的重要手段之一。国家在征收税款过程中，一方面要查明情况，正确计算并征收税款；另一方面又能发现纳税人在生产经营过程中，或者是在缴纳税款过程中存在的问题。国家税务机关对征税过程中发现的问题，可以采取措施纠正，也可以通知纳税人或政府有关部门及时解决。

微视频 6-14：依法纳税的重要性

二、与企业和企业主相关的税种

税种是"税收种类"的简称，构成一个税种的主要因素有征税对象、纳税人、税目、税率、纳税环节、纳税期限、缴纳方法、减税、免税及违章处理等。每个税种都有其特定的功能和作用，其存在依赖于一定的客观经济条件。目前，与企业和企业主相关的税收主要有三类，分别是增值税、所得税和附加税费。其中，所得税分为企业所得税和个人所得税，附加税费包括城市维护建设税和教育费附加。

增值税是对商品生产、流通、劳务服务中多个环节的新增价值或商品的附加值征收的一种流转税。所得税又称所得课税、收益税，指国家对企业生产经营所得和个人收益为对象征收的一类税收，如企业所得税、个人所得税。此外，还有以流转税为基础征收的附加税费，如城市建设维护税、教育费附加等。

微视频 6-15：与企业和企业主相关的税种

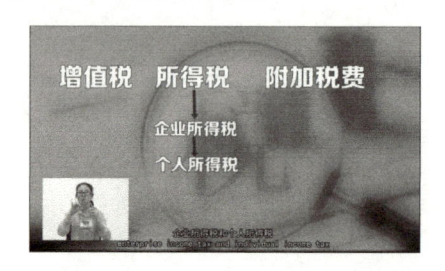

（一）增值税

增值税是以商品（含应税劳务）在流转过程中产生的增值额作为计税依据而征收的一种流转税，是中国最主要的税种之一，也是最大的税种。

由于增值税实行凭增值税专用发票抵扣税款的制度，因此对纳税人的会计核算水平要求较高，要求能够准确核算销项税额、进项税额和应纳税额。但实际情况是有众多的纳税人达不到这一要求。因此，《中华人民共和国增值税暂行条例》将纳税人按其经营规模大小，以及会计核算是否健全划分为一般纳税人和小规模纳税人。目前，一般纳税人适用的税率有13%、9%、6%、0 税率四档。增值税的征收率适用于小规模纳税人和一般纳税人按简易方法计税的特定项目，统一按 3% 计征。企业类型及增值税如表 6-17 所示。

表 6–17　企业类型及增值税

企业类型	增　值　税
制造业	一般纳税人：13% 小规模纳税人：3%
商业	一般纳税人：13% 小规模纳税人：3%
服务业	一般纳税人 有形动产租赁：13% 不动产租赁、交通运输业、邮政服务业、建筑业、基础电信业：9% 增值电信业、文化体育、金融保险、现代服务业、娱乐业：6% 小规模纳税人：3% 报关出口货物或跨境提供应税服务的为零税率。
农林牧渔	9%

（二）企业所得税和个人所得税

企业所得税是对我国内资企业和经营单位的生产经营所得及其他所得征收的一种税。作为企业所得税纳税人，应依照《中华人民共和国企业所得税法》缴纳企业所得税。企业所得税的税率为25%。符合条件的小型微利企业，减按20%的税率征收企业所得税。国家需要重点扶持的高新技术企业，按15%的税率征收企业所得税。小型微利企业企业所得税优惠政策及优惠税率如表6-18所示。

表6-18 小型微利企业企业所得税优惠政策及优惠税率

小型微利企业	优惠政策	优惠税率
从业人数不超过300人，资产总额不超过5 000万元年度应纳税所得额不超过100万元	减按25%征收	5%
从业人数不超过300人，资产总额不超过5 000万元年度应纳税所得额不超过300万元	减按50%征收	10%

国家对个体工商户、个人独资企业、合伙企业的投资者，不征收企业所得税，而按5%～35%的超额累进税率征收个人所得税。个人所得税税率（经营所得适用）如表6-19所示。

表6-19 个人所得税税率（经营所得适用）

级　数	全年应纳税所得额	税率
1	不超过30 000元的	5%
2	超过30 000元至90 000元的部分	10%
3	超过90 000元至300 000元的部分	20%
4	超过300 000元至500 000元的部分	30%
5	超过500 000元的部分	35%

（三）附加税费

城市维护建设税（简称"城建税"），是以流转税为基础依法计征的一种税。城市维护建设税税款专门用于城市的公用事业和公共设施的维护建设。税率按纳税人所在地分别规定为市区7%，县城和镇5%，乡村1%。大中型工矿企业所在地不在城市市区、县城、建制镇的，税率为1%。

教育费附加是由税务机关负责征收，同级教育部门统筹安排，同级财政部门监督管理，专门用于发展地方教育事业的预算外资金，税率为3%。

三、大学生创业税收优惠政策

为鼓励高校毕业生自主创业，以创业带动就业，财政部、国家税务总局发出《关于支持和促进就业有关税收政策的通知》，明确自主创业的毕业生从毕业年度起可享受三年税收减免的优惠政策。其中，高校毕业生在校期间创业的，可向所在高校申领《高校毕业生自主创业证》；离校后创业的，可凭毕业证书直接向创业地县以上级人社部门申请核发《就业失业登记证》，作为享受政策的凭证。

高校毕业生自主创业政策的具体内容是，对持《就业失业登记证》（注明"自主创业税收政策"或附有《高校毕业生自主创业证》）的毕业生从事个体经营（除建筑业、娱乐业及销售不动产、转让土地使用权、广告业、房屋中介、桑拿、按摩、网吧、氧吧外）的，在三年内按每户每年 8 000 元为限额依次扣减其当年实际应缴纳的营业税、城市维护建设税、教育费附加和个人所得税。

除国家层面外，地方政府也会出台很多鼓励创业的政策，创业时一定要注意"用足"这些政策，如免税优惠、在某地注册企业可享受比其他地区更优惠的税率等。这些政策可大大减少创业初期的成本，使创业风险大为降低。

我国的税法相对于其他方面的法律，在调整频率上更快，在幅度上会更大，创业者可以根据企业的具体情况到当地税务部门咨询纳税事宜，也可关注税务部门的官方网站、公众号等权威平台发布的政策消息，当然还可以拨打国家纳税服务热线 12366，获取纳税咨询、办税指南等服务，把握好相关税收的优惠、减免等福利政策，为企业做好纳税筹划，即纳税人在履行法定义务的前提下，运用税法赋予的权利，通过企业经营、投资、理财等活动的事先筹划和安排，尽可能节约纳税的一种方法和手段。创业企业进行纳税筹划可以从企业组织形式、固定资产折旧、税收优惠等方面进行税收设计，遵循在合法的前提下，做到税收成本最小化，从而减轻企业负担。

微视频 6-16：大学生创业税收优惠政策

四、创业开公司的税务小常识

很多初创公司因为规模小，一般都没有聘请会计，甚至很多创业者根本就没有记账报税的意识。有些创业者为了节省费用，可能亲自上阵，或者找亲戚帮忙，但经常会出现一些小问题，特别是关于税务方面的。其实，如果知道一些合理避税小技巧，对于资金紧张的初创公司来说是非常有帮助的。

1. 技术入股少缴税

很多创业者都是技术专家，拥有相应专利，但将专利提供给公司使用时并没有说明该技术属于何种方式使用。建议创业者将技术专利作价入股投入公司，一方面，可以改善公司的财务状况，减少投资时的资金压力；另一方面，作价入股以后，公司可以将其计入无形资产，做合理摊销——增加成本费用，减少利润，少缴所得税。

2. 电子商务减印花

目前，我国对电子商务同样征收增值税，但根据国家税务总局的规定，在供需经济活动中使用电话、计算机联网订货，没有开具书面凭证的，暂不征收印花税。因此，企业完全可以放弃传统的经商模式，让所有订货过程都在网上完成，即可节省印花税。

3. 存款少可迟缴税

企业申报后就应及时缴税，但存款少则可以申请延迟缴税。存款少到什么程度可以延迟呢？当可动用的银行存款不足以支付当期工资，或者支付工资后不足以支付应缴税金时即可申请。注意可动用的银行存款不包括企业不能支付的公积金存款，国家指定用途的存款，各项专用存款。

4. 没有生意也要报

企业可能因为各种原因没有税款要缴纳，但都要按时纳税申报。没有应纳税税款的申报就是所谓的零申报，只需走一个简单的程序。但如果不办理，税务机关可每次处以 2 000 元的罚款。

5. 申办时间很重要

张三的新公司，税务登记在 6 月 30 日；李四的新公司，税务登记在 7 月 1 日。两个公司都向税务机关递交了要求享受新办企业的税收优惠政策。年底时税务机关批复：张三的公司当年已享受了一年的所得税优惠，明年开始缴纳所得税；李四的公司可以选择按今年的利润先缴纳，明年再开始计算享受一年的所得税优惠。根据税务规定：上半年开业的公司当年算一年免税，下半年开业的公司可以选择第二年享受一年的所得税优惠。一日之差,命运各异。

6. 重设流程纳税少

对于很多生产型公司，设立自己的销售公司就可以避免过高的消费税负担。公司的产品先销售给销售公司，销售公司再卖给经销商或客户。由于消费税在生产环节纳税，销售环节不纳税，因此，销售公司不纳消费税，只要定价合理，就可以少缴部分消费税。

7. 先分后卖纳税少

某公司投资一家企业，占有其 60% 的股权，该企业市场运作良好，公司连年盈利，这 60% 的股权价值涨了不少。现在公司老板想转让股权，财务经理提议应先把利润分了再转让，这样可以少缴税。因为先分配不用补税，不分配就要缴税。

8. 合同作废也纳税

有些企业喜欢签合同，签了以后发现问题就作废后重新签。殊不知签了合同就要缴印花税，即使合同作废。另外，在变更合同时，如果合同金额增加了，需要补缴印花税，金额减少了，则不退印花税。所以，如果合同金额一时不能确定，应该先签订金额未定的合同，等确定后再补充进去，这样就可以避免多缴税。

9. 做善事也有讲究

做善事也与纳税有关。企业对外捐赠的款项和实物，一是可能涉及视同销售缴纳增值税，因此，在捐赠时要考虑税务负担；二是捐赠要合理进入成本费用，还有符合税务上的条件，包括需要通过国家税务机关认可的单位和渠道捐赠，以及有符合税法规定接受捐赠的专用收据。如果不符合条件，捐赠后不能进入成本费用，而且还要纳 25% 的所得税。

10. 多拿进项多抵扣

作为一般纳税人，销项减去进项的部分需要缴纳税款。因此，多拿进项就可以少缴税。这些进项包括购买办公用品、购买低值易耗品、汽车加油、购买修理备件……日积月累，企业就能降低税负。

在线测验

扫描二维码，测一测你对本任务知识的掌握程度。

创业感悟

企业去税务机关领购发票是免收工本费的，可弄丢发票却是要罚款的，甚至丢失一张发票的罚款超过 100 元人民币，真可谓是"票比钱贵"。在此，提醒创业者要像爱惜人民币一样爱惜发票，即使是已经作废的发票或存根，也有五年的保质期，要妥善保管，否则要被处以最高三万元的罚款。所以，如果不慎将发票丢失，也应在第一时间报告税务部门并登报声明作废，以争取从轻处罚。

请结合本任务所学知识，完成如表 6-20 所示的思考笔记。

表 6-20 思考笔记

增值税纳税人种类及条件是什么	
小型微利企业企业所得税优惠税率是多少	
附加税费税率是多少	

创业评价

1. 评价内容

根据你企业的法律形态查询应纳税种、适用税率和优惠政策，并填写在如表 6-21 所示的企业纳税分析表中。

表 6-21 企业纳税分析表

创业企业的法律形态			
应纳税种、适用税率及优惠政策	应纳税种	适用税率	优惠政策
	1.		
	2.		
	3.		
	4.		
	5.		
	6.		

2. 评价标准
（1）应纳税种填写规范（30分）；
（2）适用税率填写正确（30分）；
（3）优惠政策填写规范（40分）；

游戏拓展

1. 游戏名称
纳税富翁。

2. 游戏目标
通过玩游戏轻松学习税收知识，掌握最新的税收优惠政策。

3. 游戏简介
（1）玩家首先选择扮演游戏中具有固定职业的角色，然后通过掷骰子的方式在游戏地图中前进。每停留在一处，玩家均可以选择购买所停留土地，盖房，买卖房产，经营饭店、培训中心、旅馆、娱乐中心、购物中心等投资项目，依法经营，纳税致富。每当玩家做出一项投资决策后，系统均会提示玩家所做的决策涉及的相关税收知识，同时根据税法规定，提醒玩家申报缴纳税款。

（2）随时可以通过财务报表查询自己的财务状况及应缴税款的税目、计算方式、相关详细内容等。与现实生活比对学习，轻松掌握。当然，最新的税收优惠政策也被"镶嵌"在游戏之中，玩家通过玩游戏即可了解适合自己的税收优惠政策，保障了玩家的合法权益。如果玩家有"偷逃税"的行为，也会被系统随机查处，依照税法给予相应的处罚。

（3）通过不断投资经营获得收益，同时依法纳税使国家财政收入增加，随着财政收入增加，可以看到可爱的卡通形象税官发布公告：政府将收入投入社会公共建设中，如升级道路、建设免费公园、改善教育医疗服务、对困难户发放补贴、提高基本养老金标准改善民生等。

（4）玩家最终通过不断地投资决策、生产经营，让自己的资产排名靠前，从而击败对手，成为游戏中的"资产富翁"和"纳税富翁"，身处市政设施完备、生活环境优美、社会氛围和谐的城市中，享受依法诚信纳税所带来的丰硕回馈。而对于现实生活中的玩家来说，通过这一趟快乐的游戏体验增加了自身的税收知识储备，真正成为精神层面上的"纳税富翁"。

参考文献

[1] 〔美〕威廉·D.拜格雷夫,〔美〕安德鲁·查克阿拉基斯.创业学[M].3版.唐炎钊,刘雪锋,白云涛,等译.北京：北京大学出版社,2017.

[2] 冯天亮,何煌.创新创业基础教程[M].北京：电子工业出版社,2021.

[3] 刘金同.就业与创业指导[M].北京：北京出版社,2014.

[4] 刘霞,宋卫.大学生创新创业指导（慕课版）[M].北京：人民邮电出版社,2019.

[5] 陈承欢.创新创业指导与训练[M].北京：电子工业出版社,2017.

[6] 叶吉波,张宝臣.大学生创业教育教程[M].大连：大连理工大学出版社,2019.

[7] 王丽萍.大学生职业规划与就业创业指导[M].上海：上海交通大学出版社,2019.

[8] 邰葆清.大学生就业与创业指导[M].北京：高等教育出版社,2019.

[9] 索桂芝.大学生就业与创业指导实务[M].北京：高等教育出版社,2015.

[10] 陈宏,张锦喜,颜萍.创新创业10步法[M].南京：南京大学出版社,2019.